区域创新与发展研究系列

区域产业转移的发生机制研究

Study on the Occurred Mechanism of Industrial Transfer among Regions

张新芝 ● 著

图书在版编目（CIP）数据

区域产业转移的发生机制研究/张新芝著. —北京：经济管理出版社，2014.6
ISBN 978-7-5096-2857-7

Ⅰ.①区… Ⅱ.①张… Ⅲ.①区域经济—产业转移—研究—中国 Ⅳ.①F127

中国版本图书馆 CIP 数据核字（2013）第 295382 号

组稿编辑：杜　菲
责任编辑：杜　菲
责任印制：黄章平
责任校对：陈　颖

出版发行：经济管理出版社
　　　　　（北京市海淀区北蜂窝 8 号中雅大厦 11 层 100038）
网　　址：www.E-mp.com.cn
电　　话：（010）51915602
印　　刷：大恒数码印刷（北京）有限公司
经　　销：新华书店
开　　本：720mm×1000mm/16
印　　张：16
字　　数：314 千字
版　　次：2014 年 6 月第 1 版　　2014 年 6 月第 1 次印刷
书　　号：ISBN 978-7-5096-2857-7
定　　价：58.00 元

·版权所有　翻印必究·
凡购本社图书，如有印装错误，由本社读者服务部负责调换。
联系地址：北京阜外月坛北小街 2 号
电话：（010）68022974　　邮编：100836

总　序

改革开放以来，中国经济发展取得了令世人瞩目的巨大成就，被誉为"中国奇迹"，其中的一个重要原因就是不再沿袭改革开放之前的区域均衡发展战略，而是针对现实国情，分阶段地采取了适合当时国情的"区域非均衡发展战略"、"区域非均衡协调发展战略"和"统筹区域经济发展战略"等立足区域的国民经济发展之路。这一区域发展路径的递进选择，凝结了一代又一代中央领导人锐意改革的卓越智慧，凝结了勤劳、勇敢的中国人追求国家富强、民族崛起的精神力量，其中的规律性认知必将成为当代主流区域经济管理与发展理论的核心组成部分。

改革开放之初，在邓小平同志"两个大局"区域发展思想的指导下，我国实行的是沿海地区优先发展的区域非均衡发展战略。这一战略历经了"六五"（1981~1985年）和"七五"（1986~1990年）两个五年计划的实践，取得了很大的成就，突出表现为东部区域经济得到迅速发展，同时在一定程度上带动了中西部区域经济的发展，从而有力推动了全国经济的整体发展。但其弊端也很快显现，突出表现为区域经济水平差距显著扩大，由此引发了区域发展中的效率和公平冲突问题。从20世纪90年代初起，中央开始调整80年代的区域发展战略，在坚持非均衡发展的基础上，强调区域之间的协调发展。即在坚持全方位推进改革开放基本战略的宏观架构下，强调国家投资和产业布局向中西部地区转移、实施西部大开发战略以及扶贫协作和对口支援等区域政策，以促进东部地区和西部地区经济的协调发展。然而，由于中西部地区的原有基础较差，加上新投资主要集中在基础设施建设等方面，东、中、西部地区差距仍在继续扩大。由此表明"区域经济非均衡协调发展战略"仍有一定的局限性，由此催生了以科学发展观为指导的"区域经济统筹发展"战略的诞生。2003年10月，中共十六届三中全会明确提出了"科学发展观"这一重要指导思想。在科学发展观的指导下，中央明确实施"统筹区域协调发展战略"，包括要积极推进西部大开发，有效发挥中部地区的综合优势，支持中西部地区加快改革发展，振兴东北地区等老工业基地，鼓励有条件的东部地区率先基本实现现代化，逐步形成东、中、西部经济互联互动、优势互补、协调发展的新格局（"十一五"规划）。"十二五"规划进一步从实施区域发展总体战略、实施主体功能区战略、完善城市化布局和形态及加强城镇化管理四个方面落实统筹区域发展战略。2012年中共十八大则进一步提出了创新驱动发展战略，在强调加快转变经济发展方式的同时，更加注重区域经济协调发展。指出，"继续实施区域发展总体战略，充分发挥各地区比较优势，优先推进西部大开发，全面振兴东北地区等老工业基地，大力促进中部地区崛起，积极支持东部地区率先发展。"由上可知，改革开放以来，中国的区域经济发展战略经历了一个从非均衡发展到非衡协调发展再到统筹区域发展的不平凡的历程。其间虽因"摸着石头过河"走了一些难以避免的弯路，但更多的是伟大的成功实践经验，值得年青一代经济管理学者去总结、提炼。只有总结提炼好中国本土的区域管理与发展规律，才能为相关制度改革提出有针对性的政策建议，才能为进一步丰富和发展西方主流的区域经济理论作出应有的贡献，因为"只有民族的才是世界的！"

江西师范大学位于具有深厚历史文化底蕴、素有"物华天宝、人杰地灵"美誉的江西省省会南昌。学校融文学、历史学、哲学、经济学、管理学、法学、理学、工学、教育学、艺术学十大学科门类于一体，对江西的政治、经济、文化和社会发展有较大影响，被江西省人民政府确定为优先发展的省重点（师范）大学。尤其是2012年成为教育部与江西省人民政府共建高校和中西部高校基础能力建设工程高校以后，学校全面转入内涵建设，并在学生培养、教学、学科建设与科学研究等方面取得较好的成绩。学校国家社科基金、自然基金立项数位居全国师范院校前列。

近年来，在"统筹区域协调发展战略"的指导下，中央推出了一系列与江西省直接相关的区域发展战略，如中部崛起、鄱阳湖生态经济区及振兴赣南原中央苏区规划等，为江西省迎来更大发展创造了千载难逢的历史机遇！就此，江西师范大学经济与管理研究团队积极响应，潜心治学，推出了一系列既有一定学理素养，又有一定应用价值的研究成果。这次即将出版的江西师范大学《区域创新与发展研究丛书》正是紧扣国家"统筹区域协调发展"时代背景下产生的最新理论研究成果。由于区域创新与发展的研究涉及经济学、管理学、地理学、社会学等多学科门类，是一个学科交叉的研究领域，具体研究内容相当广泛，包括政府与市场的关系，企业治理、产业集聚与转移，财政与金融政策，区域发展制度的公平与效率关系等。因而丛书选题广泛涉及区域创新与发展领域的各个层面，如企业治理与创新、产业集群与转移、政府与市场的关系、投资与货币政策、教育公平与效率及就业与经济增长等热点及难点问题，是近年来学校诸多青年专家及博士的最新研究成果。

《区域创新与发展研究丛书》的出版得到社会各方面的关心和支持。在此，我们向始终支持和关心我校学术研究的各位领导及专家表示衷心的感谢！对经济管理出版社的领导和编辑为丛书出版所付出的辛勤劳动表示衷心的感谢！可以期待，这套丛书的出版将对区域管理与发展的理论研究产生一定的影响，并对促进区域协调与科学发展起到积极有力的推动作用。

梅国平
2014年4月

前　　言

近十年来，国内劳动密集型产业呈现战略性区域大转移的态势，区域产业转移的步伐亦有所加快，针对国内区域产业转移的研究引起了学者们的广泛关注。本书在阐述、分析区域产业转移发生机制的理论框架的基础上，构建产业转移发生势差度量指标体系，度量和评价了国内区域间产业转移发生的可能性和趋向。本书的研究有助于客观地认识各区域产业转移的态势，为迁移企业提供决策参考，为政府引导产业转移提供政策建议。

第一，通过梳理产业转移研究的相关理论与模型，在两区域界定的基础上，结合产业转移发生势差，建立区域产业转移理论分析模型并对两区域间产业转移研究做了必要的假定；基于转出区、转入区与两区域对接的分析，解释区域产业转移发生机制，并提出相应的理论范式；提出了产业转移发生的两个必要条件：适当的产业转移发生势差和产业转移对接；利用产业转移发生势差评价方法量化转出区与转入区产业转移发生势差，探讨势差阈值与产业转移发生的条件与状态。

第二，基于发生势差理论依据和假定前提，采用综合评价方法将产业转移中的推拉力量化为产业发展势差；基于相关原则设计综合评价指标体系；基于产业转移的影响因素遴选了经济势差、产业势差、成本势差、交易成本势差和技术势差五大子指标和13个基础指标；采用层次分析法（AHP）对各指标进行权重赋值。

第三，在国内东中西部区域产业转移发展的态势分析中，采用了工业产业的从业人数比重、全社会固定资产投资增幅和比重与地区制造业平均集中率三个指标的基础数据；基于国内28个省、市（区）的制造业的数据，根据所构建的区域产业转移发生势差评价体系，分析了2000~2008年东部10个发达省市的产业发展势能、中西部18个欠发达省份的承接产业转移的竞争力，并对各发达区域至各欠发达区域的产业转移发生势差的计算结果进行了综合评价，得到了历年产业转移发生势差的总排名；根据发生势差数值的特点和排名，将全国两区域的发生势差划分为五个梯队，并根据统计结果作出了0.3为产业转移发生势差临界阈值的理论判断；同时以江西省承接建筑陶瓷产业转移为例，对国内东中部产业转移进行了具体案例分析。

第四，根据区域产业转移发生机制的理论分析，提出区域产业转移发生机制形成的主要制约分为转出区阻力、转入区阻力和对接阻力，简要说明了区域产业转移中的部分制约表现；从产业转移的微观基础角度对影响产业转移的因素采用了系统基模分析，构建企业迁移机理模型；基于产业转移发生势差阈值的需要，重点分析了转出区的动力和阻力因素、转入区的引力和约束因素；基于产业转移发生的第二个条件——对接平台，阐述了区域产业转移发生的对接和协调，分析了区域产业转移发生所需要的流通渠道及其影响因素，并对区域产业转移对接的协调和促进提出了分析和探讨。

第五，基于产业转移发生的两个必要条件，提出了区域产业转移调控的目标和思路，即产业转移发生势差阈值和区域产业转移对接；基于调控思路明确了转入区、转出区和转出和转入对接三条调控路径，利用实证中2008年产业转移发生势差的数据对区域产业转移的个案进行调控研究，以明确区域产业转移调控的方向和具体工具选择；最后根据路径选择需要依次提出区域产业转移三个方面调控的政策工具和具体措施。

序

  国内劳动密集型产业正经历着转移升级的历程。国内对产业转移的理论研究由来已久，但在区域产业转移的发生与动力分析的量化研究方面较为缺乏，特别是对区域产业转移发生机制的探讨尚未见系统性的研究。张新芝博士紧扣区域产业转移发生机制这一主题，在理论范式梳理与实证方面开展的工作具有一定的探索性和创新性。

  全书从两区域分析的基本假定入手，借鉴物理意义的势差，界定了产业转移势差并进行了度量，探讨了区域产业转移发生机制分析的范式，并对此开展了理论梳理工作，研究视角较为新颖；实证分析中对区域产业转移发生势差临界阈值的判断，综合反映了本书前一部分的理论探索工作。综观全书，张新芝博士在理论探索与实证分析的结合方面具有一定的深入性思考，其研究成果对区域产业转移调控提供了一个重要的参考视角。

  尽管本书在实证分析与范式理论化方面有待充实，部分观点有待后续的实证研究工作验证。但在区域产业转移发生与调控研究方面，本书不失为一部对此主题做了较全面工作的著作，对拓展区域产业转移发生机制的研究具有重要的参考价值。从这一点上说，张新芝博士的工作具有一定的开拓性。

  是为序。

目 录

第一章 导 论 ·· 1
    一、选题背景及意义 ·· 1
    二、研究方案 ·· 4
    三、本书的主要创新点 ·· 6

第二章 产业转移发生机制的理论基础 ································ 8
    一、区域产业转移的概念及特征 ································· 8
    二、国外区域产业转移的理论 ···································· 10
    三、国内区域产业转移研究的主要内容 ······················· 15
    四、区域产业转移的因素与机制研究的主要进展 ··········· 20
    五、区域产业转移的发生机制研究 ······························ 25
    六、存在的问题与进一步研究方向 ······························ 30

第三章 区域产业转移发生机制的分析框架 ······················· 32
    一、两区域假定 ·· 32
    二、两区域产业转移研究的假定 ································· 34
    三、两区域产业转移分析的基本范式 ·························· 38
    四、两区域产业转移的理论模型 ································· 39
    五、两区域产业转移发生机制的解释 ·························· 40
    六、本章小结 ·· 43

第四章 区域产业转移发生势差综合评价指标体系设计 ······ 44
    一、区域产业转移发生势差评价指标体系设计思路 ········ 44
    二、区域产业转移发生势差综合评价指标体系设计的基本原则 ········ 46

三、区域产业转移发生势差综合评价指标选取与解释 …………… 47
四、指标权重赋值 ……………………………………………… 52
五、本章小结 …………………………………………………… 59

第五章 区域产业转移的实证研究 ………………………………… 60
一、国内东、中、西部区域产业转移发展态势分析 …………… 60
二、区域产业转移转出区产业发展势能综合评价 ……………… 68
三、区域产业转移转入区承接竞争力综合评价 ………………… 74
四、两区域产业转移发生势差的综合评价 ……………………… 80
五、东中部产业转移发生案例——以江西承接建筑陶瓷产业
转移为例 ……………………………………………………… 95
六、本章小结 …………………………………………………… 101

第六章 两区域产业转移的对接与协调 …………………………… 102
一、区域产业转移发生机制形成的主要制约及表现 …………… 102
二、企业迁移的影响因素和迁移机理 …………………………… 104
三、转出区产业转出的动力与阻力分析 ………………………… 108
四、转入区承接产业转移的引力与约束分析 …………………… 113
五、区域产业转移发生的对接渠道与协调 ……………………… 124
六、本章小结 …………………………………………………… 129

第七章 区域产业转移调控路径选择与促进措施 ………………… 130
一、区域产业转移调控的目标与思路 …………………………… 130
二、区域产业转移调控的路径选择 ……………………………… 131
三、区域产业转移调控的政策工具选择 ………………………… 139
四、区域产业转移中转出地区政府调控的具体措施 …………… 140
五、区域产业转移中转入地区政府调控的具体措施 …………… 142
六、构建促进区域产业转移发生的对接机制 …………………… 146
七、本章小结 …………………………………………………… 152

第八章 研究总结与展望 …………………………………………… 153
一、本书的主要工作 …………………………………………… 153
二、研究展望 …………………………………………………… 155

附录A 基本数据表 ………………………………………………… 156

附录B　数据分析表 ·· 183

附录C　综合结果分析表 ·· 190

附录D　产业转移发生势差 ·· 229

参考文献 ··· 233

后记 ·· 241

第一章 导 论

一、选题背景及意义

(一) 问题的提出

随着地区经济一体化的加深,产业结构的调整和升级不再是一个地区内部独自进行的,区域经济的协调发展也不再是一个区域内部的协调发展,而是包括了整个国家或大区域的协调发展。产业转移便是这样一种可以连接不同的地区经济协调发展和产业结构调整的重要方式和纽带。转出区通过向其他地区转移某些产业来调整产业结构、促进经济增长方式的转变;而转入区亦可通过积极承接产业转移来实现技术进步、产业升级、增加就业,加快经济发展。

1. 区域产业转移是解决地区发展失衡的重要手段

改革开放以来,东部地区凭借地理位置上的优势及国家优先发展政策,经济得到飞速发展,东、中、西部经济发展差距日益扩大。据统计,1978~2008年,东部地区GDP占全国比重提高了12.51个百分点,而包括西部在内的其他区域所占比重则均有不同程度的下降。2008年东部10省市和西部12省区GDP分别为17.75万亿元和5.8万亿元,占全国比重的57.8%和17.8%,与2000年相比,西部地区下降了1个百分点。1999年,中央曾在《国民经济和社会发展"九五"计划和2010年远景目标纲要》中明确提出了"有步骤地引导东部某些资源初级加工和劳动密集型产业转移到中西部地区,作为解决地区差距问题的五大措施之一"。为了更好地利用资源,由发达地区至欠发达地区进行产业转移是一种表现形式、手段和方式,它是为了达到区域协调发展的目的而进行的一种中观层面的产业空间迁移现象。

2. 区域产业转移是产业结构调整升级的必然要求

作为改革开放前沿阵地的东南沿海地区，新旧经济增长方式之间、新旧体制之间出现摩擦，在经济高速发展之后，速度与效益、总量与结构之间的矛盾越来越尖锐，经济转型与产业结构的更新换代已迫在眉睫，落实科学发展观势在必行。如东部地区劳动力、能源原材料指向型产业与其资源密集度偏差越来越大，引发了此类产业内以及此类产业和其他产业间为争夺生产要素的恶性竞争，影响到整个东部地区的产业结构。进入20世纪90年代中期以后，东部地区技术密集型和资本密集型产业迅猛发展，传统产业的比较利益越来越低、市场空间越来越小；而中西部地区拥有丰富的资源，要素价格相对低廉，人均收入水平远低于东部地区，市场发展潜力巨大，是承接地区劳动力、能源原材料指向型产业转移的理想场所，东部地区市场饱和的传统产业在中西部地区仍将有广阔的市场前景和发展空间。这是东部地区向西部地区进行产业转移的微观背景。

3. 区域产业转移是加强区域经济合作的重要纽带

在经济全球化和区域经济一体化的今天，随着改革开放规模的扩大和市场机制的日趋完善，我国区域经济格局正发生着深刻变革，各经济圈纷纷崛起，并展现出其促使经济腾飞的巨大作用。这是中国经济发展的必然现象，也是必要条件，区际间经济合作已成为一大趋势。目前珠江三角洲、长江三角洲、京津冀经济圈、环渤海经济圈与内地各种城市群经济圈和经济带，使整个国内的经济成了一盘棋，区域间的合作与投资显得更活跃。区域经济合作将我国总体经济发展目标融入区际合作机制之中，有力地调动了各方的紧密合作和经济互动。此外，还有许多新的增长极在区域合作中崛起，如成渝经济区、淮海经济协作区、武汉经济协作区、中原经济合作区、鄱阳湖生态经济区等。近年来，广西研究制定了北部湾经济区发展规划，黑龙江则提出建设哈大齐工业走廊，湖北与湖南分别提出武汉城市圈与长株潭经济圈战略，河南以郑汴一体化为突破口加快推进中原城市群建设……综观我国区域合作现状，我国区域经济发展已经开始从单纯行政区域经济向经济区域发展，区域间的联合和互动成为我国经济发展的主要特征，长期困扰区域合作与制约要素合理流动的地区"行政壁垒"，正在被层层打破。这都为区际间产业转移和承接提供了便利。

4. 区域产业转移是应对后金融危机的现实选择

在2008年发生金融危机的背景下，我国从过去的以外向型经济为主转化为内外并重型经济。对于具有对外贸易优势的东部发达地区来说，到了需要重新考虑发展战略并且做出适当调整的时候。而作为主要靠内需拉动的中西部地区来说，经济发展战略的转变给其带来了良好的发展机会。中部崛起战略与西部开发战略的实施，内地城市群的建立、长江经济带的发展、中部内需市场的启动等都为中西部地区承接产业转移带来了机遇。同时金融危机也暴露出很多隐藏的问题,加速了沿海发达地区向中西部产业转移的步伐。出口订单的减少、农民工工资的上涨、民工返乡创业等,巨大压力直逼沿海企业,这些都成为加速产业转移步伐的催化剂。寻找新的产业发展洼地已成为港澳台资本、外资和沿海内资的新特点。与此同时,中部地区许多到东部沿海经商的人经过多年的打拼,聚集了一些财富和经验,在返乡民工潮和经济危机的影响下,中部地区返乡创业的激情也会助推产业转移,将东部地区的资本、技术、先进的管理经验和理念带回内地。

本书正是基于以上背景,试图从大量的区域产业转移案例和实践中寻找出一些区域产业转移的共同规律。通过对两区域分析的假定,探讨区域产业转移发生机制研究的基本范式,结合转出区、转入区的分析以及转出区与转入区的对接分析,并借助势差评价指标的运用,对发生机制进行分解,以说明产业转移是如何发生的,发生机制的要素有哪些,其发生的条件要求,如何通过对发生机制的调控更好地促进区域产业转移。正是基于这些问题的思考,构成了本书研究的逻辑起点。

(二) 本书的理论意义与实践意义

1. 理论意义

对产业转移的研究由来已久,国内学者的研究总体处于探索和争鸣阶段,尚没有形成产业转移的理论体系,即使在实证分析方面也往往集中在某个方面,缺乏对区域产业转移的系统研究。尤其是在区域产业转移机制方面的研究,尚存在较多的空白地带需要挖掘。通过本书的研究,试图从转出区与转入区的分析,建立一种区域产业转移的分析框架,找出区域产业转移发生的机制,以丰富产业转移机制的相关理论。

2. 实践意义

通过本书的研究,试图找出区域产业转移发生的机制,发现产业转移发生的内在规律,以更好地促进区域产业转移而提供更加合理、有效的路径和政策依据,进而为中西部地区更好地承接产业转移做好准备,为转出区和转入区的地方政府提供实践参考和决策支持。

本书将区域产业转移的发生机制作为基本主线,围绕区域产业转移的发生机制,构建区域产业转移发生机制的分析框架,有助于丰富产业转移的理论与实践研究。同时,根据区域产业转移发生机制的条件和要求,提出促进承接产业转移的策略与政策措施,以推动欠发达地区承接产业转移。综上所述,本书研究具有重要的理论意义和现实意义。

二、研究方案

（一）研究目标

基于要素流动下的两区域模型和陈建军的产业转移发生机制理论模型的研究基础上，从产业转移发生过程入手，借鉴物理学中的势差概念，提出产业转移发生机制的理论范式与理论模型；根据产业转移发生的影响因子构建产业转移发生势差的指标体系，并且基于制造业的数据综合评价了国内各区域之间的发生势差，试图展示出国内各区域间产业转移的发生趋势，以用来解释和验证产业转移发生机制的理论。

（二）研究的主要内容

提出产业转移发生势差的基本思想和产业转移发生机制的分析框架，指出产业转移发生的两个必要条件，明确量化的指标体系，对发生机制给出了支持性的解释和实证研究，并结合必要的分析提出了产业转移调控的思路及对策。

（1）通过梳理产业转移研究的相关理论与模型，在两区域界定的基础上，结合产业转移发生势差，建立区域产业转移理论分析模型并对两区域间的产业转移研究做了必要的假定；基于转出区、转入区与两区域对接的分析，解释区域产业转移发生机制，并提出相应的理论范式；提出产业转移发生的两个必要条件：适当的产业转移发生势差和产业转移对接；利用产业转移发生势差评价方法量化转出区与转入区产业转移发生势差，探讨势差阈值与产业转移发生的条件与状态。

（2）基于发生势差理论依据和假定前提，采用综合评价方法将产业转移中的推拉力量化为产业发展势差；基于相关原则设计综合评价指标体系；基于产业转移的影响因素遴选了经济势差、产业势差、成本势差、交易成本势差和技术势差五大子指标和13个基础指标；采用层次分析法（AHP）对各指标进行权重赋值。

（3）在国内东、中、西部区域产业转移发展的态势分析中，采用工业产业的从业人数比重、全社会固定资产投资增幅和比重与地区制造业平均集中率三个指标的基础数据；基于国内28个省、市（区）的制造业数据，根据所构建的区域产业转移发生势差评价体系，分析了2000～2008年东部10个发达省市的产业发展势能、中西部 18 个欠发达省、市承接产业转移的竞争力，并对各发达区域至各欠发达区域的产业转移发生势差的计算结果进行综合评价，得到了历年产业转移发生势差的总排名；根据发生势差数值的特点和排名，将全国两两区域的发生势差划分为五个梯队，并根据统计结果做出了 0.3 为产业转移发生势差临界阈值的理论判断；同时以江西省承接陶瓷产业转移为例，对国内东中部产业转移进行了具体案例分析。

（4）根据区域产业转移发生机制的理论分析，提出区域产业转移发生机制形成的主要制约分为转出区阻力、转入区阻力和对接阻力，简要说明了区域产业转移中的部分制约表现；从产业转移的微观基础角度对影响产业转移的因素采用了系统基模分析；基于产业转移发生势差阈值的需要，重点分析了转出区的动力和阻力因素、转入区的引力和约束因素；基于产业转移发生的第二个条件——对接平台，阐述区域产业转移发生的对接和协调，分析区域产业转移发生所需要的流通渠道及其影响因素，并对区域产业转移对接的协调和促进提出了分析和探讨。

（5）从产业转移发生的两个必要条件出发，提出区域产业转移调控的目标和思路，即产业转移发生势差阈值和区域产业转移对接；基于调控思路明确了转入区、转出区和转出和转入对接三条调控路径，利用实证中 2008 年产业转移发生势差的数据对区域产业转移的个案进行调控研究，以明确区域产业转移调控的方向和具体工具选择；根据路径选择需要依次提出区域产业转移三个方面调控的政策工具和具体措施。

（三）研究方法

（1）运用规范分析和实证分析相结合，定量分析和定性分析相结合的方法。本书的研究包括了对区域产业转移发生机制的理论分析和解析，也包括了对国内各区域的产业势能与产业转移发生势差的实证分析。理论研究部分主要依据要素流动下两区域模型和发生机制理论的相关研究，在两区域界定的基础上，结合产业转移发生势差，基于转出区、转入区与两区域对接的分析，解释区域产业转移的发生机制，并提出相应的理论范式。实证研究部分则是在理论分析的基础上，构建产业转移发生势差评价的指标体系，采用历年制造业数据，用 13 个基础指标对全国各区域发生势差进行了综合评价与分析。

（2）运用实地调研和典型案例分析。通过对转移至中西部地区的企业进行实地谈访以了解其转移的原因，并且探讨促进区域产业转移的对策与思路。以江西承接陶瓷产业的案例作为中西部产业转移的个案研究，在一定程度上验证产业转移发生势差的结果。

(四) 技术路线

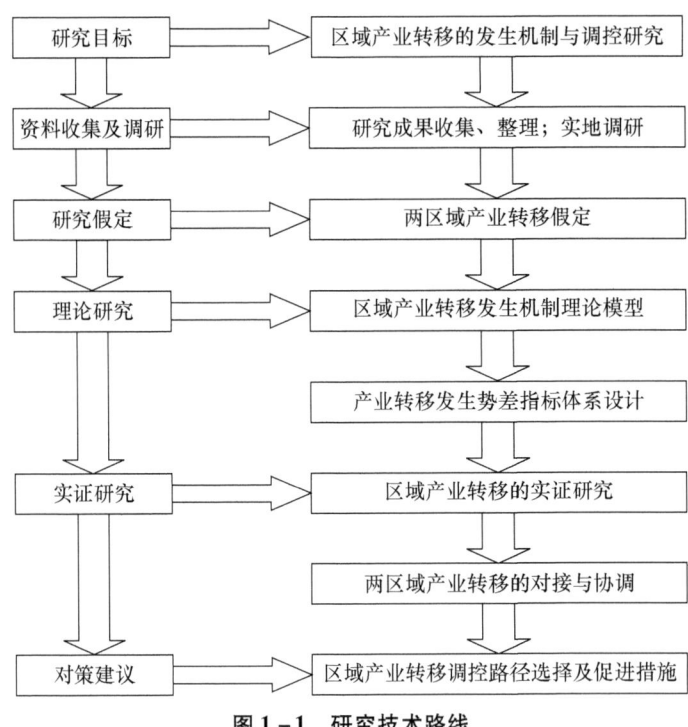

图1-1 研究技术路线

三、本书的主要创新点

(一) 理论建模方面的创新

构建两区域产业转移发生机制的分析范式和两区域产业转移的理论模型,提出了产业转移发生的两个必要条件(产业转移发生势差阈值和产业转移对接),对区域产业转移研究具有一定的理论价值。

(二) 研究视角方面的创新

借鉴物理学中的势差概念,提出了区域产业转移发生的势差理论,将产业转移发生势差分解为经济势差、产业势差、成本势差、交易成本势差和技术势差五个子势差,据此对产业转移发生趋势进行判断和评价,具有重要的实践意义。

(三) 实证研究方面的创新

通过 2000~2008 年全国各区域的经验数据分析,得出产业转移发生势差的阈值为 0.3 的结论,为产业转移发生的必要条件提供了判断标准。探索产业转移发生势差对产业转移发生的变化影响,进而分析其发生机制调控的方向和路径,提出产业转移发生机制调控的思路及政策工具的选择。

第二章 产业转移发生机制的理论基础

"产业"是经济分析中的一个基本概念,既可以用来特指农业、工业、服务业的三次产业划分,也可以用于泛指三次产业内部的各个行业部门。本书的"产业转移"、"产业结构"等概念中的"产业"均为第二层含义,即行业层面的含义。

产业转移的概念,除了在少部分研究语境中指生产要素的产业间转移(如劳动力、资本等由一个产业转移到另一个产业)以外,一般均指产业在空间上的转移,即空间布局上的移动。学术界对该概念较有代表性且被广泛认可的解释是"由于资源供给或产品需求条件发生变化后某些产业从某一地区或国家转移到另一地区或国家的一种经济过程"(陈建军,2002)。产业转移,可分为国际产业转移和国内区域间的产业转移。

一、区域产业转移的概念及特征

(一)区域产业转移的概念

区域产业转移,最简单地说就是产业在区域间的转移。郑燕伟(2000)从区域比较优势的角度阐述了区域产业转移的概念,他认为区域产业转移是指在市场经济条件下,发达区域的部分企业顺应区域比较优势的变化,通过跨区域直接投资,把部分产业的生产转移到发展中区域进行,从而在产业的空间分布上表现出该产业由发达区域向发展中区域移动的现象。陈刚、陈红儿(2001)则从产业发展的角度提出,区域产业转移是区域间产业竞争优势消长转换而导致的产业区位重新选择的结果,是产业发展过程在空间上的表现形式,即产业演化的空间形态。张可云(2001)则从要素流动的角度来探讨,认为区域产业转移是区际产品和要素流动之外的另一种区际经济联系的重要方式。在某种程度上，区域产业转移既是对商品贸易与要素流动的一种替代，同时又会促进劳动力、资本与技术等要素在区域间进行流动。魏后凯（2003）从政府作用的角度认为，区域产业转移是企业与转入区和转出区政府之间的动态博弈过程，也是各地方政府之间的环境竞争过程。区域产业转移的概念呈现众说纷纭的状态，这与区域产业转移本身涉及较广、影响因素较多有直接的关系，因此有必要对区域产业转移进行一个概念界定。

作为产业转移的一种重要表现方式，传统的区域产业转移主要是指一国内部的产业转移现象，但随着全球化与区域化的研究进展，国际上如欧盟、东盟，国内如长三角、珠三角等地区性组织的发展，使跨越国界、省界等行政界线的各级各类经济区域之间产业转移呈快速蔓延之势。本书借用王楠定义的区域产业转移的概念，认为区域产业转移是指：基于区域经济地理学的宏观综合分析视角，对区域产业转移定义如下：区域产业转移是指发生在不同层次的经济地域单元之间，以物质生产资料、知识与技术、货币与人力资本及文化要素等为内容，以区域分工与贸易合作、投资及产业扩张为主要形式，以产业结构优化、升级促进区域协调发展为最终目标的产业时空演变现象。本书所研究的区域产业转移范围主要为国内区域间的产业转移，即区域与区域之间发生的产业转移，是从产业转移过程本身去考虑的。作为一个区域，既有产业转移进来，也有产业转移出去，这里转移进出的产业不管是外资还是内资，其实都只是一种转移的表现，这对是国际还是国内的产业转移的区分已经并不重要了。①

（二）区域产业转移的特征

本书所界定的区域产业转移概念主要有以下几方面特征：

1. 经济地域单元的复杂性

由于"区域"概念的泛化，使区域产业转移所涉及的地域单元呈现出明显的层次复杂性。区域产业转移发生在不同层次的经济地域单元之间，可以是国外与国内区域间，也可是国内的发达区域与欠发达区域之间；可以是行政区域间，也可是经济区域间；还可以是发达区域内部或欠发达区域内部，本书所研究的区域仅从产业转移过程本身的转出区和转入区进行研究。

2. 转移形式的多样性

其转移的内容可以包括某种生产要素或多种生产要素，可以是物质生产资料、知识与技术、货币与人力资本等各种要素的单项或多项组合的转移。随着区

---

① 原来在发达地区的外资企业现在迁移到欠发达地区，就是产业转移的一种表现，而已经没有必要去界定是国际产业转移还是国内产业转移了，统称为区域产业转移。

域产业转移内容的动态演变，转移形式也不断呈现多样化。在区域分工与贸易的基础上，目前以区域投资与产业扩张的形式最普遍。主要表现是，微观上以企业为载体，通过以跨国公司为代表的大型企业的扩张、迁移或集聚等实现区域产业转移；中观上通过资源、劳动力、技术、资本等要素禀赋的动态调整，不断完善企业区位选择的条件，推动产业转移深化；宏观上以投资推动区域产业结构的调整与优化，以产业链或价值链整体转移形式，引起区域产业周期性演变。

3. 域际间流通渠道的畅通性

域际间流通渠道的畅通性决定了产业转移的规模与质量。当区域产业转移发生在同一经济地域单元内时，区域联系畅通性强，区域内的各种壁垒影响不大，产业转移规模就大、质量就能提高；当发生在不同经济地域单元之间，尤其是区域发展环境差异较大的区域之间时，政府政策、体制机制等外部因素的制约，使产业转移发展滞缓，规模小，以低水平的资源与劳动密集型产业转移为主，层次提升困难。

二、国外区域产业转移的理论

国外学者对区域产业转移的理论研究可以从国家层面、区域层面、企业层面的不同角度对产业转移发生的原因进行分析。其中，国家层面和区域层面的研究主要从产业转移的发生原因、发展模式及其趋势来研究，该类理论常和分工理论、区域比较优势理论、产业结构调整理论等有较多的联系。包括刘易斯的劳动密集型产业转移理论、新经济地理学理论、小岛清的边际产业转移理论和赤松要的雁行模式等。企业层面的研究则主要从产业发展的微观机理来进行，包括产业区位理论、产品和产业生命周期理论、企业迁移理论等。

（一）产业区位理论

研究一国内区际产业转移的区位选择，首先要追溯到德国农业经济学家Thunen的农业区位理论，他解决了传统农业生产方式的空间配置问题。区域产业转移在某种意义上是产业区位选择和产业区际分工的动态变化。产业区位理论是研究各产业活动的空间选择和空间配置的理论，其揭示的产业区位选择的行为动机和基本动因对研究区域产业转移问题具有重要的借鉴和参考价值。产业区位论中的成本决定论也叫古典区位论，产生于19世纪二三十年代。第一个系统研究工业区位理论的是德国经济学家Webber（1909）。在其古典区位论的代表作

《工业区位论》中认为：一个区域对工业区位选择吸引力大小的决定力量是最小生产成本，而影响产品成本的一般性区位要素是运输费用、劳动费用和集聚效益。聚集效益被视为由运输和劳动费用联合作用而形成的最优区位。Webber 认为区位选择总是趋向生产总成本费用最低的地点。但实际上，市场需求在产业区位选择中起着非常重要的作用。

后来的学者在 Webber 工业区位理论的基础上不断修正和完善，如瑞典经济学家 Tord Palander 把不完全竞争引入区位论研究，提出了"远距离运费衰减"的理论。以 Losch 为代表的区位理论从需求出发，认为最佳区位是收入和费用之差的最大点即利润最大点。事实上除了成本和利润，区位选择还必然受到决策者的志向、能力、知识、现实观察力及对信息收集分析与评价所付出的精力的影响。因此，区位决策者的思想行为和价值观念，往往成为区位的决定因素。决策者满意的区位，不一定是成本最低或利润最高的最优区位，而是综合优势最显著的区位。因此，合理的区位选择和产业配置必然受多种要素的影响，必须对多种要素，特别是成本—市场要素进行综合分析。区位理论揭示的决策者追求效益最大化的产业区位选择动机是分析区域产业转移问题的重要依据，同时区位理论中所涉及的运输费用、聚集效应、劳动费用、市场需求等因子也是本书研究区域产业转移问题所必须涉及和考虑的。

（二）产品和产业生命周期理论

Vernon（1966）提出的"产品循环说"，以发达国家为视角，阐述了产业如何由发达国家逐渐向发展中国家转移的过程。他认为发达国家向发展中国家转移产业的原因在于企业为了顺应产品生命周期的变化，回避某些产品在生产上的劣势。产品生命周期理论是对美国跨国公司对外投资活动的总结，该理论将比较优势从国际贸易领域延伸到对外直接投资，引入了动态的区位条件分析，对区域间或国际间产业与产品的周期性发展进程以及由此导致的产业和产品转移做出了系统描述和理论总结。但是弗农的学说主要是针对第二次世界大战之后美国的对外直接投资模式而创立的，是一种被动性产业转移行为，而随着许多主动性产业转移行为的出现，该理论无法解释存在于经济发达国家之间的投资行为以及没有技术优势的发展中国家的对外投资。

Tan（2002）在产品生命周期理论基础上，进一步使之动态化和系统化。投资者将高档产品的生产主要放在本国进行，辅之以中间产品出口和国外组装；就中档产品而言，产品在国外组装的同时，产业逐步向国外转移；低档产品的生产则完全转移到国外进行。同时，高、中、低档产品系列将不断变化，新的产品不断充实到高档产品系列中，一部分高、中档产品降级并充实到中、低档产品系列中去。Tan 的产品生命周期理论，实际上是从产品系列的角度来解释产业转移现象。

Thompson（1966）则从"人性化"的角度，提出了"区域生命周期论"。一个工业区的发展过程就像一个生命体一样，可以划分为年轻、成熟、老年等不同阶段，各个阶段有其各自的特征。区域发展至成熟期，区域内部工业相当发达，为寻求进一步发展，区内产业开始向外扩张，其中一些找到了更适合自己发展的区位，从而开始进行产业转移。产业转移的扩张和产业转移，一方面加剧市场竞争，另一方面也在减少本区域内原产业所占用的生产要素份额。进入老年期的区域要想重新获得工业的发展，唯有通过再次创新，从而进入新一轮的生产周期循环。

（三）劳动密集型产业转移理论

Lewis（1977）主要研究了劳动密集型产业转移的机制问题，他认为发达国家在 20 世纪 60 年代由于人口自然增长率的下降，导致非熟练劳动力不足，劳动力成本上升，某些劳动密集型产业的比较优势逐步丧失，于是发达国家将部分劳动密集型产业转移到发展中国家。Lewis 的观点是建立在赫克歇尔—俄林的要素禀赋基础之上的，他把劳动密集型产业作为产业转移的主体，并且把产业转移与比较优势的变化相联系。Lewis 并没有建立起关于产业转移的完整理论，他仅仅解释了劳动密集型产业转移，而对资本密集型与技术密集型产业转移问题没有涉及。Pennings 和 Sleuwaegen（2000）以比利时的大量企业和国际性跨国公司为研究对象，认为在工业化程度较高的开放经济体系中，劳动密集型产业比资金密集型产业更容易发生转移。公司规模和公司的创新速率对产业转移产生了积极影响，而未来的不确定性对产业转移具有阻碍作用。本书所要研究的区域产业转移的范围主要界定在劳动密集型产业转移，技术密集型和资本密集型产业的转移则暂时没有太多考虑，与此同时，国内大部分区域间转移的产业也主要集中在劳动密集型产业。

（四）新经济地理学理论

20 世纪 90 年代，以 Krugman 为首的一批经济学家，将地理学引入区域产业的布局，提出了"新经济地理学"理论。Krugman（1990）提出了一个两地区、两部门的一般均衡区位模型。农业产品区位是固定的，而垄断竞争的制造业选择它们的区位以实现利润最大化。如果运输成本高、规模报酬小、制造业产品支出比重低、靠近市场的动机等将制造业在区域间平均分布；而具有较低的运输成本、更大的规模经济或更高的制造业比重，相应的结果是：制造业在一个区域分布越多，该区域需求的比重将越大，这使更多的制造业集中于此。Davis 和 Weinstein（1997）利用一个带有"国内市场效应"和 H－O 模型特征的报酬递增的经济地理模型得出结论，经济地理对于理解区域产业结构是非常重要的。藤田昌久等提出，集聚的动力主要是马歇尔提到的三个外在因素，即劳动力市场共享、中间产品的供求关系和技术外溢。而在更大的空间尺度上，Krugman 强调"资本外在性"（市场规模效应）对于形成国家内部经济发展在空间上不平衡分布的重要性。如租金和工资成本的提高等离心力使产业活动趋向于分散。总体上说，运输成本和劳动力的可移动性是决定产业空间集聚和转移的关键因素。运输成本越低，产业空间集聚的力量就越大；劳动力的可移动性越差，产业转移力量就越大。这一理论也充分说明了中国的区域产业转移严重滞后是由于中国劳动力转移成本较低，劳动力的转移在一定程度上替代了资本转移。

（五）企业迁移相关理论

有关产业转移的研究，大都将企业行为作为"黑箱"来处理，缺乏坚实的微观基础。为此，也有学者从企业的角度来探讨产业转移问题。

1. 企业迁移理论

以 Simon（1959）、Pred（1967）和 Schmenner（1982）等为代表的"企业迁移行为理论"认为，企业迁移的动力是区位推力和引力的合力。其中，推力主要有企业内部原因和外部原因。内因主要与企业扩张有关，外部原因主要包括到达企业所在地较困难、远离市场、现有建筑物损坏、政策环境不好、劳动力供给不充分、房屋购买和租用成本过高，这些因素都会成为企业迁出的动力。吸引企业迁入的因素与推力正好相反：有足够的空间，接近分销商、供应商和顾客，劳动力供应充足，生产成本低，并且房地产价格合适、适宜居住等。

新制度企业迁移理论认为，空间上的经济过程主要是由社会的文化制度和价值观决定的，产业转移不能仅视为企业的行为，而且要考虑植入这些行为中的社会和文化内涵。企业迁移的制度理论也可解释中小企业的区位行为。首先，区域环境对企业的成长非常重要，如美国的硅谷，它对于吸引中小企业迁入起着非常重要的作用；其次，政府政策是影响中小企业区位行为的主要因素之一。

Dunning（1981）的企业投资理论用 O－L－I 模型来说明企业的对外投资和扩张行为。一国企业要进行对外直接投资，必须同时具备三种特定优势，即所有权优势（Ownership）、区位优势（Location）、内部化特定优势（Internalization）。所谓的所有权优势就是企业由于掌握某种专用技术、专利、管理技能或拥有规模经济、价格垄断、各种有形或无形资产等而具有的优势。区位特定优势包括市场、贸易壁垒、生产成本、投资气候、总体条件五类因素。内部化特定优势是指通过建立企业内部市场，发挥自身的所有权特定优势，以节约交易成本。Dunning的分析试图说明，企业跨国投资或进行产业转移，三种特定优势缺一不可（见表2-1）。

表2-1　DunningO-L-I模型图解

	所有权优势（O）	区位特定优势（L）	内部化特定优势（I）
对外直接投资	√	√	√
出口	√	√	√
无形资产转让	√	—	—

2. 企业成长的空间扩张论

企业成长的空间扩张论指的是经济地理学中四个企业的空间扩张模式：Watts的市场区扩大模式（1980）、Taylar的组织变形及区域演化模式（1975）、Hakanson的全球扩张模式（1979）和Dicken等的全球转移模式（1990）。四个模式虽各有侧重，但都是企业成长的空间扩张理论模型，其共同观点是：市场占领是企业从单一区位向多区位空间扩张的根本动因；企业扩张一般遵循产品扩张（市场区位扩张）—销售部门空间扩张（销售区位扩张）—生产部门的空间扩张（生产区位扩张）的顺序进行。应该说，四个模式都是从企业成长的微观角度解释扩张性产业转移，实际上都潜在地认为，产业转移是企业成长的空间表现。

3. 企业盈利空间界限理论

Smith（1971）的盈利空间界限理论用来解释企业的区际迁移是最简单明了的（见图2-1）。

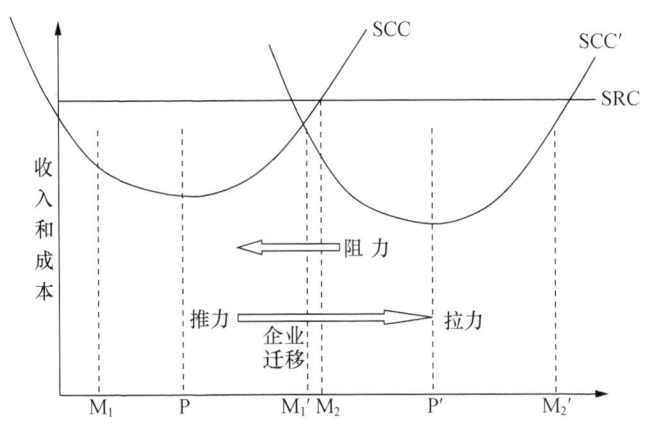

图2-1　企业迁移与盈利空间界限

资源来源：魏后凯．现代区域经济学[M]．北京：经济管理出版社，2006．

图 2-1 中，SRC 为空间收入曲线，是一条直线，SCC 为空间成本曲线，SRC 与 SCC 的交点 M_1 与 M_2 之间即为企业的盈利空间界限；M_1 与 M_2 范围内的经济区位均是盈利的，其中 P 是最大盈利点，即为企业的最佳区位。然而，现实中，随着企业发展战略、发展条件以及外界环境变化等因素的影响，企业的空间成本曲线有可能由 SCC 调整为 SCC′，相应的盈利空间界限也由 M_1 和 M_2 变为 $M_1′$ 和 $M_2′$，最大的盈利点也由 P 变成了 P′。在这种情况下，过去的最优区位 P 点，此时就变成了亏损区位。为改变此状况，即为了将利润率提高到目标盈利水平，企业就有必要将自己的产地和市场迁到最大盈利点 P′。当然，在进行迁移的大多数情况下，企业现有的区位基本上仍在盈利空间的界线内，但相比而言，企业的决策者发现其他区位可以获得更高的预期盈利水平，因而才产生决定迁移的动力与行为。除了推力和拉力外，企业迁移决策还取决于一些阻力因素，这些因素主要涉及企业迁移所需要的固定和可变成本（如现有厂房、基础设施等）的损失、维持现有劳动就业关系、来自地方政府的压力以及交易成本的增加等。显然，当推力与拉力的共同作用超过阻力的作用时，企业就迁移了。

根据 Smith 企业迁移与盈利空间理论，企业迁移最根本的动因在于追求自身利益的最大化，从模型上反映来看是节约成本，提高盈利水平，最终目的就是为了实现资本要素的利益最大化。当然在这其中会有具体各方的推拉力量，其迁移决定最终会由推拉力量的大小和迁移所带来的新增收益与花费的成本两者的差额决定。

综上所述，首先，国外产业转移的理论或以经济发达国家为视角，或以经济不发达国家为对象，多数集中在自己所在的一方的角度来展开对问题的探讨，没有重视相对方的产业转移而导致其理论都存在着一定的片面性。其次，国外产业转移理论研究主要研究的是国际产业转移问题，多以国家为视角，研究国与国之间的产业转移，对于一国范围内不同经济发展水平的区域之间产业转移问题的研究则比较少。

三、国内区域产业转移研究的主要内容

随着区域之间产业转移的日益普遍，国内区域产业转移的研究也迅速开展起来，涌现出许多研究成果。从国内外研究现状看，区域产业转移研究的内容主要集中在四个领域：①区域产业转移的理论基础，包括其定义、模式和动因；②区域产业转移的效应分析；③区域产业转移与产业结构调整和产业集群等的关系和影响；④产业转移与区域经济联系，产业转移的战略和政策研究，主要是区域产业转移的应用和实证方面。

（一）区域产业转移的理论基础

国内的研究成果中关于区域产业转移的理论基础方面的成果最丰富，本书仅就几个经典的动因理论进行简单的介绍。

1. 国内梯度转移及反梯度转移理论

关于区际产业转移理论在国内存在一定的争议，影响较大的首先当属著名的梯度推移论和反梯度推移理论之争。梯度转移理论在我国表述为：无论是在世界范围，还是在一国范围内，经济技术的发展都是不平衡的，客观上已形成一种经济技术梯度。有梯度就有空间推移。生产力的空间推移，要从梯度的实际情况出发，首先让有条件的高梯度地区，引进掌握先进技术，然后逐步依次向处于二级梯度、三级梯度的地区推移。随着经济的发展，推移的速度加快，也就可以逐步缩小地区间的差距，实现经济分布的相对均衡。

梯度转移理论是区域经济学家在区域生命周期理论和产品生命周期理论基础上提出来的。随着时间的流逝和主导部门生命周期阶段的变化，区域主导部门趋于衰退并逐步由高梯度地区向低梯度地区转移（夏禹农、冯文浚，1982；何钟秀，1983；周起业等，1989）。梯度推移论认为，中国区域经济发展客观上存在着东、中、西部三大地带，这三大地带由于地理位置、劳动力素质、科技水平、经济基础等方面的差异，形成了经济技术的整体梯度，生产力的空间推移应从区域间梯度差异的实际情况出发，首先让有条件的高梯度地区——东部沿海地区引进资金和先进技术，然后逐步依次向第二、第三梯度——中、西部地区转移，并通过三大地带间经济发展的推移，逐步缩小地区间的差距，实现区域经济均衡发展。反梯度推移论则认为，我国生产力水平呈东、中、西三级梯度态势是客观的事实，但落后的低梯度地区只要政策得当、措施得力，也可以直接引进并采用世界先进技术，发展自己的高技术，实行超越式发展，然后向高梯度地区进行反推移。事实上，梯度推移与反梯度推移理论之争的核心是国家优先发展高梯度地区还是低梯度地区的战略抉择问题。其实质是东部与中、西部地区尤其是西部地区之间的利益之争，这涉及地区发展战略、产业政策、地区平衡等方面的政策选择问题，是主观性的地区间政策支持之争。

而陈建军、葛宝琴（2008）却认为不管是梯度产业转移还是反梯度产业转移都必须在一定的经济发展梯度基础之上。经济发展梯度就是指不同区域在经济发展水平上所存在的差异，它是梯度推进理论和反梯度推进理论的客观基础和理论前提。创新活动大都发源于高梯度地区，随着时间的推移，生命循环阶段的变化，按顺序由高梯度地区逐步向低梯度地区转移。从梯度转移理论可以看出，产业发展的区域性梯度差异使产业转移成为可能。陈刚、陈红儿（2001）也从梯度的角度探讨了产业转移发生的基础条件。一国内部的各个区域不会处在相同的经济发展梯度上，尤其在发达区域和欠发达区域之间，这种区域经济发展水平的客观差异，蕴含了区域间发生产业转移的客观基础。

2．产业成长、演化论

卢根鑫（1994）的重合产业竞争论从马克思政治经济学的产品价值构成的角度出发，认为产业转移的经济动因在于发达国家和发展中国家出现了各自产品技术构成相似而价值构成相异的重合产业。这种重合产业的竞争使发达国家的产业难以立足而转移到低成本的发展中国家。

陈刚、陈红儿（2001）从产业演化的空间形态角度考察产业转移，并认为产业转移有扩张性转移和撤退性转移之分，产业转移是区域间产业竞争优势消长转换而导致的产业区位重新选择的结果，是产业发展过程在空间上的表现形式，即产业演化的空间形态。

（二）区域产业转移的效应分析

从理论上讲，产业转移效应既包括对转入区的效应，也包括对转出区的效应；包括产生的正效应和负效应。但是，从国内目前的研究看，大多数文献集中于产业转移对转入区正效应的探讨，而且这些探讨主要集中于产业转移对生产要素、思想观念、制度、产业关联、技术溢出、竞争和竞争力态势、产业成长和结构升级、产业分工和区域经济发展等方面的影响或效应。国内对产业转移进行研究的学者几乎都提出过产业转移效应，这些学者主要有：卢根鑫（1994），陈计旺（1999），聂华林（2000），庞娟（2000），陈刚（2001），陈刚、陈红儿（2001），陈建军（2002），潘伟志（2004），吴晓军、赵海东（2004），王全春（2008）。具有代表性观点的效用有以下几方面：

1．要素转移和资源利用效应

产业转移将推动劳动力、资本、技术、先进的管理经验和企业家才能等生产要素以多种转移方式实现跨区域转移，有助于实现产业移入区域原有要素的充分、合理利用，也有助于实现生产要素的跨区域优化配置。

2．观念更新和制度改善效应

伴随着产业转移带来的与之相应的新文化、新思想、新观念和新的管理方式和企业家精神等，这类软资源的传播与扩散将缩小发达区域和欠发达区域在观念、意识和制度环境方面的差距。

3．产业关联和技术溢出效应

转入产业可以带动关联产业和配套产业的发展，促使转入产业技术得以在关联产业中溢出；同时，转入产业所带来的技术容易被转入区所在的企业所模仿、消化和吸收，从而产生产业技术溢出效应。

4. 竞争引致效应

产业转移可以使转入产业打破承接区原来的低效垄断局面，引致内外产业间竞争，改善区域产业的市场结构。

5. 区域产业成长和产业结构升级效应

产业转移将通过产业关联带动、产业技术溢出和主导产业形成等方式推动转入区域的产业成长和升级，同时亦可使转出区域由于边际产业转出达到产业结构调整升级的目的。

6. 区域分工优化和区域经济协调发展效应

产业转移是推动区域间产业分工形成、发展的重要因素，有助于区域产业比较优势的形成、转换和升级，提升欠发达区域在区际分工中的地位，推动区域间产业分工发展和优化。另外，产业转移是欠发达区域经济起动、发展的良好契机，它是达到区域经济协调发展的有效手段。

7. 产业转移的负效应

张洪增（1999）梳理了新中国成立以来的四次产业移植，指出了产业转移给转入地带来的负效应，并总结了移植型产业成长模式的四大缺陷：①产业成长基本依赖于国际产业转移；②移植型产业成长模式的外部政策力量功过各半；③移植型产业成长模式缺乏生产要素（如资本、科学技术、设备、市场、人才等）的全面发展；④移植型产业成长模式具有产业同构性缺陷。郭丽（2008）则认为产业区域转移在对后发区域经济发展具有积极效应的同时，也有消极效应：可能导致后发区域生态环境恶化、后发区域产业结构失衡、冲击"本土"企业。

（三）区域产业转移与产业聚集、产业结构调整

产业转移与产业结构调整之间存在着明显的互动关系。安增军、刘琳（2009）认为，各国或地区之间的产业转移会促进彼此产业结构的优化和调整；同时，产业结构的调整和升级又会反过来推动它们之间的产业转移。两位作者从我国区域产业结构和产业梯度转移的阶段性特征来考察我国区域产业梯度转移的现实基础，并对我国产业梯度转移与区域产业结构调整之间的互动机理及其效应进行了深入分析。

由于产业聚集等因素的影响，区际产业转移未必会发生。刘世锦（2003）认为，当前我国正在进入一个地点和优惠政策的重要性明显下降的阶段，而产业聚集起着更重要的作用。如产业聚集使东南沿海地区形成了一个非常重要的"后天优势"，即高度专业化分工基础上的产业配套条件。这一条件一旦形成并趋于成

熟,再转向其他地区的成本就大大提高了。因此,产业聚集形成后,产业配套条件的重要性日渐突出,并显著加强了东南沿海地区的优势地位,进而他认为这种状况对"产业梯度转移"理论提出了重要挑战。

毛广雄(2009)则基于系统论角度,运用灰色关联分析法,从综合序参量、耦合机制和耦合协调类型等方面描述产业集聚与区域产业转移这一复合系统耦合机制模型及时空协调性规律,探讨了加强系统调控的必要性和可行性。

(四)国内关于区域产业转移的应用与实证研究

国内学者对区域产业转移的理论方面研究颇丰,但对于区域产业转移的实证分析研究则相对薄弱。大部分学者都是集中于某个方面,或者某个区域、某个产业进行了实证研究。

陈建军(2002)在企业调研的基础上研究了国内区域间产业转移的现象。指出产业转移需要具备两个基本条件:一是经济发展到一定阶段;二是市场机制发挥作用。具备这两个条件并已开始出现产业转移现象的地区主要集中在沿海发达地区。作者以浙江省内以制造业为主的105家规模以上企业为对象进行了问卷调查,结果显示,浙江企业的产业区域转移的行为目标模式是市场导向型和综合资源利用型。陈建军在实证研究的基础上认为,浙江企业实行的是一种以市场导向为主、综合资源利用为辅的目标模式下的对外扩张和产业转移,否定了有关产业区域转移会造成浙江产业的空洞化,进而影响浙江的经济发展的担心。相反,产业转移对加快浙江省的产业结构调整将产生积极的意义。作者提出了浙江经济向西部地区转移生产加工能力、向东部地区进行市场扩张,即东扩西进的区域产业转移战略。

东部沿海地区目前资源和环境承载压力持续加大,要素成本不断上升,部分劳动密集型产业开始出现向中西部地区转移的趋势。彭连清(2007)认为产业区域转移应围绕重要交通干线由沿海向内陆基础设施较好的地区扩张,把东部地区企业的经营资源优势和中西部地区的资源优势结合起来。政府在产业转移中主要是发挥组织、指导、协调、服务的作用,搭建产业转移的平台,营造良好的产业转移环境,为产业转移提供优质的公共服务。产业区域转移的速度和规模越来越大是近年来长三角经济发展中出现的一个新现象和新趋势。靖学青(2009)则认为这种现象在苏南和苏北地区之间表现得最明显,苏南、苏北地区的产业转移加速了苏北地区工业化进程和经济发展,促进了苏南地区产业结构升级,但是产业转移过程中也存在苏北地区专业人才缺乏、思想观念落后、苏南地区对产业转移推力不足等问题。何奕、童牧(2008)以长江三角洲第二、三类制造业为对象,利用区域内16个城市1984年、1997年和2003年三个时间断面的数据进行了研究，表明区域内产业转移和产业集聚的动态演化和具体的路径选择过程。他们的研究说明第二、三类制造业已经或正在从上海向其他区域转移，并在上海、苏州和无锡等地形成了多产业的集聚，前期和相关产业的集聚状况是决定产业集聚分布的主要因素。

而罗云毅、周汉麒（2010）则提出了与现时流行的区域产业转移向中西部转移的大趋势不同的观点。他们根据实证材料证明，制造业重心总的来看在近十几年中表现出向东移动的趋势。不仅过去一段时间中人们谈论很多的从东部沿海向内陆地区的产业转移实际上没有发生，而且倒是可以反过来说，制造业的区际产业转移实际上是从西向东的。基于实证分析，他们判定区域间的产业转移可能仍将主要发生在经济发达地区内部。

熊必琳等（2007）在改进梯度系数数据的基础上认为，中国区域产业转移有几个特征：大部分工业行业还处在从产业扩散到产业集聚的阶段，现阶段的产业转移总体上是一种集聚式的转移；四大区域的产业梯度势差明显，已经具备了转移的基础条件，东部地区除采掘业外其他类型的产业占有相当优势，是产业转出的活跃区位；中西部地区原材料加工业和轻工纺织业具有一定的发展基础，是产业转入的活跃区位；城乡二元经济的特点，决定了产业的边际渗透转移将是区域转移中广泛存在的方式；从较大区域范围看，跳跃转移将成为集聚式转移阶段的一般方式。

四、区域产业转移的因素与机制研究的主要进展

总体来说，国外学者对产业转移的研究为中国区域产业转移问题提供了较多可供借鉴理论的基础和研究，但由于中国的经济环境和体制现实存在较多的特殊性，多数国外理论缺乏对中国实际的针对性和实用性。而国内学者的研究则总体处于探索和争鸣阶段，尚没有形成产业转移的理论体系，尤其在实证分析方面往往集中在某个产业或某个地区，缺乏对区域产业转移的系统研究。尤其是对于区域产业转移机制的研究，尚存在较多的空白地带需要补充。

（一）区域产业转移的影响因素

1. 国外关于区域产业转移的影响因素研究

国外学者很早就对影响产业区际转移的因素给予了理论关注。Moore 和 Rhodes（1976）认为存在四种因素影响产业向受援助地区转移：总体经济需求压

力、投资激励、劳动力补贴和对非援助区域的投资控制。Ashcroft 和 Taylor（1997）则认为国内产业转移分为两个阶段：在前一阶段，全国所有区域产业转移总量除了受国家层次的投资决定外，也会受到区位控制、资金和劳动力补贴等因素的影响。在后一阶段，产业转移是由反映各区域经济吸引力的因素决定的。Twomey 和 Taylor（1985）认为区际产业转移是原区域与目标区域的规模、区域间的距离以及区域经济吸引力三方面因素共同作用的结果。Munday（1990）认为企业区位选择受到财政刺激、劳动力供给、产业区位控制、交通状况和市场开放度等多个因素的影响。

2. 国内关于区域产业转移的影响因素研究

目前，国内学者对区域产业转移的影响因素研究颇为丰富，有从理论上探讨产业转移的影响因素，也有从实证上证明产业转移的影响因素。很多集中在 FDI 对我国的区位布局研究上，对国内区域产业转移影响因素研究则相对不足，并且从转出区和转入区分别进行影响因素的系统研究也较为鲜见。

（1）对区域产业转移影响因素的研究。马子红（2009）认为主要有生产要素禀赋的区域差异性、区位与市场供求因素、制度与政策因素。魏玮、毕超（2010）通过对 1998~2007 年中西部地区 20 个省市食品制造业的微观数据，建立面板数据模型，对区际产业转移中企业的区位决策进行了实证分析。他们认为，劳动力成本和原材料丰裕度是区际产业转移中企业区位决策的主要影响因素；市场规模总体来说无显著影响；集聚的溢出效应在 2002 年之前小于竞争效应，之后趋于增强并超过竞争效应；政策因素仅对向中部地区迁移的企业有显著影响。赵祥（2010）较全面的提出了影响产业转移的具体因素，并且根据广东省内企业问卷调查的资料进行统计分析，采用了主成分分析方法进行实证研究。他认为区际产业转移主要受到以下三方面因素的影响：①区位特征，包括一个地区的地理位置、要素禀赋、经济条件、投资环境和社会特征五个变量；②集聚效应，包括产业集聚所产生的知识外溢、中间投入品关联、市场接近和市场共享效应等变量；③区域政策，包括对转移企业的自由竞争补贴、税收优惠和信贷优惠等奖励性措施以及控制企业在中心区布局、提高产业准入的门槛等限制性措施。他将区际产业转移的影响因素细化为三大类 12 项 25 个变量，如表 2-2 所示。

（2）对区域产业转移转出区的影响因素的研究。关于发达地区转出的影响因素已有较多的学者进行了相应的研究。根据产业梯度转移理论，高梯度地区产业会不断地向低梯度地区转移，但我国处于高梯度的东部地区在经历了长达 20 余年的发展与繁荣之后，其边际产业并没有像理论界所预期的那样，向中西部地区大规模转移。白小明（2007）认为主要原因在于产业区域转移黏性的存在，它

表 2-2 影响产业区际转移的变量

类别	项目	具体内容
区位特征	要素禀赋	土地和房产成本、劳动力成本、劳动力质量、原材料供给水平
	地理位置	与主要港口和中心城市的距离、与主要目标市场的距离
	经济条件	人均收入水平
	投资环境	生活环境、科教文卫发展水平、政府效率、市场运行秩序、交通、通信和能源基础设施条件
	社会特征	风俗习惯
集聚效应	知识外溢	同行学习与交流
	中间投入品关联	供应商数量、产业服务配套水平
	市场接近	当地市场潜力、当地市场竞争水平
	市场共享	专业市场发展水平
	集体行动	社会关系网络、当地行业组织发展水平
区域政策	奖励性措施	税费优惠、融资优惠、投资转移补贴
	限制性措施	产业准入门槛

资料来源：赵祥.广东省内产业转移的影响因素分析［J］.经济地理，2010（1）．

由劳动力成本因素、行政因素、产业集群效应、文化、技术与体制等因素形成。陈计旺（2007）从转出区的角度提出了影响东部地区产业转出的影响因素：中西部地区劳动力大规模流向东部地区，东部地区参与国际分工以及体制转轨时期东部地区地方政府的保护。刘嗣明等（2007）认为发达地区转出的阻力是中国东部地区与中西部地区产业制度、市场等环境差距悬殊，致使东部地区向中西部地区产业转移的推进力量小于制约力量。

（3）对区域产业转移转入区的影响因素的研究。关于产业转入的影响因素的研究一般是以研究产业承接力的研究为表现形式的。展宝卫（2006）认为产业承接力是产业承接地集聚转移产业的吸引力、准确甄别转移产业的选择力、稳固接纳转移产业的支撑力和融合提升产业的发展力等多种作用力的综合系统。刘君（2008）认为承接地区产业转移的动力因素为：市场规模和市场增长、基础设施建设、劳动力成本和生产率、开放程度、政府政策、地理接近程度和文化、语言亲和性以及产业转移承接地的投资环境，它包括硬环境、软环境、竞争环境。孙雅娜、边恕（2007）依据 Dunning 的国际生产折衷理论，选取了 8 个指标：政府的平均规模和干预程度、国有化程度、市场规模、开放度、基础设施建设、技术水平、产业结构、平均工资水平，比较分析了辽宁与国内其他地区承接国际产业转移的能力。周江洪、陈翥（2009）认为产业转移拉力主要是承接地的吸引力，包括产业吸引力、产业选择力、产业支撑力、产业发展力。

(二) 区域产业转移的机制研究

区域产业转移机制的内涵众说纷纭,关于区域产业转移机制问题的研究难以进行系统归纳,但实际上诸多研究区域产业转移发生的原因就是区域产业转移的机制。国内关于区域产业转移的机制研究则散见于各类产业转移研究的文献当中。

陈红儿 (2002) 认为产业转移的机制涉及两个问题:一是产业转移的主体问题,即什么产业发生转移;二是产业转移的原因问题,即产业为什么转移,区域产业竞争优势的消长转换是衰退性产业空间移动的内在根源,也是其转移的基本动机。较早对国内产业区域转移的动力机制进行研究的有陈建军 (2002),他认为企业进行产业区域转移的主要动力机制来自对扩大市场的要求、产业结构调整以及追求经营资源的边际效益最大化和企业成长。王忠平、刘延平 (2008) 在概括国内外区际产业转移理论研究成果的基础上,指出现有理论成果中仍缺乏区际产业转移形成机理完整的理论分析框架,并且认为区域间比较优势差异是区际产业转移的根本动力,机会成本比较为产业转移提供方向,区域主导产业更替是产业转移过程的表现。付保宗 (2008) 在其博士论文中提到中国产业区域转移的核心动因是市场经济下企业追求效益最大化的微观动机。

刘满平 (2004) 提出了促进产业转移的机制模型,他认为要想把"潜在"的梯度差距转变为现实的经济行为,必须考虑建立一个总体机制来促使产业转移。提出应当建立这样一个区域产业转移机制:市场行为充分有效,政府搭建产业转移的平台,以企业为主体,生产要素为载体,依靠城市化路径,推动产业从具有优势地位的 A 地区向相对劣势的 B 地区转移,如图 2-2 所示。

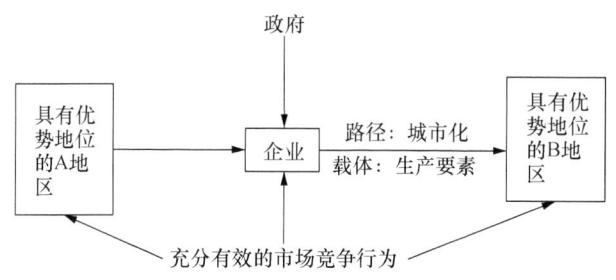

图 2-2 区域产业转移机制构建

国内有些学者针对中国的国情提出了别具中国特色的产业转移动力机制。李泽民 (2007) 认为国内的产业转移问题既有一般意义上的产业转移动力机制,又有基于中国国情的产业转移动力机制。产业转移的一般性宏观动力机制为：技术进步因素、国家竞争因素、人文发展要求；一般的微观动力机制为：追逐利润、应对竞争、扩张市场、规避关税。他认为中国社会主义市场经济条件下产业转移动力机制的特殊性主要在宏观方面。从宏观层面上分析我国产业转移动力机制的特殊性，主要表现在国家对经济的宏观调控力度、各级政府的执政行为和经济社会发展理念三个方面。江霈（2009）在其博士论文中也提到了中国区域产业转移特有的动力机制观点。作者认为，中国区域产业转移首先在经济层面具有不同于国际产业转移的特殊动力机制，其主要原因来源于两大背景特点：一是中国各区域的工业部门结构特点和相互对比，特别是中西部地区在历史因素和自然禀赋因素下已然形成的偏向于重化工业、资本密集型工业的部门结构特征；二是在中国现有的经济体制和行政体系下，政府因素、制度因素在经济活动中具有的重要作用。

陈建军（2009）则首次提到了中国现阶段产业转移的发生机制的说法。他认为，鉴于中国的国情特征和转型经济的特征两者的影响，可以从以下几个方面来理解中国现阶段产业区域现象的发生机制，并以此为线索来探索中国产业区域转移的内在规律。首先，市场扩张和资源利用，是现阶段中国发生企业跨区域发展和产业转移的基本因素，这一点和国际产业转移的动因并无二致。除此之外，产业结构调整的压力、优化要素边际效益的考虑、企业家资源的溢出以及企业成长方面的需要也是现阶段中国企业进行跨区域发展的主要动力。作者认为，中国正处于经济体制转变过程中，企业家资源成为经济发展和体制中最稀缺的资源。产业转移的实质是经营资源和技术资源的转移，是经营资源和技术资源从边际生产率相对较低的地区向资源边际生产率相对较高的地区的转移，是企业家资源的"溢出"。但实际上这只是解释了区域产业转移发生的条件，并未在理论上进行解释，其相应的理论模型和解释将在下一节内容中叙述。

（三）机理与机制概念的区分

机理是指为实现某一特定功能、一定的系统结构中各要素的内在工作方式以及诸要素在一定环境条件下相互联系、相互作用的运行规则和原理。在化学动力学中，所谓"机理"是指从原子的结合关系中来描绘化学过程。"机制"一词最早源于希腊文，原指机器的构造和工作原理。生物学和医学通过类比借用此词，指生物机体结构组成部分的相互关系，以及其间发生的各种变化过程的物理、化学性质和相互关系。现已广泛应用于自然现象和社会现象，指其内部组织和运行变化的规律。在任何一个系统中，机制都起着基础性的、根本的作用。在理想状态下，有了良好的机制，甚至可以使一个社会系统接近于一个自适应系统——在外部条件发生不确定变化时，能自动地迅速做出反应，调整原定的策略和措施，实现优化目标。后来，人们将"机制"一词引入经济学的研究，用"经济机制"一词来表示一定经济机体内，各构成要素之间相互联系和作用的关系及其功能。

本书引入机理和机制来更好地阐述产业转移发生的内在规律。在两个具有某种梯度的区域之间，当具备了某种条件时（即达到了某个临界状态）就可能发生产业转移的现象。当具有了发生的状态且未知发生的原因，若要探讨其发生原因这样一些问题，这称为机理研究，就是"为什么会这样"。而研究一种状态具备了某种条件就可能会发生某种现象，如达到了发生势差的临界值就可能导致产业转移的发生，这种"应该具备什么样的必备条件会发生"的探讨则是机制研究。就是指"如何发生的"、"发生的条件需要什么"。

五、区域产业转移的发生机制研究

（一）产业转移中的推拉理论

由于本书借用了物理学中的势能与势差的概念，必然涉及产业转移中的推拉理论。关于在产业转移中运用推拉理论，已经有较多的学者提过，甚至做过一些相应的模型。

最早在产业转移中用到推拉理论的当以 Simon（1959）、Pred（1967）和 Schmenner（1982）等为代表的"企业迁移行为理论"。企业迁移的动力是区位推力和引力的合力。其中，推力主要有企业内部原因和外部原因。内部原因主要与企业扩张有关，即在当前区位限制了企业扩张或者当前区位的代表性有限（随着企业的规模及时间的改变，该区位的使用频率也会变化）时，企业就有了迁移的要求。外部原因主要包括到达企业所在地较困难、远离市场、现有建筑物损坏、政策环境不好、劳动力供给不充分、房屋购买和租用成本过高，这些因素都会成为企业迁出的动力。吸引企业迁入的因素与推力正好相反。因为企业迁移是产业转移的微观基础，也就是说影响企业迁移的因素即为产业转移中的影响因素。

国内运用推拉理论来研究产业转移的学者也不在少数，但大多数学者只是提到了产业转移中存在这样两种相反的力量在起作用，较详尽进行分析和研究的还不多，对两种推拉力进行量化和实证研究到目前为止则尚未出现。

潘伟志（2004）较早地从产业转移的内在机制进行系统分析，产业转移是产业级差、生产要素流动与产业竞争、产业利益差、成本压力和市场拉力等机制共同作用的结果。作者未直接归类推力和拉力的因素，但基本上阐述了产业转移内在机制中的动力和拉力：产业转移的基础是产业级差；产业转移条件是生产要素流动和产业竞争；产业转移动力是产业利益差；产业转移诱因为成本压力和市场拉力。

张弢、李松志（2008）则较详细地归纳了产业转移中存在推拉力的各种因素。产业的空间运动受到众多因素的影响，而诸多因素构成了不同的合力。只有在推拉力大于障碍力时，产业才能从一个区域向另一个区域转移。产业转出区的推动因素：产业结构升级、产业集聚不经济、生产要素禀赋的差异、政府产业发展政策；产业转入区的拉动因素：欠发达地区的生产要素、欠发达地区的产业集聚、欠发达地区投资环境的改善。产业转移的阻碍因素：集聚对产业产生区域"黏性"、发达地区政府的制度创新、发达地区政府政绩考核体制和欠发达地区产业发展的薄弱基础、欠发达地区缓慢的观念更新、欠发达地区不健全的要素市场、欠发达地区间的无序竞争状态。两位作者根据以上推力和阻力建立了一个推拉模型和产业区域转移的四种力关系矩阵图。

周江洪、陈矗（2009）对区际产业转移力构成要素和形成机理进行了较深入而系统的分析。一国范围内产业从某一区域向其他区域转移的过程是多种作用力交互影响的结果。推力、拉力和阻力构成区际产业转移力，对产业区际转移起着促进或阻碍作用。企业盈利空间区位决策、产业及区域生命周期演化规律以及政府经济政策调控导向是促成区际产业转移力的重要因素。促进产业跨区域转移的总体思路是增大产业转出地的推力、增强承接地的拉力以及缩减制约产业转移的阻力。

尽管产业转移推拉理论利用了"推拉"思想对企业迁移行为或产业转移群体行为进行了较全面的定性探讨，但是，应该清楚地看到，这些阐述分析只是对产业转移动因研究给出了一个大致的理论框架，对于产业转移的具体成因和发生机制并没有给出更多的论述。虽然现有的学者对推拉力理论提出了各自的观点和见解，但还没有系统地对所有推拉因素做出详细分析，更没有从实证的角度对推拉力进行量化。

虽然产业转移推拉理论只是注重了定性的研究，但是推拉理论在产业转移中的研究意义却是不容忽视的。首先，它明确提出了推拉的思想，客观定性的规范研究使产业转移推拉理论成为揭示产业转移的一个重要理论。不仅如此，它也为本书进行产业转移发生机制研究提供了一个思路，即可以通过对迁出地和迁入地的比较，研究其存在的一定差距，找出产业转移发生机制的内在规律，从而保证产业转移发生的可能性，以及发生的合理性与科学性。同时，该理论还为本书提出了一个值得深入研究的命题，即产业转移推拉理论中存在推拉力，那这个推拉力是否确实存在，存在的程度和方向如何，这些"力量"对产业的实际转移流动是否真正起着支配的作用？如果确实存在这种不同方向的推拉力量，那么，产业转移的推拉强度该如何测算，如何将这种转移理论进行量化？这就是本书要回答的一个问题,即如何将这一推拉强度量化,转变成一个指标或某一状态,找出产业转移实际发生的某一状态或条件,即产业转移的内在发生机制。

(二) 产业转移的理论模型与研究发展

1. 要素流动下两区域模型

在简单的新古典模型中区分了两种生产要素:劳动和资本。由于其基本假定,两种生产要素都是按照边际产品价值得到报酬。劳动要素的报酬是工资,资本要素的报酬是利息。因为所有经济主体都追求收益最大化,所以劳动和资本总是要流向那些能够获得回报的地方使用。

此外,与上面说明的假定相对应,本书进一步假定,区域之间的生产要素是完全流动的(这里还暂时假定区域之间不存在产品交换,也就是没有贸易活动)。区域之间生产要素的完全流动性意味着,生产要素从一个区域流动到另一个区域不存在运输费用。

为了揭示这些假定对两个区域的经济增长与发展过程产生什么样的影响作用,假定只有两个区域(区域1和区域2),这两个区域都运用同样的生产技术工艺,但是区域1由于外部因素影响比区域2资本集约程度高。那么,因为区域1资本投入比劳动投入相对多,所以这个区域内的工资率比区域2的工资率要高,资本利息则要低。之所以会有这样的结果,是由于区域1的高资本投入必然使资本的边际产量低于区域2;出于同样的原因,区域1的劳动要素报酬必然高于区域2。所以,对劳动力形成了一个刺激,他们就会从区域2流向区域1。而资本则呈反方向运动,也就是从区域1流向区域2(见图2-3)。

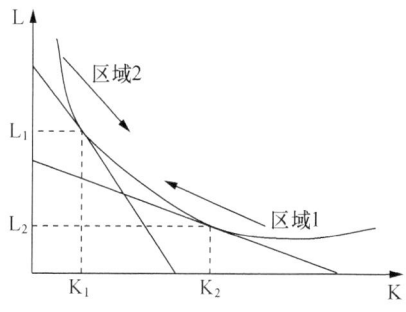

图2-3 区域间存在差别条件下的要素流动

这种流动导致两个区域内资本和劳动的投入比例发生变化。区域1最初的资本集约程度会下降(资本流出、劳动力流入的结果);区域2的资本集约程度会提高（资本注入、劳动力流出的结果）。由此，这两个区域的资本集约程度开始趋近。只有当两个区域之间的工资和资本利息不存在差别时，这一过程才会停止。所以，在新古典模型中，无障碍的要素流动导致区域之间工资和利息的差别消失，从而达到均衡。

通过要素流动实现区域间均衡还可用下列公式表达：

$$K_i = S_i Y_i + \sum_j K_{ji} \qquad (2-1)$$

$$L_i = N_i + \sum_j M_{ji} \qquad (2-2)$$

$$K_{ji} = k(r_i - r_j),\ 其中\ k(0) = 0,\ k' > 0 \qquad (2-3)$$

$$M_{ji} = m(W_i - W_j),\ 其中\ m(0) = 0,\ m' > 0 \qquad (2-4)$$

其中，K_i 代表区域 i 的资本变动，L_i 代表区域 i 的劳动力变动，N_i 代表区域 i 的人口自然变动，K_{ji} 和 M_{ji} 分别表示区域 j 向区域 i 的资本净流入和劳动国净流入，r 和 w 分别表示资本利息和工资率，根据模型的假定它们分别等于劳动和资本的边际产量价值。

式（2-1）和式（2-2）的共同性在于，区域间的资本和劳动力是相互交叉的。劳动力和资本既可以来自本区域（N_i 及 $S_i Y_i$），也可以从其他区域流入本区域。两式中的 $\sum K_{ji}$ 和 $\sum M_{ji}$ 分别表示区域 i 同其他区域相交叉的资本和劳动力净额。如果区域 i 的资本或劳动力是净流出，那么相应的数额为负。

式（2-3）和式（2-4）是行为等式，表达的是由于报酬差别引起的转移，而且它们总是流向报酬高的地方。这一特性意味着：

(1) 在要素价格均衡的条件下，要素停止流动 [$k(0) = m(0) = 0$]。

(2) 在要素价格差额为正时（$r_i > r_j$，$W_i > W_j$），要素流入；在差额为负时（$k' > 0$，$m' > 0$），要素流出。

总而言之，如果一个区域生产要素稀缺，那么这些要素与其边际产量价值高相适应，就会比在另外一个区域的要素获得的报酬要高；这样就会引起这些生产要素净流入，由此，这些要素的存量急剧增加，要素的稀缺被消除。这种通过要素流动的均衡过程是前面阐明的通过资本积累的均衡过程的结果和延伸，并且强化了这一均衡过程。同样的，知识技术也是生产函数的要素之一，在这里为了模型简便，没有将其列出，但其一样符合生产要素追逐自身利益最大化的原理。在知识技术的价格差额存在时，知识技术也会按生产要素的流动方向进行流动。产业区域转移的主要载体是资本的直接投资和技术转移，其中最关键的因素是经营资源的转移，实际上也就是企业家资源的转移。中国正处于经济体制转变过程中，企业家资源成为经济发展和体制中最稀缺的资源。改革开放以来，中国各地区之间，特别是沿海发达地区和中西部内陆地区之间的发展差距，不仅表现在发展水平上，还表现在体制转轨的速度上，由此导致了企业家资源分布的不平衡。在经历改革开放以来近二十年的调整发展之后，沿海发达地区的许多企业，特别是一些新兴的民营企业已经完成了向市场经济体制企业的转化过程。一些经营状况较好、发展较快的企业已经在技术和企业经营上有了相当的知识积累，也有了向外部区域实行产业转移、在全国和全球范围内追求要素边际效益最大化的可能。产业转移的实质是经营资源和技术资源的转移，是经营资源和技术资源从边际生产率相对较低的地区向资源边际生产率相对较高的地区的转移，是企业家资源的"溢出"。王先庆（1998）认为由不同经济——地理空间存在的"成长差"与不同区域产业主体之间的相关"利益差"共同构成"产业差"是产业转移的基础，正是由于"利益差"的存在，各类产业总是向着能获取最大利益的区域转移。邹篮等指出由于东西部区域差距所造成的势差，给区域间产业转移创造了条件，由于在工资、房租、地租、原材料价格、公用事业费用等方面存在着很大的区域差，产业主动或被迫向低成本地区流动以控制成本上升。

根据要素流动下两区域模型可以清晰地看到，各种生产要素都在市场经济中追求自身要素利益的最大化。产业转移的实现既是资本要素追求利益最大化的过程，同时也是知识技术追求利益最大化的过程，而劳动力的流动方向往往和资本的流动方向是反向的，这是由劳动力的转移会替代产业转移的性质所决定的。但实际上，不管劳动力的实际流向如何，也是追求其自身利益最大化的过程。

正是由于各种生产要素追求自身要素利益最大化的特性，当不同区域之间存在经济势差、产业势差、成本势差和技术势差的时候，会使各种要素自然地向其稀缺的地方和能带来更大利益的地方的方向流动。这也正是本书所说的发生机制的内在机理，这里的势差在表现上看是各种势差的不同，实际上就是因为各区域之间存在不同要素获取利益的差额，这就是各种势差的本质。而正是这种本质，使各要素的流动自动地寻找到它们各自的方向，也就是经济学中的各要素在完全竞争市场中能自发地实现其利益最大化。

2. 产业转移发生机制理论模型

再从理论模型上来探讨产业区域转移为什么会发生？一个地区一个国家的企业甚至几乎是一个产业为什么转向其他地区和其他国家？其理论依据是什么？其发生机制到底是什么？根据陈建军《要素流动、产业转移和区域经济一体化》一书中的产业转移发生机制理论模型，我们尝试着用数学模型来进行分析。

最后其证明结论为：

$$N_{ij} = \alpha_{ij}(L_j / L_{ij0}) \quad (2-5)$$

其中，N_{ij}为生产产品 i 的企业数目，α_{ij}为 j 地区产品 i 的支出倾向，L_{ij0}则为满足长期均衡的各国各产品生产的最低费用劳动投入量（或单位劳动投入量）。j

地区i产品的企业数目等于对i产业产品的支出倾向和总劳动投入量与i产品的最小劳动费用投入量之比的乘积。

由此可见,当对i产业产品的支出倾向减少,或者总的劳动投入量减少,或者i产品的最低费用劳动投入量上升(这在实际经济社会中表现为i产品单位劳动的成本上升),都会使得该地区(j地区)i产品的企业数目趋于减少,从而促发产业转移的兴起。换句话说,就是对特定产业的支出倾向的减少、总劳动投入量的减少以及特定产业的劳动力(要素成本)成本上升因素是推动产业转移的重要因素。

为了模型的简便,这里仅假设了劳动是唯一的生产要素,而其他要素是不变的,如果加上资本和知识技术,同样可以假设资本或技术为唯一可变生产要素,而其他要素不变,其结论也一样成立,只是要复杂些而已。根据模型的结论,当某区域某产业的单位成本上升时,都会使该地区该产业的企业数目趋于减少。即当存在这样一种利益势差时,产业转移就发生了。这很好地解释了本书提到的各种势差的存在是直接导致产业转移发生的内在原因和机理。这也正是本书认为区域产业转移的发生机制,即存在这样一种势差,就有可能导致产业转移发生,也即具有产业转移发生的一种条件与状态。

陈建军的产业转移发生机制理论模型比较好地解释了产业区域转移为什么发生,且常常发生在劳动密集型产业领域。首先,随着人们收入的增加,总收入中用于食品和日常生活用品及中低档服装的支出比例减少,恩格尔系数降低反映的就是这种伴随着经济增长而来的客观趋势。而这些产业一般都是劳动密集型产业,如食品、纺织、服装、生活物品等。其次,随着经济的发展和人们生活水平的提高以及科学文化水平的提高,劳动力成本将会上升,特别是那些劳动密集型产业部门的劳动力成本会显著上升,从而使这些产业的最小投入劳动费用(最低费用劳动投入量)上升。以上因素导致在发生这些变化的产业部门中的原有企业规模和生产规模出现过剩,从而导致产业转移的出现。

六、存在的问题与进一步研究方向

(一) 区域经济学对产业转移现象研究重视不够,而其他学科未能从区域的角度来探讨产业转移

区域经济学在探讨区域发展水平的基本规律时,揭示区域产业结构和区域发

展空间结构的形成机理,描述区域发展态势方面形成了本学科的特色,但对区域内或区域之间的产业扩张或迁移研究,无论是从宏观层面、中观层面,还是微观层面研究的成果不多,对产业转移的内涵、形成机理、模式、效应等研究重视不够。而经济学、产业经济学、社会学等学科,侧重于从产业转移现象的描述及更多从经济发展上寻找转移的动力机制,在空间地域维度的作用没有得到足够的体现和重视。因此,有必要从区域的角度来对产业转移进行更深入的研究。

(二)关于产业转移的机制及模式的研究还没有形成一个比较清晰的分析框架

国内还处在学习和借鉴国外产业转移理论和研究方法的阶段,对产业转移的研究多数集中在产业转移发生的现象、动因、效应、模式、发展趋势和承接对策等方面,分析的角度仍然是从沿海发达地区如何通过产业转移促使产业结构升级,达到优化的目标。还没有从影响产业转移的因素、企业行为方式、地域空间角度、产业转移机制等方面进行来探讨产业区域转移的机制及模式,既缺乏这方面的实证研究,也缺少理论分析上的构建,更缺乏针对国内区域产业转移现状研究的理论体系和方法。

(三)国内区域产业转移研究的广度和深度不足

国内出现大规模的区域产业转移现象还是近年的事,国际的产业转移研究由来已久,但对国内区域之间的产业转移研究不管在理论上还是实证上都比较欠缺。国内的产业转移研究对发达地区的研究较多,或者从欠发达地区如何承接产业转移的研究也不少,对从发达地区向欠发达地区产业转移的研究却比较少,缺少了将两者联系起来的系统研究,也缺少了两区域间的对接研究。目前国内的产业转移集中在案例性质的实证较多,对于全国性的定量研究的实证则鲜有出现。

通过对以上国内外文献的梳理,表明对产业转移机制研究还没有形成一个比较清晰的系统分析框架,并且国内对发达地区转移至欠发达地区的区域产业转移实证研究非常薄弱。尤其是对于区域产业转移发生的机制和内在规律,目前还没有一个清晰而系统的理论和实证分析。本书试图从大量的区域产业转移实例中寻找出一些区域产业转移的共同规律,提出区域产业转移发生的机制。用某种机理来说明产业转移是如何发生的,发生的过程如何,发生机制所需的要素有哪些,其相互之间有什么样的关系,其发生的条件又是什么,需要什么样的调控机制能更好地促进区域产业转移的发生等。

第三章 区域产业转移发生机制的分析框架

现有关于产业转移的研究多数集中在已经发生了的产业转移的情况，在实证上则主要侧重于研究某个区域承接产业转移的实际状况或者对已经转移的企业的调查研究。产业转移的实际发生行为与影响产业转移的因素并不是简单的对应关系。根据社会行为规律，企业的任何一项行为都是特定的环境和个体因素的产物，产业转移是企业的一种大规模整体行为，它有内在独特的因素，更有普遍存在的内在规律。因此，为了能更好地研究产业转移的内在规律，本章在两区域界定的基础上，将对产业转移的过程进行剖析，从转出区、转入区和转出与转入的对接三大模块来寻找产业转移的内在规律；结合产业转移发生势差，建立区域产业转移理论分析模型并对两区域间产业转移研究做了必要的假定；从转出区的势能与转入区的势能之间的势差中寻找一定的临界阈值，当临界值到达某一状态时，即表示产业转移具有了发生的条件与状态。当满足了产业转移发生势差再加上外部的中间变量即对接渠道畅通时，即具有了产业转移的动能，产业转移就有可能变为实际迁移行为。本书将对产业转移的发生势差进行量化，也就是将影响产业转移的某些重要的普遍因素进行量化处理，将影响产业转移的因素从转出区和转入区角度进行量化，形成各区域的势能，以期从产业转移这一动态的、内在的发生规律的角度来为产业转移的研究提供一个新的视角，客观地剖析产业转移的过程，以把握产业转移的发生规律，为更好地促进产业转移提供参考。

一、两区域假定

（一）两区域的概念

为了更好地还原产业转移发生的内在机制，本书将所有产业转移以两区域分析模型来进行研究。本书所研究的产业转移是指国内从发达地区向欠发达地区的劳动密集型产业的转移，是从高势能区域向低势能区域的转移，是一种顺势转移，是目前国内普遍存在的和大势所趋的产业转移浪潮。这个两区域也是根据前面的两区域模型来界定的，它分为转出区与转入区。转出区与转入区都分别存在一些影响其发生产业转移的因素，且它们的作用指向不一样，推拉力与阻力并存，根据产业转移发生势差的指标设计分别对转出区和转入区进行势能评价。

1. 两区域模型中两区域的范围界定

本书所说的两区域模型，可以从两方面来理解。

一是指从微观的角度看，一个企业的迁移受到推拉力的影响，如果发生产业转移，必定是从甲地迁移至乙地。这个发生过程中只考虑两个最简单的区域：转出区与转入区。因为不管发生在哪里的产业转移，不管在哪个行业发生的产业转移，也不管发生的是多大规模的产业转移，产业转移必定是以企业迁移作为微观基础进行的，也就是说产业转移一定是由大量的某一企业从甲地迁往乙地形成的。也许其来源地不一样，也许其目的地不一样，但对某一具体的企业迁移行为来说，一定是在两个区域内进行的，即转出区和转入区。而对于那些跨国和跨区域"四面开花"的企业的投资行业和迁移行业，本书暂时不予考虑，因为，那不是一个企业转移的行为，而是多个企业转移的行为，更多的是企业考虑自身的战略需要而进行的企业投资行为，因此，不属于这里的研究范围。

二是指大范围界定的国内发达区域向欠发达区域的转移，如近年来兴起的从东部沿海等地向中西部地区的产业转移行为。再将企业迁移这一微观行为扩展到产业转移这一社会现象来看，从其转移规律也可以看出来，一般是从发达地区转移到欠发达地区，从这一角度也可以界定产业转移是在两个区域内发生的，从发达的转出区转移至欠发达的转入区，这两个区域是泛指的，而不是特指的具体哪两个区域。至于从个别欠发达地区向发达地区的企业迁移或发达区域内部进行的企业迁移，如某些公司扩张的需要，将总部迁移至更发达的大城市以提高企业形象，如前些年浙江大量的企业总部迁往上海的情况。本书认为，它们是出于企业自身战略的考虑，与这里研究的产业转移发生的实质是完全不同的，不在研究的范围之内。

2. 两区域界定的说明

之所以将研究对象界定为劳动密集型产业转移，是因为在进行产业转移中，劳动密集型行业利润普遍偏低，最不能承受转出区成本增加的压力，其对于成本势差的敏感程度最大。同时，劳动力密集型产业也往往是国际产业转移中的主体。资本密集型产业和技术密集型产业转移的动力机制和发生机制与劳动密集型产业转移的内在规律是完全不一样的。因此，本书所要研究的区域产业转移的范围也主要界定在劳动密集型产业转移，这也是根据目前国内区域产业转移的现状亦主要集中在劳动密集型产业方面的考虑。

当然，该概念亦可从具体某一区域来研究，则其本身既可以是转出区，也可以是转入区，如广东省，它不断地接受来自发达国家转移过来的高端产业，同时不断地将其淘汰下来的产业转移出去，可以说它既是转出地也是转入地。甚至再做详尽的某一区域研究的话，不管是哪个区域，都既是一个转出地也是一个转入地，即使在欠发达区域也不断地有企业转入和转出，它们的转出可能更多的是逆势转出，为企业寻找更合适的区位，虽然其转出的理由可能不是这里研究的范畴，但其转出却是现实中普遍发生的情况。诚然，从这一角度来说，产业转移并不是发生在某两个特定区域的，甚至也不完全是发生在从发达地区转移到欠发达地区，因此，有必要对研究的范围进行一个明确的假定和界定。

（二）势能与势差

能的概念，是物理学上最重要的概念之一。一个物体能够做功，则说明这个物体具有能量。物理学认为物体由于具有做功的形势而具有的能叫势能。由于各物体间存在相互作用而具有的、由各物体间相对位置决定的能叫势能，又称做位能，势能是状态量。势能分为重力势能、弹性势能、分子势能、电势能、引力势能等。

物体因重力而具有的能量叫做重力势能。重力势能与高度并没有绝对意义，所以重力势能只有相对的意义。但是，如果选定在某一位置重力系统的势能为零，那么在其他位置时，重力系统的势能就有一定的量值。所以说物体在一定位置具有一定量值的势能。实际上，物理中的公式重力势能（mgh）指的是势能差，我们所利用的势能也都是势能差，势能差总有其绝对意义。物理学中势差的概念就是势能的差额，它是具有绝对意义的一种差额。

本书将物理中的势能与势差的概念引入产业转移的分析中，用来度量产业转移的一种倾向。分别对转出区和转入区用势能的这种状态量来描述其转出倾向状态和承接产业转移的能力，并且将转出区的产业发展势能和转入区的产业发展势能的差额作为产业转移的发生势差，以了解发达区域与欠发达区域之间进行转移可能性的比较。

二、两区域产业转移研究的假定

产业转移理论较多地论述了产业转移的动因和影响因素，但没有对影响因素进行定量分析。文献表明国内对发达地区转移至欠发达地区的区域产业转移实证研究非常薄弱，并且对产业转移机理及模式的研究还没有形成一个比较清晰的系统分析框架。尤其是对于区域产业转移发生的机理和规律，目前还没有一种清晰而系统的理论和实证分析框架。现有的研究多数是就事论事，或只探讨导致产业转移的直接原因，而对深层次的原因或间接原因，以及不同变量对产业转移的作用等没有展开深入的探讨。如果没有一个理论模型来全方位地反映产业转移及其影响因素，没有一个理论模型来表达产业转移发生的机制，往往容易让人对产业转移的认识出现以偏概全的结果。为此，本书将把宏观与微观的影响因素结合起来分析，以产业转移推拉理论为思想，借助产业转移发生势差作为量化指标，提出转出区、转入区与两者对接三大模块的产业转移发生机制的理论框架。

（一）两区域产业转移的分析假定

现在给出普遍假定如下：

假定1：本书研究的产业转移是指发生在国内劳动密集型产业中的两区域之间的转移过程，是自发达区域向欠发达区域转移的过程。

基于中国目前区域产业转移主要集中在劳动密集型产业方面的现状，以及历来产业转移也多发生在劳动密集型产业的事实基础上，本书将研究对象界定为劳动密集型产业，在数据处理上则主要采用制造业的数据。在后面的区域产业转移的理论模型中也很清楚地解释了为什么产业转移往往发生在劳动密集型产业中。随着人们收入的增加，恩格尔系数降低反映的就是在劳动密集型产业方面需要的减少，如食品、纺织、服装等。劳动力成本会上升，特别是那些劳动密集型产业部门的劳动力成本会显著上升，从而使这些产业的最小投入劳动费用（最低费用劳动投入量）上升。这些因素直接导致发生在这些变化的产业部门中的原有企业规模和生产规模出现过剩，从而导致产业转移的出现。

两区域模型是建立在非均质的区域基础上的，也就是这两个区域不是随便指定的两个区域，两区域也不能相互调换，区域与区域之间并不是一样的，它们之间有实质不同之处。从企业迁移的角度看，是指从甲地迁移至乙地，即转出区与转入区。从区域产业转移的方面看，是指大范围界定的国内发达区域向欠发达区域的转移，如东部沿海地区向中西部的大规模区域产业转移。

假定2：整个产业转移是发生在转出区与转入区之间，转出区和转入区内部都存在推拉力，并且这些力量存在不同的作用指向。

这样的区域产业转移是由内在的产业转移发生机制来推动，与其内在发生机制是密不可分的。在整个区域产业转移发生机制中，假定是由两区域所构成，同时整个发生机制却包括三大模块，除了转出区与转入区以外，还存在一个转出与转入的对接。这个对接是产业转移发生的一个必要条件，它就如后面的势差原理图中的流通渠道一样,没有对接渠道,转出区与转入区的信息不能对接,不能顺利转移。它是为了促进产业转移发生所需要的一些中间渠道和平台。同时,在转出区和转入区之间存在不同的推拉力,既有促进产业转移发生的动力,也有限制产业转移发生的阻力,产业转移能否发生与这二者的综合推拉力有直接的关系。并且转出区和转入区的转移势能可以度量,两者有不同的作用指向,它们之间的势能差值即发生势差。

假定3:在转出区至转入区之间发生的产业转移是要达到一定的临界状态才能发生,采用产业转移发生势差指标来表达和解释这种状态,这个势差的分解可以揭示这样一种规律,但对于转出区和转入区的意义是不一样的,分别为转出区和转入区的产业发展势能。

产业转移之所以发生,是因为转出区高势能和转入区低势能之间存在着差额,就是像重力势差中因为有绝对高度的势差的存在一样,产业转移势差的存在正是因为两区域之间势能的差额存在而导致的。这种势差必须找到一种度量的工具,就像重力势能中的高度一样,所以本书设计了一套产业转移发生势差的综合指标体系用来衡量和比较各区域之间势差的大小。根据发生势差的综合指标体系,对不同区域都可以测量出一个产业转移势能,但在转出区域是指转出区产业发展势能,在转入区域则表示转入的势能,其作用指向和意义都不一样。

假定4:区域产业转移发生势差可以分解为经济势差(Economic Potential Difference)、产业势差(Industrial Potential Difference)、成本势差(Costs Potential Difference)、交易成本势差(Transaction Costs Potential Difference)和技术势差(Technical Potential Difference)五个方面来描述,并且可以将这五个势差综合起来成为一个综合指标,再结合一定的评判标准和规则,对产业转移是否发生进行判断和评价。

本书假设由以下指标来构造区域产业转移发生势差的评价体系:经济势差方面,假设地区人均GDP、地区GDP增长率、人均可支配收入为基本指标;产业势差方面,假设产业发展水平、制造业聚集指标、制造业地区平均集中率为基本指标;成本势差方面,假设劳动力价格、工业用电价格、土地购置成本为基本指标;交易成本方面,假设交易费用系数与对外开放程度为基本指标;技术势差方面,假设科研人才比例与R&D投资比例为基本指标。

假定5:产业转移发生存在两个必要条件:产业转移发生势差阈值和产业转移的对接。

产业转移要顺利发生,必须满足两个必要条件:一是适当的产业转移发生势差,即本书提出的产业转移发生势差阈值;二是产业转移的对接,包括对转出过程中阻力的消除、流通渠道的畅通及各方面因素的协调。

（二）区域产业发展势能与产业转移发生势差

借用物理中的概念，提出两个本书特有的概念：产业发展势能和产业转移发生势差，后者简称发生势差。产业转移势能包括转出区的产业发展势能和转入区的产业发展势能。本书所指的产业发展势能是指某个区域由于产业转移推拉综合力量的存在而具有了产业向外转移或承接产业转移的某种潜在的势能。产业转移发生势差则是指转出区产业发展势能与转入区产业发展势能的差额。通过两者势差的比较能够判断出两区域间产业转移发生的可能性和倾向。

众所周知，在没有外力的作用下，物体总有从势能高处向势能相对低处运动的趋势，这就是最简单的势差原理。借助图3-1可以更形象地描述势差的形成和状态。通过图3-1可以清楚地看到，产业转移的势差之所以形成，是因为高势能和低势能区域之间存在着差额，就像重力势差中因为有绝对高度的差值的存在一样，产业转移势差的存在也是因为两区域之间势能的差额存在而导致的。这种推拉力量形成的合力可产生出类似于河水流动所依据的"势差"，且势差越大，流速越快；没有势差或势差太小，就不能或很难流动。同时，必须注意到，如果只有势差的存在，这种转移不一定能实际发生，因为不同区域有不同的利益主体，同时还存在各区域之间的各种壁垒，它会影响转移的发生。就如同图3-1中的两个杯子一样，各区域之间存在一层看不见的壁垒。如果要使这种转移得以进行，必须在这两个区域之间存在一种流通渠道，或者说需要尽量地消除流通渠道中的各种阻碍因素，以利于流通渠道的畅通，从而保证这种转移能顺利进行。

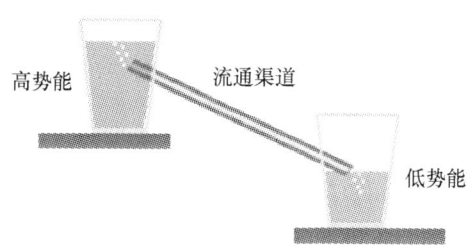

图3-1 产业转移势差原理示意

在这个转移过程中，假定转出区具有一种产业发展势能，转入区也具有一种产业发展势能，两区域间产业发展势能的差额即为产业转移发生势差。从图3-1中可以清楚地得出结论，两区域产业转移发生有两个必要条件：适当的产业转移发生势差和产业转移的对接。适当的产业转移发生势差是指两区域间存在一定的势差，而且这个势差是等于或大于产业转移的发生状态所需要的某种临界势差值,即后面用到的产业转移发生势差阈值。产业转移对接则指为了达到两区域间产业转移的顺利发生目的,而尽量消除整个产业转移过程中的所有阻力,包括转出区和转入区阻力的消除以及流通渠道的畅通。

三、两区域产业转移分析的基本范式

(一) 理论范式的构建

本书从产业转移这一过程入手,将产业转移中的推拉力思想引入产业转移行为过程分析中,提出两区域产业转移发生机制的基本理论范式。在图3-2中构造了三大模块和三大变量,三大模块为转出区、转入区、转出与转入的对接,三大变量为潜在变量、现实变量和中间变量。转出区内部存在着转出的推力和转出的阻力,转出区最终推拉力的作用指向和强度由以上两者综合而成;转入区内部存在着转入的拉力和转入的障碍,转入区最终推拉力的作用指向和强度亦由以上两者综合而成;转出和转入的对接则是一个虚拟的流通渠道和对接平台,是产业对接的信息平台和交流平台。

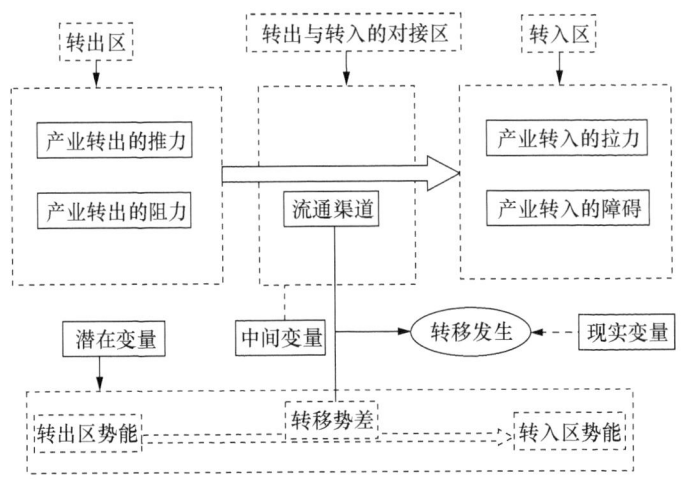

图3-2 产业转移发生机制分析的理论框架

(二) 理论框架的说明

产业转移转出区与转入区的影响因素很多,可以用推拉力来表示,其影响因素可以分为外部经济环境因素、产业自身因素、企业内部因素等方面。它们对产业转移的发生指向作用各不相同,有正向作用的因素,也有负向作用的因素,将所有影响转出区的因素放在一起进行综合评价,得出某个区域某个产业在转出潜力上的势能。同样的,也可以将所有影响转入区的因素放在一起进行综合评价,得出某个区域某个产业在转入方面所具有的势能,这两个势能的差额则是产业转移的发生势差。必须强调的是,不管是外部因素还是内部因素所产生的影响,它们只是产业转移的潜力因素,只是影响其转移的倾向和动机。也就是说产业转移发生势差达到某一临界阈值只是说明产业转移具有了潜在的转移潜力,具有了这样一种状态和条件,但并不意味着必然会产生现实的产业转移行为,形成事实上产业转移的流动状况。正因为这种发生势差只是表明一种转移潜力,还没有真正实现,因而本书将其称为转移势能,它只是表示一种状态量。

当产业转移确实发生了,则将其称为具有了转移动能。这个转移动能是由转移势能转化而来的一种现实结果,是已经实现了的产业转移流动的状态,它可以用实际发生的产业转移数据来表达。需要重申的是,转移势能与转移动能是不一样的,转移动能简单来说可以是发生势差加上流通渠道这一中间变量,这一实现渠道才有可能导致产业转移事实上发生。这里就又引入了第三类变量——中间变量,即流通渠道。中间变量是指将转移势差这一潜在变量转化为现实产业转移的方式和途径,也称中间渠道变量。更确切地说,由于各种影响因素的作用,它们只是共同产生了转移的势能,这些转出区的转移动机和转入区的期待迫切需要通过中间实现渠道才能转化为转移的现实动能。

四、两区域产业转移的理论模型

通过对产业转移发生机制进行研究,提出一套衡量我国区域产业转移的发生势差的评价指标体系,进而尝试对我国区域产业转移发生的倾向进行定量分析。出于对各区域发生势差的比较目的,我们构建了五个分析指标,分别为经济势差 EPD_{ij}(Economic Potential Difference)、产业势差 IPD_{ij}(Industrial Potential Difference)、成本势差 CPD_{ij}(Costs Potential Difference)、交易成本势差 $TCPD_{ij}$(Transaction Costs Potential Difference)和技术势差 TPD_{ij}(Technical Potential Difference),由它们综合起来即为产业发生势差 RPD_{ij}(Realization Potential Difference)综合评价指标。各指标的表达式及解释如下:

$$EPD_{ij} = \sum_{i=1}^{n} \lambda_i W_i / \sum_{i=1}^{n} W_i - \sum_{j=1}^{n} \lambda_j W_j / \sum_{j=1}^{n} W_j \quad (3-1)$$

$$IPD_{ij} = \sum_{i=1}^{n}\lambda_i W_i / \sum_{i=1}^{n} W_i - \sum_{j=1}^{n}\lambda_j W_j / \sum_{j=1}^{n} W_j \quad (3-2)$$

$$CPD_{ij} = \sum_{i=1}^{n}\lambda_i W_i / \sum_{i=1}^{n} W_i - \sum_{j=1}^{n}\lambda_j W_j / \sum_{j=1}^{n} W_j \quad (3-3)$$

$$TCPD_{ij} = \sum_{i=1}^{n}\lambda_i W_i / \sum_{i=1}^{n} W_i - \sum_{j=1}^{n}\lambda_j W_j / \sum_{j=1}^{n} W_j \quad (3-4)$$

$$TPD_{ij} = \sum_{i=1}^{n}\lambda_i W_i / \sum_{i=1}^{n} W_i - \sum_{j=1}^{n}\lambda_j W_j / \sum_{j=1}^{n} W_j \quad (3-5)$$

$$RPD_{ij} = EPD_{ij} + IPD_{ij} + CPD_{ij} + TCPD_{ij} + TPD_{ij} \quad (3-6)$$

其中，λ_i 为单个技术势差子指标的评价值，n 为评价指标的个数；W_i 为各评价指标的权重，i 为转出区，j 为转入区。

根据以上五个指标，可以考察各发达地区转移至各欠发达地区的发生势差综合结果，同时亦可考察各发达区域转出区产业发展势能的结果和各欠发达区域产业发展势能的结果，并进行有关比较分析，具体数据处理和应用详见后面章节中的实证分析。

五、两区域产业转移发生机制的解释

（一）基于转出区的分析

在阐述了两区域产业转移发生机制的理论范式和理论模型后，有必要对整个两区域产业转移发生机制进行分解，即将整个发生机制从三大模块来阐述分析。对于转出区的分析主要从两个方面展开。一方面是转出区影响产业转移的因素分析，包括动力和阻力分析，同时还包括各种综合因素或不确定性因素的影响分析。推动产业转出的主要动力因素有五方面：产业结构升级的要求、生产要素成本上升、企业成长和市场扩张的需要、资源环境约束加大、政府产业发展政策。区域产业转移转出的阻力分析则主要包括以下两方面：一方面是指转出区产业集群化、专业化的要求和政府政绩考核的要求。另一方面是指产业转出区的综合评价，也是转出区产业发展势能的综合评价和分析。它受转出区两种不同指向的推拉力作用的影响，是一个综合性的结果，同时也是利用发生势差综合指标用来实证分析的结果，这也是实证关于转出区产业发展势能的综合评价与检验的内容。

（二）基于转入区的分析

对于转入区的分析，也主要是从两个方面来展开的。一方面是转入区域的影响产业转移的因素分析,包括引力和约束分析,同时还包括各种综合因素或不确定性因素的影响分析。吸引产业转入的引力因素有六方面:低廉的生产要素成本、巨大的市场潜力、优惠的产业政策、产业集聚的吸引力、资源配置的优化、完善的基础设施建设。尽管转入地承接转移时已有以上一些优势,但目前转入区在承接产业转移上还存在较多的不足,其约束力方面主要包括以下几方面:不完善的投资环境、较低的产业配套能力、环境污染加剧的影响、产业结构失衡的影响、高端人才与企业家才能的限制。另一方面是指产业转入区的综合评价,也是转入区产业发展势能的综合评价和分析。它亦受转入区以上两种不同指向的推拉力作用的影响,是一个综合性的结果,同时也是利用发生势差综合指标用来实证分析的结果,这也是实证关于转入区承接产业转移竞争力的综合评价与检验的内容。

1. 转入区产业发展势能的解释和应用

一般来说,发生势差肯定是越大越好的,这与物理中的重力势差和电势差是一样的道理。但这个发生势差又不同于以上势差,它就像技术势差一样,却不完全是势差越大越好。孔翔提出了一个适度技术势差的概念,所谓技术势差是指区域、部门或企业间技术势能的差异,由它引起的技术从高势能点(可称为"技术源")向低势能点(可称为"技术汇")运动的趋势是技术流动的原始动力。必须指出,适度技术势差最有利于技术流动。这是因为技术势差越大,技术流动的原始动力越强,低技术势区域或企业对创新技术的强烈欲望将促使有关主体更积极地投入更多资源改善廊道的通畅性;但技术的吸收、消化和二次开发都以相当的技术能力为基础,因此技术水平越高的潜在采用者越容易获得技术,而且技术接受者技术势能越高,其改善技术廊道的能力一般也越强,因此技术势差越小越容易实现技术流动。总的看来,技术流动发生的势差条件有阈值限制,势差过小会削弱技术流动的动力,势差过大又会增加接受者吸收技术的难度。只有在最适技术势差下,技术流动将最便利,效益也最大。

产业转移的发生势差特性像技术势差特性一样,当势差越大时,为了追求利益最大化,其产业流动的原始动力越强,低势差地区对于资本的投入具有强烈的欲望,而高势差地区的资本在投入到低势差的资本贫瘠的地区,理论上其所能获得的利益也应该是最大的。但是,由于产业转移必须是建立在具有相当产业基础的地区才能生存和发展。因为产业生存的基础不仅是利益的追逐方向,它还需要一定的配套产业基础,需要一定的人才基础、市场基础和技术基础。所以这个势差不是越大越好,也不是越小越好,理论上它应该是在一定范围内最适合产业转移的。那么这个转入区产业发展势能到底该如何界定呢?转出区产业发展势能值肯定是越高越好,说明该区域在某产业到了非转不可的地步,如果以同样的方法计算转入区的数据,其数值是高好还是低好则值得商榷。如产业势差不一定是越低越好,经济势差、成本势差越低则在承接产业转移中越具有竞争力。这样一来,这些数据的取向和定性就不好判断了,如何解决这一问题呢?

2. 转入区承接产业转移的竞争力

在这里,引入另外一个概念来解决以上问题。参考转出区的势能比较分析,可以对转入区以同样的数据和相应的指标来进行分析,但其综合结果却不同于转出区的结果评价。本书用一个新的概念来表达类似的意思,转入区承接产业转移的竞争力这一指标用来表达转入区的势能的状态。这一指标所用的数据和指标与转出区是一样的,只是其表达数值的综合分值的意义不一样。如经济势差、成本势差所表达的数值必须是越小越好,而产业势差则是越高越好,技术势差则必须是适当的阈值才最合理,这样得到一个综合的结果用来表达转入区的势能状态。

交易成本势差在这里则与其他的势差都不一样,可以将其综合成一个交易成本摩擦系数,这个系数越高,则表示交易成本越高,系数越低则交易成本越低,将整个成本势差乘上这个交易系数即为交易成本的数据。在转出区,如果交易成本越高则表明转出区产业发展势能越大,转出的意愿越强烈。在转入区,如果交易成本越低则表明转入区承接能力越好,承接产业转移的竞争力越强,因此,这个数据的差额与发生势差的方向是一致的。

再回到产业转移的发生势差这一概念,转出区产业发展势能可以明确度量和测定,而转入区产业发展势差可以用转入区承接产业转移的竞争力这一指标代替,这一指标是越高越好,那如果两者相减的差额则会越来越小,这与前面所提到的势差原理就相悖了。在这里,必须想办法将转入区承接产业转移的竞争力这个新的概念再还原到产业发展势能这一原始概念中去。对于经济势差和成本势差使用与转出区产业发展势能同样的方法计算两者的势能。对于产业势差和技术势差,则采用了限制性指标和临界指标的一些特性,将其进行无量纲化后根据指标的特性进行评分,这样它的综合结果与转入区承接产业竞争力的结果在某些指标上的评分就是相反的,但与发生势差要表达的思想是一致的。也就是说,转入区承接产业转移的竞争力指标与转移势差在产业势差和技术势差上是一一对应的关系,但计算方法和评分方法则不一样。将差异指标减去转入区势能得到的差额,再加上各限制性指标与临界指标的评分即得到产业转移的发生势差,此时计算出来的产业转移发生势差越高越好,它就符合了势差原理。表明了产业转移已经达到了一些最基本的状态和条件,其差异指标的大小决定了促进产业转移的发生。

(三) 转出区与转入区的对接

转出区与转入区的对接则是在已经达到了合理的产业转移发生势差的前提

下，如何更好地促进产业转移的发生。它包括产业转移中转出区和转入区阻力因素的消除和区域产业转移发生的对接渠道和协调。区域产业转移发生的具体对接渠道则包括完善流通渠道、保持其畅通性、如何构建与完善产业对接平台、构建促进区域产业转移发生的对接机制等，以促进产业转移的发生。因此，两区域产业转移的对接不仅包括了其发生对接平台，亦包括了两区域中阻力的减少和对接阻力的减少，只有这样才能保证产业转移顺利进行。

六、本章小结

本章结合产业转移中的推拉理论和已有的产业转移的理论模型，在两区域界定的基础上，结合产业转移发生势差，建立区域产业转移理论分析模型并对两区域间的产业转移研究做了必要的假定；基于转出区、转入区与两区域对接的分析，解释区域产业转移发生机制，并提出相应的理论范式；并且结合势差原理提出了本书的两区域产业转移发生机制的理论范式，尝试建立两区域产业转移的理论模型。最后，通过两区域产业转移发生机制的分解，将以上理论分析具体运用到实践中。

第四章 区域产业转移发生势差综合评价指标体系设计

在明确了产业转移发生机制研究的思路下,可以尝试将发生机制理论范式中的推拉力进行量化研究。本章基于产业转移的影响因素构建产业转移发生势差综合评价指标体系,并利用 AHP 方法对各指标进行权重赋值。

一、区域产业转移发生势差评价指标体系设计思路

根据推拉理论可以知道在转出区与转入区存在着两种不同指向的推拉力,即有促进产业转移发生的动力,也有限制产业转移发生的阻力,产业转移能否发生与这二者的综合推拉力有直接的关系。推动产业转出的主要动力因素有五方面:产业结构升级的要求、生产要素成本上升、企业成长和市场扩张的需要、资源环境约束加大以及政府产业发展政策。区域产业转移转出的阻力分析则主要包括以下两方面:转出区产业集群化、专业化的要求和政府政绩考核的要求。吸引产业转入的引力因素有六方面:低廉的生产要素成本、巨大的市场潜力、优惠的产业政策、产业集聚的吸引力、资源配置的优化和完善的基础设施建设。尽管转入区承接转移时已有以上一些优势,但目前转入区在承接产业转移上还存在较多的不足,其约束力主要包括以下几方面:不完善的投资环境、较低的产业配套能力、环境污染加剧的影响、产业结构失衡的影响、高端人才与企业家才能的限制。

如何将这些推拉力进行量化是本书要解决的一个主要问题。因此,基于区域产业转移中各方面的动力与阻力的影响因素分析,以发生势差理论为依据,提出区域产业转移发生势差评价指标体系。当然本书所列出的影响因素和指标不能完全概括所有的影响因素,但为了更合理地量化势差,并且能将转出区和转入区的

产业发展势能进行比较,将综合考虑转出与转入的影响因素,提出自己的影响因素和判断指标。

根据区域产业转移发生势差的特性,既能表达转出区也能表达转入区的状态,其两者的差额反映产业转移内在发生条件的状态,它表达的是转出区和转入区在转出和转入前的某种状态。基于产业转移发生的影响因素的分析和遴选,本书认为评价产业转移发生的影响因素分别有以下五方面:

(一)经济因素

经济因素指转出区和转入区的经济差距,根据两个区域不同的经济水平来反映产业转移的可能性。

(二)产业因素

产业因素指转出区和转入区在某一产业中的产业级差的程度,根据两区域不同的产业发展水平来反映产业转移的可能性。

(三)生产要素成本因素

生产要素成本因素是影响产业转移的最大因素,主要指转出区和转入区在各种商务成本上的差距,根据这两个区域不同的各种成本水平来反映产业转移的可能性。

(四)交易成本因素

交易成本因素指转出区和转入区在交易成本方面的差距,当两者的交易成本势差相差越大时,企业进行迁移的可能性也越大。交易成本的大小往往与生产要素成本的大小相悖,生产要素成本比较低的区域,往往出现在不发达的区域,其对外开放程度较低,基础设施不够完善,制度成本高昂,交易成本居高不下。

(五)技术因素

技术因素指转出区和转入区在科研技术方面的差距,根据两区域不同的技术势差来反映产业转移的可能性。

二、区域产业转移发生势差综合评价指标体系设计的基本原则

产业转移发生势差综合评价指标体系的设计就是通过选取相异而又有机统一的指标组成体系,使之既能从不同角度反映,又能全面包括产业转移发生机制的全方面内容。为了使构建的评价指标体系科学合理,本书基于指标设计的基本原则构建了产业转移发生势差的评价指标体系。

指标体系的构建原则是指标体系构建时必须遵循的基本准则,从而降低指标体系构建的任意性,提高评价指标体系的科学性、合理性和实际应用意义。在指标遴选中,必须遵循以下原则:

（一）层次性和关联性原则

所选取的评价指标应当尽量考虑其相互之间的层次性和关联性。在充分考虑产业转移发生形成的客观原因与基本特征的基础上,根据各指标的特征决定其所在的层次,全面体现产业转移发生的影响因素,反映出产业转移发生势差的概念的不同层面,使指标体系尽量系统化。另外,还要尽量选择关联性不强的指标,以避免重复和产生共性。

（二）独立性和互补性原则

选取的指标应全面考虑产业转移所涉及的影响因素,所选同一层次的单项评价指标应有一定独立性的同时,还能够互相互补,形成指标体系,从而降低评估结果的精度损失。

（三）可比性和可量化性原则

产业转移发生势差选取的指标必须考虑可比性和可量化性原则,以使发生势差评价结果在纵向时间和横向空间上具有可比性;且指标应可以进行直接量化,以保证评价的有效性和操作的可行性。

（四）简明性和可得性原则

产业转移发生势差选取的指标应该尽量简单明确,以求指标体系简单明确,却能体现指标的整个体系,尽量包括其所涉及的影响因素;尽量减少指标个数,

还要使所选指标的测度值易于获取,以减少评价成本。

三、区域产业转移发生势差综合评价指标选取与解释

(一) 发生势差综合评价指标体系

本文假设区域产业转移发生势差由经济势差、产业势差、成本势差、交易成本势差和技术势差五个方面构成。其中经济势差、成本势差和交易成本势差为差异指标,势差越大则越促进产业转移的发生;而产业势差和技术势差则为限制性指标,当转入区的某个该类指标明显低于某个标准时,其产业转移发生将会受到限制,即达不到相应的产业和技术基础,转移存在某些障碍。某些指标则为临界指标,当转出区与转入区的该指标势差值低于某个临界阈值时,亦存在转移障碍。

在产业转移发生势差中假定经济势差和成本势差全由差异指标构成,而交易成本势差中的对外开放程度、产业势差中的制造业聚集指数、制造业地区平均集中率、技术势差中的科研人才比例和R&D投资比例皆为限制性指标,产业势差中的产业发展水平则为临界指标。限制性指标的势差评分的数据处理如下:先根据转入区的该项指标的标准化数值进行比较,当其绝对值和相对值都低于中西部的平均值,则判定该地区该指标未能达到承接产业转移的基本条件,判定为限制性条件,直接判定该指标的势差评分为0分;当其达到承接产业转移的基本条件时,直接用转出区产业发展势能数据减去转入区产业发展势能数据,即为该项指标的势差评分;当某个指标的转出区的势能较小,减去转入区势能后的得分为负值时,则直接判定该指标的势差评分为0分。临界指标的势差评分数据处理如下:先计算该指标标准化后转出区与转入区的平均值,作为临界指标的标准,分别计算各区域该指标的势差数值,将其与临界指标的标准进行比较,当其势差值低于临界标准时,判定该指标势差评分为0分,即其势差达不到产业转移发生的势差标准。最后将所有差异指标、限制性指标和临界指标的各项得分加总起来得到的势差评分即为综合评分结果。

(二) 发生势差综合评价指标解释

根据区域产业转移发生势差的特性,应该既能表达转出区也能表达转入区的

表4-1 产业转移发生势差的综合评价指标体系

一级指标	二级指标	二级指标解释或计算
经济势差	地区人均GDP	衡量各地区经济发展的一个重要标准
	地区GDP增长率	衡量各地区经济增长速度的一个重要指标
	人均可支配收入	衡量各地区经济实力和人民富裕程度的重要指标
产业势差	产业发展水平	(第二产业比重-第一产业比重)+(第三产业比重-第二产业比重)
	制造业聚集指数(区位熵)	各地区制造业人口占全国份额与各地区就业人口占全国份额之比
	地区制造业平均集中率	衡量该地区制造业在该国的平均占有率
成本势差	劳动力价格	各地区在岗职工年平均工资水平
	工业用电价格	衡量各地区基础能源的成本水平
	土地购置成本	衡量企业在不同地区的土地使用或租赁价格
交易成本势差	交易费用系数	采用各地的相对交易费用系数指标来比较
	制度势差:对外开放程度	衡量外向型经济发展的程度,采用进出口总额占GDP的比重来表示
技术势差	科研人才比例	各地区科研人才占从业人员的比重
	R&D投资比例	地区R&D投资占国内生产总值的比例

状态,两者的差额能反映产业转移内在发生条件的状态,表达的是转出区和转入区在转出和转入前的某种状态。根据对影响产业转移发生的因素进行分析和遴选,本书认为评价产业转移发生势差应综合以下五方面进行:

1. 经济势差

经济势差主要指转出区和转入区的经济差距,它根据这两区域不同的经济水平来反映产业转移的可能性。区域之间经济发展水平差异形成了经济发展梯度差,并成为区域间产业转移的主要动力。根据国际产业转移理论,产业转移的发生路径是自发达区域向欠发达区域进行的。当两者的经济势差越大时,产业转移发生的可能性越大。根据各生产要素能主动追逐其自身利益最大化原则,在欠发达区域资本和技术非常缺乏,因此,资本和技术自发达区域转移至欠发达区域能获得更高的收益。当两者的经济水平相差越大时,其追逐利益的原始动力也就更大。衡量经济势差的大小可以从人均国内生产总值、区域GDP增长率和人均可支配收入三个指标来考察。

(1) 地区人均GDP:作为衡量经济发展和经济差距的主要指标,是经济势差方面的一个基本指标。

(2) 地区 GDP 增长率：衡量各地区经济增长速度的一个重要指标。

(3) 人均可支配收入：指城镇居民家庭人均可支配收入，是衡量各地区经济实力和人民富裕程度的重要指标。

2. 产业势差

产业势差是指转出区和转入区在某一产业中产业级差的程度，它根据这两区域不同的产业发展水平来反映产业转移的可能性。产业因素对产业转移发生的可能性影响非常大，转出地由于产业集聚的影响产生了较大的黏性，转入地则由于有产业集聚而大大增强其吸引力。产业势差与其他势差有很大的不同，在于其势差并非越大越好，而是适当的势差才是产业转移的条件，这与产业集聚理论有一定的关系。产业转移必须是建立在具有相当产业基础的地区才能生存和发展。因为产业生存的基础不仅是利益的追逐方向，它还需要一定的配套产业基础，需要一定的人才基础、市场基础和技术基础。所以这个势差不是越大越好，也不是越小越好，理论上它应该是在一定范围内最适合产业转移的。衡量产业势差的大小可以从产业发展水平、地区专业化水平和制造业聚集指数（或区位熵）三个指标来考察。

(1) 产业发展水平：通过产业结构层次及其演进水平反映出来，经济增长的过程也是产业结构优化升级、不断调整的过程，产业结构演进的一般趋势是第一产业比重逐渐降低，第二、三产业比重逐渐提高，而第三产业比重将高于第二产业比重。因此，采取将第一、二产业比重差距和第二、三产业比重差距之和来表示产业发展水平。公式如下：

产业发展水平 = （第二产业比重 - 第一产业比重）+（第三产业比重 - 第二产业比重）

(2) 制造业聚集指数（或具体某个行业的区位熵）：区位熵是用来衡量产业聚集的一种常用方法，其优点是能较好地从区域的角度分析产业聚集程度。t 时刻地区 i 的制造业聚集指数 $Agglo_{it}$ 为：

$$Agglo_{it} = (M_{it}/M_t) / (P_{it}/P_t) \quad (4-1)$$

其中，M_{it} 为地区 i 在 t 时刻的制造业人口，P_{it} 为地区 i 在 t 时刻的就业人口，M_t 和 P_t 分别为 t 时刻的全国制造业人口和全国总就业人口。由定义可知，制造业聚集指数的本质是各地区制造业人口占全国份额与各地区就业人口占全国份额之比。一般而言，这一指标的数值越大，表明制造业在该地区的聚集程度越高。

(3) 地区制造业平均集中率：其公式为：

$$v_i = \frac{\sum_k (v_i^k)}{k} \quad 其中, v_i^k = \frac{E_i^k}{\sum_i E_i^k} \quad (4-2)$$

该指数全面衡量该地区各行业在各国的平均占有率。它的范围是 0~1，直接衡量一个地区在全国的平均竞争力,越接近1,则该地区的制造业平均占有份额越高,制造业越发达。

3. 成本势差

成本势差主要指转出区和转入区在各种商务成本上的差距,它根据这两区域不同的各种成本水平来反映产业转移的可能性。根据企业迁移理论,企业之所以进行迁移,尤其是劳动密集型企业的迁移,绝大部分来自转出区要素成本压力的升高。而通过产业转移,企业实现了追求要素边际效益最大化的可能,从而达到经营资源的边际效益最大化。两区域在各种成本上的差额是企业迁移的直接动机和主要原因,当两者的成本势差越大时,产业转移发生的可能性越大。根据企业迁移的具体情况看,只有一个企业在转入到某一区域所能获得的成本差额的获利大于迁移成本时,企业迁移才有可能发生。因此,成本势差的大小是影响产业转移的关键因素。衡量成本势差的大小可以从要素劳动力成本、工业生产原材料成本价格(工业用电价格)和土地成本三个指标来考察。

(1) 要素劳动力成本,用来表证地区劳动力资源丰裕程度的指标。指企业、事业、机关单位的职工在一定时期内平均每人所得的货币工资额。它表明一定时期职工工资收入的高低程度,是反映职工工资水平的主要指标。劳动力成本越低,以较低成本获得较高利润的可能性就越大。该指标用职工平均工资来表证:

$$\overline{w} = W_i / P_i \tag{4-3}$$

其中,$\overline{w}$ 为职工平均工资;W_i 为报告期实际支付的全部职工工资总额;P_i 为报告期全部职工平均人数。

(2) 工业生产原材料成本价格:工业用电价格。说明各地区基础能源的价格水平。

(3) 土地成本。土地购置成本,指购置、租赁经营场地所支付的价格以及相关的其他费用。衡量企业在不同地区的土地使用成本。

4. 交易成本势差

交易成本势差主要指转出区和转入区在交易成本方面的差距,它根据这两区域不同的交易摩擦系数来反映交易成本的势差。当两者的交易成本势差相差越大时,企业进行迁移的可能性也越大,因为这个系数直接决定了交易成本的大小,可以使企业获得更多的迁移收益。衡量交易成本势差的大小可以从交易费用系数和制度势差两方面综合成一个交易成本摩擦系数,其中制度势差用对外开放程度这个指标来表示。这个交易成本的数值是在交易成本摩擦系数乘以成本势差中的成本数值得来。这里仅用交易成本系数表达在不同区域的交易成本上存在的差异。

(1) 交易费用系数。威廉姆森说:"交易成本是物理学中的摩擦力在经济学中的等价物。"他认为只有将各种交易与各种规制结构相关联,将它推广到所有的经济制度环境中,才能说明不同制度安排的优劣。新古典经济学派的代表人物杨小凯用一个交易成本系数加以表示,即其中对价值的各种损耗程度,如果交易量为 X,交易效率系数为 K,则外生交易成本为 (1 - K) X。交易费用系数可以采用卢现祥等(2008)与金玉国(2005)提出的交易费用测试方法来测算。

交易费用绝对值 = 农、林牧、渔业服务业增加值 + 金融及保险业增加值 + 房地产业增加值 + 社会服务业增加值 + 教育、文化艺术和广播电视业增加值 + 国家机关、政党机关和社会团体增加值 + 批发零售贸易业和餐饮业增加值 × 0.5 + 交通运输仓储和邮电通信业增加值 × 0.5 + 其他行业增加值 × 0.5

相对交易费用系数 = 交易费用绝对值/GDP

(2) 制度势差:对外开放程度。自改革开放以来,外向型经济发展是带动我国经济快速发展的直接动力,后发区域与先发区域的差距从这个方面体现得更明显。对外开放程度反映了外向型经济发展的程度,本书采用进出口总额占 GDP 的比重来表示:

$$OL = \frac{TIE}{GDP} \times 100\% \qquad (4-4)$$

其中,OL 表示对外开放程度;TIE 表示进出口总额;GDP 表示国内生产总值。

5. 技术势差

技术势差主要指转出区和转入区在科研技术方面的差距,它根据这两区域不同的技术势差来反映产业转移的可能性。技术势差与产业势差有相似的性质,其势差并非越大越好,而是适当的势差才是产业转移的条件,这与产业集聚与产业配套理论有一定的关系。当技术势差值非常小时,技术转移的动力则不明显。因为技术也符合生产要素追逐自身利益最大化的特点,当技术势差太小时,其能获得高额利润的可能性就比较小。当技术势差过于大时,由于技术的转移必须是建立在具有相当技术基础的地区才能生存和发展,它需要一定的科研技术和科研人才基础。如果高端技术转移过来没有生存的场所,转移的可能性也就比较小。所以这个势差不是越大越好或越小越好,而是适当的势差才是最合理的。衡量技术势差的大小可以从科研人才的比例和 R&D 投资的比例两方面来考察。

(1) 科研人才比例。指各地区的科技人员占从业人员总数的比例。反映该区域的技术研发队伍状况:

$$PT = \frac{NT}{NE} \times 100\% \qquad (4-5)$$

其中,PT 表示科技人才比例;NT 表示科技人员数;NE 表示从业人员数。

(2) R&D 投资比例。指各地区 R&D 投资占国内生产总值的比例。反映地区技术研发的投入程度：

$$P_{R\&D} = \frac{I_{R\&D}}{GDP} \times 100\% \qquad (4-6)$$

其中，$P_{R\&D}$ 为 R&D 投资比例；$I_{R\&D}$ 为地区 R&D 的投资额。

四、指标权重赋值

在评价指标体系中，各个评价指标在综合评价结果中的地位和作用是不一样的。鉴于此，为了使评价的结论更具有客观性和可信性，原则上就要求应该对每一个评价指标赋以不同的权重。尽管指标权重的确定在综合评价中的意义非常明显，但是怎样给评价指标赋权，却是一件比较困难的事情。在这个指标体系中，各个指标的权重赋值是通过层次分析法获得的。

(一) 层次分析法

在综合评价中确定各个单项指标权数的方法包括客观赋权法和主观赋权法。常用的客观赋权法有因子分析法和熵值（或称熵权）法等，常用的主观赋权法有专家调查法和层次分析法等。基于研究产业转移受较多社会性因素的影响，本书选择用层次分析法对各指标进行权重赋值。层次分析法（Analytic Hierarchy Process, AHP）是将决策有关的元素分解成目标、准则、方案等层次，在此基础上进行定性和定量分析的决策方法。该方法是美国运筹学家匹兹堡大学教授Satty于1971年在为美国国防部研究"根据各个工业部门对国家福利的贡献大小而进行电力分配"课题时，应用网络系统理论和多目标综合评价方法，提出的一种层次权重决策分析方法。这种方法的特点是在对复杂的决策问题的本质、影响因素及其内在关系等进行深入分析的基础上，利用较少的定量信息使决策的思维过程数学化，从而为多目标、多准则或无结构特性的复杂决策问题提供简便的决策方法。

(二) 层次分析法赋权步骤

1. 确定评估问题

通过对系统的深刻认识，确定该系统的总目标，弄清规划决策所涉及的范围、采取的措施方案和政策、实现目标的准则、策略和各种约束条件等，广泛地收集信息。列举出所有可能影响问题的要素，然后整合专家及决策者的意见，慎重列举出问题的各评估要素。

2. 建立问题的递阶层次结构

用层次分析法来确定产业转移发生势差评价的各评价因子的权重时，必须先将被评价的各类指标及因子按评价的目标层次进行排列，建立起层次结构的综合评价体系。在建构层次之前需列出所有可能影响产业转移的要素因子，然后架构层次。每一层应包含七个要素，且每一层次的要素最好具有独立性。因为根据Satty的研究，当层次要素大于7时，人脑在评比思考过程中，比较容易产生不一致及混乱的情况，即所谓比较心理原则。而层次结构可以从整体目标、子目标等，到问题结果，进而形成多重层次，而层次多寡则视问题复杂度与分析程度的需要而定。层次的种类又可分成完整层次（Complete Hierarchy）与不完整层次（Incomplete Hierarchy），完整层次是指每上下层次间的要素彼此间都有关联，不完整层次则是指上下层次间并非都有关联。层次分析法（AHP）的分层通常是通过建立一个递阶层次结构来完成，它是一个由目标层、准则层和指标层组成的模型。本书提出产业转移发生势差综合评价指标体系的层次结构模型。本书的递阶层次结构属于不完整层次，如图4-1所示。

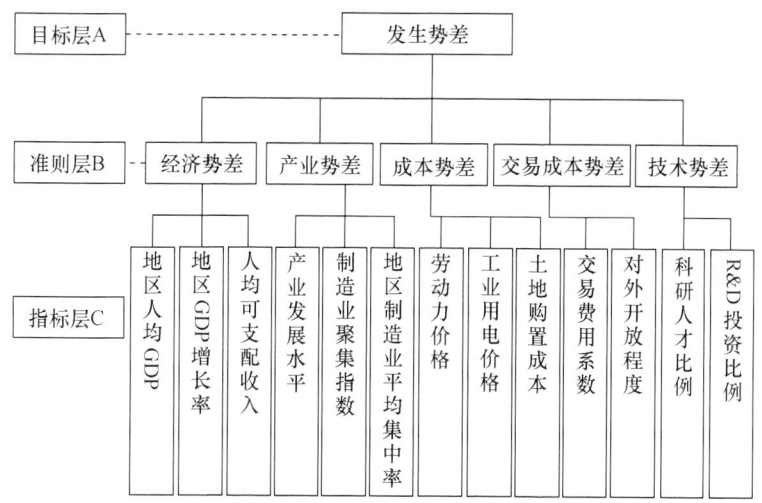

图4-1 产业转移发生势差评价递阶层次结构

3. 构造判断矩阵

分析层次程序法根据两个因素有相同重要、这一因素比另一因子稍重要、明显重要、强烈重要、极端重要，以及介于每两者间的强度，总共区分成9个尺度，如表4-2所示，而分别给予比重从1~9，再进行两两比较。

首先，根据所建立的递阶层次结构，做成成偶对比问卷，通过电子邮件方式以附件形式发送给全国14位区域经济研究的专家按1~9标度进行打分，并运用德尔菲法形成专家的综合意见，建立产业转移发生势差各指标的成偶比对矩阵。这14位专家包括南昌大学管理科学与工程的博士生导师胡振鹏教授、尹继东教授、彭迪云教授、陈斐教授，经济与管理学院的徐新华、魏博通、周杰文、姚成胜老师以及其他学校的诸位博士专家等。

表4-2　1~9标度规则

标度	含义
1	表示两个指标相比，具有同等重要性
3	表示两个指标相比，前者比后者稍重要
5	表示两个指标相比，前者比后者明显重要
7	表示两个指标相比，前者比后者强烈重要
9	表示两个指标相比，前者比后者极端重要
2、4、6、8	表示上述相邻判断的中间值
1~9数字的倒数	若指标i与指标j重要性比较结果为a_{ij}，那么指标j与指标i的重要性比较结果为$a_{ji}=1/a_{ij}$

成偶比对矩阵的建立是以每一层的评比要素作为基准，对其所属下一层的n个评比要素，进行两两比较，形成成偶比对的评估值，其所产生的$C_n^2=\frac{n(n-1)}{2}$个评估值a_{ij}即为成偶比对矩阵（见表4-3）中主对角线右上方的元素值。将右上方元素值的倒数放置在主对角线左下方的相对位置中，并将主对角线上的元素数值均设为1，则可得到完整的成偶比对矩阵A。

表4-3　成偶比对矩阵

评比要素	A	B	C
A	1	2	3
B	1/2	1	2
C	1/3	1/2	1

令 $a_{ij}=\frac{w_i}{w_j}$ （4-7）

w_1，w_2，…，w_n代表层次中各要素对于上一层次中某要素的相对权数。

此时矩阵有两个特点：一是层次分析法的成偶对比矩阵为正倒数矩阵；二是若专家评比时的判断均非常完美精确，此时矩阵为一致性矩阵。

其次,运用 AHP 专业软件(Yaahp 0.5.2)对该矩阵进行计算,得到结果如表 4-4 至表 4-9 所示。

标度类型:e^(0/5)~e^(8/5)

群决策——专家数据集结方法:各专家判断矩阵加权几何平均

表 4-4　区域产业转移发生势差评价比对矩阵

0.1. 集结后的判断矩阵——发生势差　判断矩阵一致性比例:0.0018;对总目标的权重:1.0000

发生势差	经济势差	产业势差	成本势差	交易成本势差	技术势差	W_i
经济势差	1.0000	0.4493	0.3012	0.6703	0.8187	0.1096
产业势差	2.2255	1.0000	0.6703	1.2214	1.4918	0.2253
成本势差	3.3201	1.4918	1.0000	2.2255	2.2255	0.3498
交易成本势差	1.4918	0.8187	0.4493	1.0000	1.2214	0.1702
技术势差	1.2214	0.6703	0.4493	0.8187	1.0000	0.1451

表 4-5　区域产业转移经济势差评价比对矩阵

0.2. 集结后的判断矩阵——经济势差　判断矩阵一致性比例:0.0002;对总目标的权重:0.1096

经济势差	地区人均 GDP	地区 GDP 增长率	人均可支配收入	W_i
地区人均 GDP	1.0000	1.3118	1.1536	0.3801
地区 GDP 增长率	0.7623	1.0000	0.8425	0.2856
人均可支配收入	0.8669	1.1870	1.0000	0.3342

表 4-6　区域产业转移产业势差评价比对矩阵

0.3. 集结后的判断矩阵——产业势差　判断矩阵一致性比例:0.0001;对总目标的权重:0.2253

产业势差	产业发展水平	制造业聚集指数	地区制造业平均集中率	W_i
产业发展水平	1.0000	1.3118	1.3118	0.3961
制造业聚集指数	0.7623	1.0000	1.0290	0.3048
地区制造业平均集中率	0.7623	0.9718	1.0000	0.2991

表 4-7　区域产业转移成本势差评价比对矩阵

0.4. 集结后的判断矩阵——成本势差　判断矩阵一致性比例:0.0008;对总目标的权重:0.3498

成本势差	劳动力价格	工业用电价格	土地购置成本	W_i
劳动力价格	1.0000	1.5351	1.4918	0.4305
工业用电价格	0.6514	1.0000	0.892	0.2726
土地购置成本	0.6703	1.1211	1.0000	0.2969

表4-8 区域产业转移交易成本势差评价比对矩阵

0.5. 集结后的判断矩阵——交易成本势差　判断矩阵一致性比例：0.0000；对总目标的权重：0.1702

交易成本势差	交易费用系数	对外开放程度	W_i
交易费用系数	1.0000	1.1372	0.5321
对外开放程度	0.8794	1.0000	0.4679

表4-9 区域产业转移技术势差评价比对矩阵

0.6. 集结后的判断矩阵——技术势差　判断矩阵一致性比例：0.0000；对总目标的权重：0.1451

技术势差	科研人才比例	R&D投资比例	W_i
科研人才比例	1.0000	1.3307	0.5709
R&D投资比例	0.7515	1.0000	0.4291

4. 求解特征值和特征向量

由于 A 为正倒数矩阵，因此：

$$Aw = \lambda w$$
$$A = (a_{ij})_{m \times n}, w = (w_1, w_2, \cdots, w_n)^T \tag{4-8}$$

根据矩阵理论，λ 是矩阵 A 的特征值，而 w 为矩阵 A 的特征向量（Eigenvector），在层次分析法中又称优先向量，代表各要素间的相对权数，当矩阵 A 具有一致性时，其最大特征值 λ_{max} 为 n，其余特征值均为零。在主观的比对过程中有稍许误差存在，虽然最大特征值亦将有微量变动，但只要矩阵 A 的一致性不差，则其最大特征值仍会趋近于 n。至于误差在什么范围之内可以不影响结果的正确性，则须由一致性指标及一致性比例加以检验。

5. 一致性检验

在进行成偶评估比对时，如果专家对于评估指标间的重要性认识无法完全一致，会影响分析的正确性。因此必须检验误差大小，视其是否在可忍受的误差范围内，才不会影响决策的优先结果。Satty 将最大特征值 λ_{max} 与 n 之间的差异值转化为一致性指标，以用来评价一致性的高低，作为是否接受比对矩阵的参考。其数学式为：

$$C.I. = (\lambda_{max} - n) / (n-1) \tag{4-9}$$

此外，随机产生的正倒值矩阵的一致性指标称为随机指标 R.I.（Random Index），而 R.I. 值随着矩阵阶数增加而增加，Satty 将阶数（N）与其相对应的随机指标 R.I. 用表 4-10 说明如下。

表4-10　N阶正倒值矩阵的随机指标值

(N)	1	2	3	4	5	6	7	8
R.I.	0.00	0.00	0.52	0.89	1.12	1.26	1.36	1.41
(N)	9	10	11	12	13	14	15	—
R.I.	1.46	1.49	1.52	1.54	1.56	1.58	1.59	—

注：表中 R.I. 值系以1000个样本所取得的平均值。

利用上述一致性指标及随机指标，便可求得比对矩阵的一致性比例，即

$$C.R. = C.I./R.I. \quad (4-10)$$

一致性比例在0.1以下是合理的，若超过此水平，则需要重新修正评估以改善一致性比例。从表4-5至表4-9可以看出：

$$C.R.^B < 0.1 \quad (4-11)$$

且

$$C.R._i^C < 0.1 \quad i = 1, 2, \cdots, 5 \quad (4-12)$$

满足一致性要求，从而可以计算C层次对A层次的合成权重（$w_i^{(C \to A)}$，$i = 1, 2, \cdots 13$），AHP专业软件（Yaahp 0.5.2）计算合成权重结果如表4-11所示。

表4-11　C层对A层的合成权重表

备选方案	权重
地区人均GDP	0.0417
地区GDP增长率	0.0313
人均可支配收入	0.0366
产业发展水平	0.0892
制造业聚集指数	0.0687
地区制造业平均集中率	0.0674
劳动力价格	0.1506
工业用电价格	0.0953
土地购置成本	0.1039
交易费用系数	0.0906
对外开放程度	0.0797
科研人才比例	0.0828
R&D投资比例	0.0622

注：合成权重的计算方法见附录B。

上一步骤是针对单一比对矩阵一致性程度的衡量,对于整体层次的一致性,亦应给以评价:

同样需要在 C. R. H. < 0.1 时,整个层次的一致性达到可接受的水平。

计算 C 层次对 A 层次整体一致性:

$$C.R.^C = (C.R._1^C, C.R._2^C, C.R._3^C, C.R._4^C, C.R._5^C) \times w^{(B \to A)}$$
$$= (0.0002, 0.0001, 0.0008, 0.0000, 0.0000) \times (0.1096, 0.2253,$$
$$0.3498, 0.1702, 0.1451)^T$$
$$= 0.00032429 < 0.1$$

满足整体一致性要求,因此,表 4-11 为在递阶层次结构具有整体满意的一致性下各指标的相对重要性权重。将指标由大到小排列,可得表 4-12。

表 4-12 C 层对 A 层的合成权重排序

备选方案	权重	排序
劳动力价格(C7)	0.1506	1
土地购置成本(C9)	0.1039	2
工业用电价格(C8)	0.0953	3
交易费用系数(C10)	0.0906	4
产业发展水平(C4)	0.0892	5
科研人才比例(C12)	0.0828	6
对外开放程度(C11)	0.0797	7
制造业聚集指数(C5)	0.0687	8
地区制造业平均集中率(C6)	0.0674	9
R&D 投资比例(C13)	0.0622	10
地区人均 GDP(C1)	0.0417	11
人均可支配收入(C3)	0.0366	12
地区 GDP 增长率(C2)	0.0313	13

根据"二八定律"[①] 将排名前 20% 的关键二级指标列出来单独考虑,即排名前三($15 \times 20\% \approx 3$)位的指标。产业转移发生势差评价指标体系二级指标排名前三位的指标分别是劳动力价格(C7)、土地购置成本(C9)、工业用电价格(C8),前三指标全为成本势差中的指标,说明成本势差在整个发生势差中所占的

---

① 巴莱多定律(也叫"二八定律")是 19 世纪末 20 世纪初意大利经济学家巴莱多发现的。他认为,在任何一组东西中,最重要的只占其中一小部分,约 20%,其余 80% 尽管是多数,却是次要的,因此又称二八定律。生活中普遍存在"二八定律"。

比重是比较高的。同时也说明在本书建立的评价指标体系中,这三个指标对产业转移发生势差的影响最大,因而要调控产业转移势差,其决策或调控时必须要尽可能根据这三个指标的水平来进行综合考虑。特别要注意,在上述三个指标中,(C7)、(C9)和(C8)的权重分别为0.1506、0.1039和0.0953,远远超过其他指标,说明这三个指标在产业转移势差的考察中尤为重要,要给予特别关注。

表4-13列出了整个产业转移发生势差综合评价指标体系的各级指标的权重。

表4-13 产业转移发生势差综合评价指标赋权值

一级指标	代号	权重小计	二级指标	代号	权重
经济势差	B1	0.1096	地区人均GDP	C1	0.0417
			地区GDP增长率	C2	0.0313
			人均可支配收入	C3	0.0366
产业势差	B2	0.2253	产业发展水平	C4	0.0892
			制造业聚集指数(区位熵)	C5	0.0687
			地区制造业平均集中率	C6	0.0674
成本势差	B3	0.3498	劳动力价格	C7	0.1506
			工业用电价格	C8	0.0953
			土地购置成本	C9	0.1039
交易成本势差	B4	0.1702	交易费用系数	C10	0.0906
			制度势差:对外开放程度	C11	0.0797
技术势差	B5	0.1451	科研人才比例	C12	0.0828
			R&D投资比例	C13	0.0622

五、本章小结

本章尝试将产业转移发生中的推拉力进行量化研究,基于发生势差理论依据和假定前提,采用综合评价方法将产业转移中的推拉力量化为产业发展势差;基于层次性和关联性原则、独立性和互补性原则、可比性和可量化性原则与简明性和可得性原则设计综合评价指标体系;基于产业转移的影响因素遴选了经济势差、产业势差、成本势差、交易成本势差和技术势差五大子指标和13个基础指标;采用层次分析法(AHP)对各指标进行权重赋值。

第五章　区域产业转移的实证研究

——基于发生机制的视角

第三章理论上阐述了区域产业转移的发生机制，第四章构建发生势差综合评价指标体系，而本书最重要的一个目标则是基于区域产业转移发生机制的分析，尝试将产业转移的发生势差进行量化研究，以判断各区域产业转移的倾向。因此，如何合理、客观地评价区域产业转移发生势差是本章将要解决的主要问题。首先，采用基础数据分析了国内东、中、西部产业转移发展态势；其次，将基于国内28个省（市、区）域的制造业的数据，采用所提出的区域产业转移发生势差度量方法，对国内东部10个发达省市[①]至18个欠发达省市的产业转移发生势差进行综合评价与结果分析；最后，以江西承接陶瓷产业转移为例，对国内东、中部产业转移具体案例进行分析。

一、国内东、中、西部区域产业转移发展态势分析

我国东、中、西部区域近些年在产业转移上有了较大规模的变化，然而想要全面地反映国内所有区域进行产业转移的状况却是比较困难的。这个产业转移包括了企业的实际迁移，也包括了厂商向外地投资新建企业的迁移，还包括了向外地分子机构增加投资力度的内部资金转移，甚至还包括了发达地区原来从事某制造业的企业资金在原地其他行业的投资。而欠发达地区原来从事其他行业的资金转投至制造

---

① 本书将全国28个省市和地区按东、中、西部的发达地区与欠发达地区进行划分。东部10省市为北京、天津、河北、上海、江苏、浙江、福建、山东、广东、海南。中部6省为河南、江西、湖北、湖南、山西、安徽。西部12省为内蒙古、广西、重庆、四川、贵州、云南、西藏、陕西、甘肃、青海、宁夏、新疆。之所以未将东北三省纳入这个分析，主要是因为对于东北三省属于发达区域还是欠发达区域未能进行一个明确的界定。

业，因此造成事实上的产业转移而资金却并未在省际之间转移，这样一些国内产业转移的项目和实际资金的流入和流出的数据，在国内的相关官方统计数据中并无完整可靠的资料（《中国统计年鉴》中仅有外资这一项数据），仅仅是可以通过了解各地的商务厅签约的项目数量和签约资金来大致观察，然此数据一是不容易获得，二是各类签约的项目在执行上又大打折扣，数据因此相当的不完善和不系统。

本书根据某些指标在各区域之间的变化来大致判断事实上发生的产业转移的状况。选择了各区域工业产业比重的变化、东中西部区域投资增长格局的变化、制造业地区平均集中率的变化三个指标来观察整个国内各地区之间产业转移的发展态势。尽管省际之间的转移项目近些年在如火如荼地进行，却由于2008年金融危机的影响而使很多项目一直处在建设当中，未按期注入资金或顺利开产，以至于以上三个指标的数据也未能很好地体现出产业转移的整体情况。然而，本书利用这几个指标的数据却足以说明区域产业转移这一大趋势，以辅证下一节的产业转移的实证研究，在一定程度上可以作为实际迁移的数据来证明各地产业转移势差的结论。

（一）东、中、西部区域工业产业比重变化趋势明显

东部地区的制造业及各主要行业从业人数的比重都在50%左右，占据了半壁江山。个别行业的比重达到百分之八九十，占领了绝大部分市场，如纺织服装业、金属制品业、电气机械、通信设备、食品仪表、办公用机械制造业等都超过了80%，通信设备、计算机甚至达到了90%以上。唯有黑色金属和有色金属这两个行业的比重是低于50%的，这与原材料产地有直接的关系，因为大部分的稀有金属都盛产在中西部地区。从增幅看，大部分行业均是在1990~2000年呈现稳步上升的趋势，在2000~2005年的平均增幅达到最高水平，而2005~2008年增幅有所降低，甚至有个别行业出现了负增长的现象，如农副食品加工业、纺织服装业、金属制品业和通信设备制造业。其中金属制品业的最高平均增幅出现在1994~2005年，随后几年也呈现出调整增长的趋势，增幅有所下降，至2008年与2005年相比，则有所回落，出现了负增长的现象。从以上数据可以观察到制造业的主要产业以2005年为分水岭，之前出现较高增幅的增长趋势，之后尽管大部分行业依然在增长，但增幅明显下降很多，甚至有负增长的现象，可以说明东部地区的主要制造行业在全国的比重在2005年之后有了较大的变化，可以间接地说明东部地区的一些制造业可能已经向外进行了转移或增资扩张转移到了外地（见表5-1）。

中部地区的制造业及各主要行业从业人数的比重都整体较低，在20%上下徘徊。个别行业在10%以内，如通信设备制造业、金属制品业和纺织服装业。从增幅来看，大部分行业均是在1990~2000年呈现逐步下降的趋势，在2000~

表 5-1　东部地区主要年份工业产业的从业人数占全国的比重及增幅

单位：%

产业	1990年	1994年	平均增幅	2000年	平均增幅	2005年	平均增幅	2008年	平均增幅
制造业	46.21	47.93	0.430	51.34	0.568	64.77	2.686	66.27	0.500
农副食品加工业	42.55	41.75	-0.200	46.86	0.852	53.16	1.260	49.67	-1.160
纺织业	55.58	55.75	0.043	60.58	0.805	74.66	2.816	76.79	0.710
纺织服装、鞋、帽制造业	—	69.91	—	—	—	88.81	1.890	86.20	-0.870
化学原料及化学制品制造业	41.65	42.19	0.135	44.26	0.345	50.56	1.260	51.94	0.460
非金属矿物制品业	41.45	43.15	0.425	44.03	0.147	50.74	1.342	51.54	0.267
黑色金属冶炼及压延加工业	31.92	34.82	0.725	33.63	-0.198	41.90	1.654	46.19	1.430
有色金属冶炼及压延加工业	—	27.00	—	24.43	-0.428	33.32	1.778	36.06	0.913
金属制品业	50.93	51.32	0.098	71.34	3.337	82.22	2.176	80.22	-0.670
通用设备制造业	—	45.25	—	54.48	1.538	67.93	2.690	68.45	0.173
专用设备制造业	—	47.00	—	49.94	0.490	58.86	1.784	62.67	1.270
交通运输设备制造业	34.93	39.97	1.260	40.41	0.073	50.73	2.064	55.25	1.507
电气机械及器材制造业	51.70	50.81	-0.223	67.48	2.778	82.32	2.968	82.34	0.007
通信设备、计算机及其他电子设备制造业	61.36	64.73	0.843	77.83	2.183	90.02	2.438	89.70	-0.110
仪器仪表及文化、办公用机械制造业	49.13	56.15	1.755	63.98	1.305	80.97	3.398	80.99	0.007

注：1990年的数据为年末职工人数的数据计算而得；1994年的数据为全部职工年平均人数的数据计算而得；以上数据均来自各年度《中国工业经济统计年鉴》资料。

2005年的平均降幅达到最高水平，而在2005~2008年部分行业出现降幅趋缓的态势，甚至有大部分行业还出现了增幅现象。从以上数据可以观察到中部地区制造业的主要产业也以2005年为分水岭，之前出现较大降幅的下降趋势，之后尽管部分行业依然在下降，但降幅明显低了很多，甚至大部分行业开始出现增长的现象，可以说明中部地区的主要制造行业在全国的比重在2005年之后有了较大的变化,亦可以间接地说明中部地区可能已经承接了来自东部地区的转移产业(见表5-2)。

表5-2 中部地区主要年份工业产业的从业人数占全国的比重及增幅

单位:%

产业	1990年	1994年	平均增幅	2000年	平均增幅	2005年	平均增幅	2008年	平均增幅
制造业	21.98	21.89	-0.023	21.53	-0.060	16.09	-1.09	15.71	-0.130
农副食品加工业	20.55	22.60	0.513	23.73	0.188	19.72	-0.80	20.52	0.267
纺织业	22.23	22.00	-0.058	21.42	-0.097	15.02	-1.28	14.25	-0.260
纺织服装、鞋、帽制造业	—	12.80	—	—	—	6.65	-0.62	8.08	0.477
化学原料及化学制品制造业	24.82	25.13	0.077	24.23	-0.150	22.72	-0.30	22.75	0.010
非金属矿物制品业	27.85	27.09	-0.190	27.87	0.130	24.64	-0.65	24.58	-0.020
黑色金属冶炼及压延加工业	23.74	23.38	-0.090	25.43	0.342	23.91	-0.30	22.83	-0.360
有色金属冶炼及压延加工业	—	26.63	—	31.96	0.888	28.61	-0.67	30.06	0.483
金属制品业	18.03	17.83	-0.050	12.90	-0.822	8.45	-0.89	9.40	0.317
通用设备制造业		22.18		19.46	-0.453	14.57	-0.98	12.94	-0.540
专用设备制造业		24.20		23.69	-0.085	18.60	-1.02	17.32	-0.430
交通运输设备制造业	22.98	24.48	0.375	22.26	-0.370	17.08	-1.04	16.59	-0.160
电气机械及器材制造业	17.75	15.96	-0.448	13.00	-0.493	8.29	-0.94	9.33	0.347
通信设备、计算机及其他电子设备制造业	12.48	11.44	-0.260	5.99	-0.908	3.35	-0.53	4.68	0.443
仪器仪表及文化、办公用机械制造业	16.38	15.29	-0.273	12.82	-0.412	8.00	-0.96	9.19	0.397

西部地区的制造业及各主要行业从业人数的比重较中部更低,在10%上下徘徊。个别行业呈现较高的比重是黑色金属和有色金属冶炼及压延加工业,是由于西部地区的稀有金属矿产资源丰富。从增幅看,大部分行业均是在1990~2000

年呈现逐步下降的趋势,在 2000~2005 年的平均降幅达到最高水平,而在 2005~2008 年部分行业出现降幅趋缓的态势。从以上数据亦可以反映西部地区制造业在 2005 年前后发生了较大变化,之前出现较大降幅的下降趋势,之后降幅明显低了很多,可以间接地说明西部地区亦可能已经承接了来自东部地区的转移产业(见表 5-3)。

表 5-3 西部地区主要年份工业产业的从业人数占全国的比重及增幅

单位:%

产业	1990年	1994年	平均增幅	2000年	平均增幅	2005年	平均增幅	2008年	平均增幅
制造业	17.41	18.34	0.233	17.03	-0.218	12.49	-0.91	11.46	-0.34
农副食品加工业	22.72	22.59	-0.032	19.39	-0.533	16.58	-0.56	16.49	-0.03
纺织业	14.26	16.34	0.520	12.55	-0.632	7.58	-0.99	6.85	-0.24
纺织服装、鞋、帽制造业	—	—	1.848	—	—	1.22	-0.06	1.70	0.16
化学原料及化学制品制造业	19.95	20.33	0.095	19.90	-0.072	19.75	-0.03	18.30	-0.48
非金属矿物制品业	17.72	19.22	0.375	20.22	0.167	17.95	-0.45	16.65	-0.43
黑色金属冶炼及压延加工业	22.95	23.17	0.055	23.29	0.020	21.16	-0.43	19.44	-0.57
有色金属冶炼及压延加工业	—	36.91	—	35.05	-0.310	32.03	-0.60	28.03	-1.33
金属制品业	15.19	17.61	0.605	9.06	-1.425	5.42	-0.73	5.41	-0.01
通用设备制造业	—	15.75	—	14.20	-0.258	8.86	-1.07	8.35	-0.17
专用设备制造业	—	15.85	—	14.96	-0.148	13.62	-0.27	12.28	-0.45
交通运输设备制造业	22.32	21.64	-0.170	20.97	-0.112	19.43	-0.31	17.44	-0.66
电气机械及器材制造业	14.19	22.44	2.063	11.37	-1.845	5.36	-1.20	4.55	-0.27
通信设备、计算机及其他电子设备制造业	16.45	19.79	0.835	10.94	-1.475	4.65	-1.26	3.98	-0.22
仪器仪表及文化、办公用机械制造业	19.01	17.21	-0.450	15.10	-0.352	7.26	-1.57	6.27	-0.33

(二) 东、中、西部区域投资增长格局的持续变化

近年来，全国固定资产投资增幅逐年回落，这是由于国家坚持加强和改善了宏观调控，抑制了投资需求膨胀，但至 2008 年后全国的投资增幅再次快速上涨，甚至涨幅达到了 4 个百分点。这些年份中国内的东、中、西部三地区投资增长态势亦不尽相同。东部地区占全国的比重从 2004 年的 53.11% 下降到 2009 年的 42.54%，东部地区的投资比重则呈现逐年下降的趋势；与此同时，中西部的全社会固定资产投资比重则逐年上升，其中中部的平均增幅高于西部地区（见表 5-4）。

表 5-4　东、中、西部地区全社会固定资产投资增幅及比重

单位：%

年份	全国		东部地区		中部地区		西部地区	
	增幅	比重	增幅	比重	增幅	比重	增幅	比重
2004	26.83	100	24.51	53.11	32.09	17.78	26.84	19.52
2005	25.96	100	21.89	51.40	28.86	18.19	28.29	19.88
2006	23.91	100	19.75	49.67	29.43	19.00	24.66	20.00
2007	24.84	100	18.74	47.24	32.78	20.20	28.43	20.57
2008	25.85	100	19.82	44.98	32.25	21.23	27.25	20.80
2009	29.95	100	22.91	42.54	35.85	22.20	38.21	22.12

自 2004 年后，东部地区固定资产投资增速持续回落，增幅始终低于全国平均水平且差距不断扩大；中、西部地区投资则保持较快增长，增幅高于东部地区和全国平均水平（见表 5-4）。从各区域投资增长的内部结构看，东部地区投资增幅回落较快主要是受部分投资大省（市）特别是上海、江苏、浙江、山东、广东等投资增幅回落较多的拉动。中部地区投资增幅近年来始终处于高位，各省投资增长普遍较快，近 3 年来增幅均保持在 30% 以上。2009 年，中部地区固定资产投资增长 35.85%，分别高出东部地区和全国平均增幅 12.94 个和 5.9 个百分点。西部地区投资总体上也保持较快增长，但增幅低于中部地区，增幅差距几乎保持在 5 个百分点左右，直至 2009 年增幅首次超过了中部地区，其固定资产投资金额几乎与中部持平。

(三) 东、中、西部地区制造业平均集中率的变化及分析

地区制造业平均集中率是全面衡量该地区各行业在各国的平均占有率。它的范围是 0~1，直接衡量一个地区在全国的平均竞争力，越接近 1，则该地区的制造业平均占有份额越高，制造业越发达。通过该指标的纵向和横向比较，可以大致观察到整个制造业近些年来在整个产业上的变迁。如果制造业地区平均集中率出现了明显增加或降低的趋势，则表明其产业得到了较大的发展或承接了较多的其他地区转移来的企业，这一趋势能较好地反映地理位置上的迁移或者是资金在投资方向上的变化（见图 5-1 和表 5-5）。

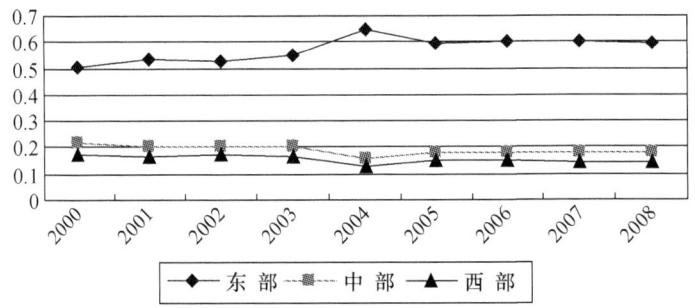

图 5-1　2000~2008 年东、中、西部地区制造业平均集中率趋势

表 5-5　2000~2008 年各地区制造业平均集中率比较

地区	2000 年	2001 年	2002 年	2003 年	2004 年	2005 年	2006 年	2007 年	2008 年
东部	0.5068	0.5349	0.5264	0.5465	0.6477	0.5912	0.5990	0.5986	0.5980
北京	0.0250	0.0253	0.0208	0.0198	0.0192	0.0199	0.0186	0.0172	0.0157
天津	0.0233	0.0238	0.0224	0.0207	0.0193	0.0183	0.0163	0.0156	0.0153
河北	0.0464	0.0474	0.0463	0.0456	0.0377	0.0420	0.0417	0.0397	0.0379
上海	0.0429	0.0429	0.0398	0.0408	0.0445	0.0395	0.0378	0.0368	0.0350
江苏	0.0963	0.0986	0.1020	0.1001	0.1050	0.1042	0.1076	0.1096	0.1273
浙江	0.0575	0.0695	0.0695	0.0775	0.1008	0.0912	0.0945	0.0960	0.0901
福建	0.0219	0.0247	0.0227	0.0279	0.0482	0.0328	0.0350	0.0367	0.0353
山东	0.0973	0.0915	0.1000	0.1024	0.1011	0.1083	0.1087	0.1084	0.1039
广东	0.0940	0.1096	0.1001	0.1093	0.1699	0.1331	0.1370	0.1369	0.1358
海南	0.0022	0.0017	0.0029	0.0022	0.0020	0.0018	0.0018	0.0017	0.0019

续表

地区	2000年	2001年	2002年	2003年	2004年	2005年	2006年	2007年	2008年
中部	0.2175	0.2065	0.2030	0.2000	0.1554	0.1837	0.1789	0.1777	0.1825
河南	0.0641	0.0621	0.0625	0.0581	0.0461	0.0567	0.0532	0.0530	0.0521
江西	0.0205	0.0193	0.0181	0.0185	0.0154	0.0177	0.0183	0.0191	0.0213
湖北	0.0453	0.0420	0.0430	0.0384	0.0258	0.0315	0.0299	0.0286	0.0302
湖南	0.0321	0.0306	0.0307	0.0314	0.0240	0.0276	0.0278	0.0296	0.0320
山西	0.0273	0.0249	0.0262	0.0305	0.0227	0.0288	0.0276	0.0264	0.0236
安徽	0.0281	0.0276	0.0225	0.0250	0.0214	0.0215	0.0220	0.0230	0.0233
西部	0.1752	0.1667	0.1755	0.1673	0.1262	0.1505	0.1477	0.1455	0.1454
内蒙古	0.0109	0.0100	0.0131	0.0126	0.0098	0.0122	0.0126	0.0120	0.0116
广西	0.0182	0.0156	0.0174	0.0160	0.0136	0.0146	0.0139	0.0144	0.0139
重庆	0.0163	0.0170	0.0160	0.0156	0.0119	0.0144	0.0140	0.0147	0.0155
四川	0.0380	0.0366	0.0379	0.0378	0.0281	0.0334	0.0339	0.0345	0.0364
贵州	0.0159	0.0156	0.0165	0.0154	0.0111	0.0127	0.0115	0.0107	0.0109
云南	0.0183	0.0171	0.0189	0.0186	0.0137	0.0181	0.0183	0.0186	0.0175
西藏	0.0003	0.0003	0.0072	0.0003	0.0003	0.0002	0.0002	0.0002	0.0001
陕西	0.0247	0.0234	0.0198	0.0216	0.0160	0.0183	0.0181	0.0172	0.0167
甘肃	0.0186	0.0181	0.0149	0.0167	0.0117	0.0150	0.0147	0.0128	0.0116
青海	0.0024	0.0021	0.0025	0.0020	0.0014	0.0017	0.0016	0.0017	0.0017
宁夏	0.0042	0.0047	0.0050	0.0044	0.0035	0.0042	0.0037	0.0037	0.0033
新疆	0.0073	0.0064	0.0064	0.0063	0.0051	0.0057	0.0052	0.0063	0.0061

注：以上数据均来自各年度《中国工业经济统计年鉴》资料，其中2004年的数据来经济普查数据。

地区制造业平均集中率的计算公式如下：

$$v_i = \frac{\sum_k (v_i^k)}{k} \quad \text{其中}, v_i^k = \frac{E_i^k}{\sum_i E_i^k} \qquad (5-1)$$

从表5-5的数据可以看出，各地区制造业平均集中率在2004年前后有巨大变化，东部地区则在2004年迅猛上升了近10个百分点，在次年又快速回落了5个百分点，而中、西部地区则是迅速下降了近5个百分点，在次年又回升了将近3个百分点，这不仅与2004年开始进行大规模的产业转移有关，同时也与2004年数据来自经济普查数据有较大关系，此数据与相连的几年数据有较大的变化，由于经济普查数据与工业经济统计年鉴的统计口径不完全一样，连贯性不强。即使采用差值法代替2004年的数据，也不难得出在2004年前后，东、中、西部地区的制造业地区平均集中率发生了较大的变化。在2004年之前，东部地区呈现缓慢增长的趋势，在2004年达到了一个较高的极值，自2005年之后则出现了很长一段时间的停滞状态。而中西部地区则是在2004年达到一个较低的极值，然后自2005年后也进入了一个微小变化的徘徊阶段。从以上数据可以得出一个结论，自2004年以后，改变了原来东部地区制造业平均集中率这一指标缓慢上升的趋势，也改变了中西部地区逐渐下降的趋势，出现了新的转折点。

基于以上国内区域产业转移发展态势的分析，由东部沿海向中西部地区进行产业转移已经是大势所趋。在这样的国内宏观大背景下，对区域产业转移的研究已经提上了日程，尤其是对区域产业转移的量化研究显得尤为重要。产业转移的趋势尽管可以通过以上一些指标在一定程度上观察出产业转移的发展，但如何更好地量化这一产业转移的趋势，如何用产业转移自己的指标和数据来表达这一转移的态势，这正是接下来要解决的问题。即通过区域产业转移发生势差这一指标的量化分析对全国各区域进行综合评价，以便更加直观而准确地判断产业转移发生的可能性，同时亦可对以上产业转移发生机制理论进行实证检验。

二、区域产业转移转出区产业发展势能综合评价

（一）数据处理

伴随着中国经济的高速发展，中国的制造业取得了举世瞩目的成绩，而各国各地的经济竞争主要也是制造业的竞争。看中国的工业发展也主要集中在制造业的发展上，"中国制造"将意味着中国承接国际产业转移时期的到来。与此同时，在进行产业转移时，其先遣部队也往往是制造业，尤其是劳动密集型产业的转移更是代表了世界产业转移和国内产业转移的趋势。基于以上的现实背景，本书选择了劳动密集型制造业作为产业转移的研究对象，因此本章采用的数据就是国内制造业的数据。

目前，国内现阶段承接转移的主要产业大都集中在工业，尤其是劳动密集型产业，本书以国内各省、市、自治区的制造业数据为例，将全国各发达地区与欠发达地区的产业转移发生势差作为研究对象进行综合评价分析。在本书中采用以

地区（省、自治区、直辖市）为基本评价单位基于以下原因：①省、自治区、直辖市有较好的统计资料。②省、自治区、直辖市是基本的行政管理单位，在资源控制、经济政策、产业政策上都是以省、自治区、直辖市为单位制定，产业转移由于以上多种因素而受到很大的影响，基于这种基本评价单位的研究结果更有学术价值。③通过产业转移发生势差的评价，可以更好地从省域经济的角度来促进和保障区域产业转移的顺利进行。

为确保各地区数据的可比性和研究的延续性，本书主要从各类官方统计年鉴中收集全国28个省市地区2000~2008年的相关数据，对于个别年份不能直接获取的数据则用相应的官方数据替代（如2000年与2004年工业用电数据是来自中国资讯行相应年度的《中国36个大中城市主要生产资料市场平均价格统计》中普通工业用电的价格），个别年份缺少的数据将参考相关资料，并根据经验事实进行了修正。① 限于篇幅的影响，这里只列出了2008年的原始数据，其他年份详细数据请见附录C②。

由于直接获取的指标数据的单位和量纲不同，为了使数据间具有可比性，有必要对指标数据进行标准化处理。采用极差标准化法进行标准化处理，由于只是比较各势差的大小，在标准化时不考虑是正向还是负向指标，统一采用正相关指标的标准化方法，计算公式如下：

$$X_{ij} = \frac{K_{ij} - K_{ijmin}}{K_{ijmax} - K_{ijmin}} \qquad (5-2)$$

其中，X_{ij}为标准化后的数值；K_{ij}为该指标的原始数值；K_{ijmin}与K_{ijmax}分别为该指标的最小值与最大值。将各地区各指标进行标准化以后，分别乘以各指标的权重可以得到各转出区域二级指标的势能值，最后再加总所有的数值就得到各转出区域产业发展势能的综合评价值。

本章所用综合评价分析中发生势差指标的权重具体见第四章中的表4-13的综合指标赋权值（见表5-6）。

（二）转出区产业发展势能评价结果及分析

根据上述综合评价方法，可以计算出国内东部发达区域10省市的产业发展

---

① 为了动态地反映我国各地区发生势差的变化，除计算2008年的各地发生势差综合数值以外，还计算了2000~2007年的发生势差数值。受篇幅限制，这里未列出所有原始数据。
② 为了动态地反映我国东部各省市产业发展势能的变化，除计算2008年的东部各省市产业发展势能的综合数值以外，还计算了2000~2007年的东部十省市产业发展势能的所有数值。受篇幅限制，这里未列出所有原始数据。

表5-6 东部发达地区10省市的发生势差原始数据（2008年）

地区	地区人均GDP（元）	GDP增长率%	人均可支配收入元	产业发展水平%	制造业聚集指数	制造业地区平均集中率%	职工平均工资元	工业用电价格元/千瓦时	土地购置价格元/平方米	相对交易费用系数%	进出口总额亿美元	地区科技人员数人	地区R&D投资万元
全国	22698	9.0	15781	28.8	1.0000	1.0000	29229	0.5235	1523.53	0.2873	25632	4967480	46160218
北京	63029	9.0	24725	72.1	1.0107	0.0157	56328	0.6502	7760.51	0.5039	2717	419741	5503499
天津	55473	17.0	19423	36.0	2.4890	0.0153	41748	0.5608	1955.93	0.2732	804	123965	1557166
河北	23239	10.0	13441	20.6	0.7629	0.0379	24756	0.4625	901.11	0.2140	384	142628	1091113
上海	73124	9.7	26675	52.9	3.3781	0.0350	56565	0.6799	6758.58	0.3854	3221	224234	3553868
江苏	39622	12.0	18680	31.2	2.5918	0.1273	31667	0.5558	2336.17	0.2760	3923	511670	5809124
浙江	42214	10.0	22727	35.9	2.0597	0.0901	34146	0.5924	3294.99	0.3017	2111	413108	3445714
福建	30123	13.0	17961	28.6	1.3488	0.0353	25702	0.5024	2782.01	0.2762	848	130618	1019288
山东	33083	12.0	16305	23.7	1.5522	0.1039	26404	0.5203	1273.67	0.2268	1584	363503	4337171
广东	37589	10.0	19733	37.4	2.3551	0.1358	33110	0.7062	1912.93	0.3097	6850	527477	5025577
海南	17175	9.8	12608	10.2	0.2662	0.0019	21864	0.6462	257.71	0.2661	45	10509	33479

注：各地区的地区人均GDP，GDP增长率，人均可支配收入，三次产业比重，各地区就业人数、职工平均工资土地购置费用绝对值、进出口总额的数据皆来自国家统计局的历年《中国统计年鉴》。各地各交易部门的交易费用绝对值、进出口总额的数据皆来自国家统计局的历年《中国统计年鉴》。制造业聚集指数中的制造业平均集中率中的各制造业二位数行业的从业人员数则来自的《中国工业经济统计年鉴》中的数据（其中2004年数据没有《中国工业经济统计年鉴》，来自2004年经济普查资料数据）。2008年各地区的工业用电价格来自《2009中国工业用电价格报告系列之电价，2000~2006年工业用电数据来自中国贸讯行相应年度的《中国36个大中城市主要生产资料市场平均价格统计》中分省平均销售电价。地区科技人员数与地区R&D投资数据来自历年《中国科技统计年鉴》数据。

势能的综合评分。通过东部发达区域的产业发展势能的综合评分，可以大致反映东部发达区域产业转出发生的一种态势。表5-7为2000~2008年东部10省市产业发展势能综合评分及排名情况。

表5-7 2000~2008年东部10省市产业发展势能综合评分及排名情况

地区	2008年		2007年		2006年		2005年		2004年	
	评分	排名	评分	排名	评分	排名	评分	排名	评分	排名
北京	0.892235	1	0.846830	1	0.828051	1	0.853454	1	0.777705	2
上海	0.826136	2	0.798948	2	0.806681	2	0.787547	2	0.828678	1
广东	0.536581	3	0.540295	3	0.569339	3	0.562349	3	0.553682	3
天津	0.493904	4	0.460596	4	0.484278	5	0.502117	4	0.505600	4
浙江	0.446597	5	0.443721	5	0.528750	4	0.448819	5	0.466234	5
江苏	0.441854	6	0.409001	6	0.462098	6	0.433252	6	0.438694	6
福建	0.267335	7	0.249015	7	0.309064	7	0.270757	7	0.314230	7
山东	0.258873	8	0.229247	8	0.233699	8	0.229470	8	0.217182	8
海南	0.127064	9	0.120301	9	0.122161	9	0.083394	10	0.113901	9
河北	0.115303	10	0.092620	10	0.103078	10	0.111535	9	0.104841	10
地区	2003年		2002年		2001年		2000年		2000~2008年	
	评分	排名	评分	排名	评分	排名	评分	排名	平均评分	排名
北京	0.808803	1	0.731236	2	0.759816	2	0.759201	2	0.806370	1.44
上海	0.791603	2	0.799135	1	0.810575	1	0.808241	1	0.806394	1.56
广东	0.629887	3	0.618552	3	0.585554	3	0.607599	3	0.578204	3.00
天津	0.465021	4	0.454362	4	0.431788	4	0.422093	4	0.468862	4.11
浙江	0.444618	5	0.408818	5	0.384685	5	0.380885	5	0.439236	4.89
江苏	0.436207	6	0.397085	6	0.376460	6	0.370917	6	0.418396	6.00
福建	0.271134	7	0.247769	7	0.245439	7	0.259555	7	0.270478	7.00
山东	0.243554	8	0.238416	8	0.236961	8	0.247474	8	0.237208	8.00
海南	0.127835	10	0.120751	9	0.145399	9	0.132243	9	0.121450	9.22
河北	0.133355	9	0.118950	10	0.112551	10	0.121801	10	0.112670	9.78

从表5-7中可以得出以下几点结论：

（1）从东部发达地区10省市的产业发展势能看，以北京和上海为首，到了迫切转移的地步，广东也到了转移成必然之势的状态，紧随其后的是浙江与江苏。

(2) 2000~2008年,东部发达地区10省市的产业发展势能的平均排名未有变动,说明发达地区在产业发展势能上的趋势未有较大变化。

(3) 从2000~2008年的历年数据看,个别省份排名在2004年前后有些许变动。北京和上海的排名则在2004年前后有微小变动,2004年以前主要是上海的产业发展势能排第一位,2004年后则一直是北京的产业发展势能排第一位。2002年以前(包括2002年)上海的土地购置价格一直高于北京,位于全国第一,使得其评分提高,因此上海的产业发展势能居第一位。2004年上海的产业发展势能居第一位则是因为上海的相对交易费用系数大大高于北京,其他年份则低于北京或相差不大。总的来说,2004年以前上海的产业发展势能大于北京,2004年后则是北京的产业发展势能大于上海。这也与2000年以后上海陆续将其制造业转出至周边浙江与江苏的事实相符,当转移事实上大规模的发生之后,其产业发展势能势必下降。海南与河北的排名则在2005年与2003年有过两次变化,其他都是海南在河北前面,说明总体海南比河北更具有转出潜力。浙江和天津在2006年也有一次排名的变化,基本上是天津比浙江更有转出潜力。2006年浙江的排名之所以提前是因为那年浙江的土地购置成本突然猛升到全国第一位,甚至高出了北京和上海的土地购置成本。

(三) 转出区产业发展势能评价结果检验

由于加法合成法无法避免主观因素的影响和指标间信息重复的问题,因此,有必要运用其他方法对上述评价结果的准确性、合理性和可靠性进行检验。本书运用主成分分析法再次对2008年东部发达10省市的产业发展势能的数据进行了综合评价。使用SPSS17.0进行主成分分析,得到因子提取结果(见表5-8)。其中第一、二、三主成分的特征值超过了1,累计贡献率达到90.618%,大于85%。在转出区结果检验选择了3个因子,因子附载矩阵如表5-9所示。

表5-8 转出区因子提取结果——解释的总方差

成分	初始特征值			提取平方和载入			旋转平方和载入		
	合计	方差的%	累积%	合计	方差的%	累积%	合计	方差的%	累积%
1	8.643	66.486	66.486	8.643	66.486	66.486	8.266	63.586	63.586
2	1.702	13.095	79.581	1.702	13.095	79.581	1.804	13.877	77.463
3	1.435	11.037	90.618	1.435	11.037	90.618	1.710	13.155	90.618
4	0.610	4.695	95.313						
5	0.399	3.067	98.380						
6	0.116	0.896	99.276						

续表

成分	初始特征值			提取平方和载入			旋转平方和载入		
	合计	方差的%	累积%	合计	方差的%	累积%	合计	方差的%	累积%
7	0.063	0.485	99.760						
8	0.024	0.181	99.941						
9	0.008	0.059	100.000						
10	4.551E−16	3.501E−15	100.000						
11	6.833E−17	5.256E−16	100.000						
12	−1.527E−16	−1.174E−15	100.000						
13	−3.955E−16	−3.042E−15	100.000						

注：提取方法：主成分分析法。

表5−9 旋转后因子附载矩阵

	因子		
	1	2	3
地区人均GDP	0.958	−0.071	0.208
地区GDP增长率	−0.038	−0.940	0.106
人均可支配收入	0.890	0.154	0.320
产业发展水平	0.950	0.206	0.035
制造业聚集指数（区位熵）	0.471	−0.251	0.805
地区制造业平均集中率	−0.256	0.147	0.844
劳动力价格	0.979	0.099	0.050
工业用电价格	0.449	0.632	0.270
土地购置成本	0.919	0.265	−0.046
交易费用系数	0.871	0.437	−0.149
对外开放程度	0.891	0.292	0.262
科研人才比例	0.978	−0.047	−0.092
R&D投资比例	0.923	0.082	−0.118

用主成分分析法的分析结果表明：2008年东部发达地区的产业发展势能结果与加法合成分析结果比较，除天津与河北排名有些微小变化外，二者的排名基本一致，因此，可以认为综合评价结果基本能通过检验，是可置信的评价结果（见表5−10）。

表5-10　加法合成法与因子分析法区域产业转移发展势能结果对比

地区	加法合成法结果	排名	地区	因子分析法结果	排名
北京	0.892235	1	北京	0.769126	1
上海	0.826136	2	上海	0.710769	2
广东	0.536581	3	天津	0.413626	3
天津	0.493904	4	广东	0.40219	4
浙江	0.446597	5	浙江	0.376597	5
江苏	0.441854	6	江苏	0.340485	6
福建	0.267335	7	福建	0.220965	7
山东	0.258873	8	山东	0.195785	8
海南	0.127064	9	河北	0.093046	9
河北	0.115303	10	海南	0.087905	10

三、区域产业转移转入区承接竞争力综合评价

本章根据以上转入影响因素的分析，基于中西部欠发达地区18个省（市、区）的基础数据计算出各欠发达区域承接产业转移的竞争力并且进行比较，以客观地反映国内各欠发达区域之间承接产业转移的潜力状况，从而为区域经济发展的深入研究提供参考，为企业迁移行为选择承接地提供参考基准。

（一）数据处理

本节数据采用了极差标准化法进行标准化处理，由于各指标对承接产业转移竞争力的作用指向是不一样的，因而区分了正逆向指标。除了上面提到的劳动力价格、工业用电价格、土地购置成本、交易费用系数四个成本指标为逆指标外，其余皆为正指标。采用了极值标准化方法进行处理，计算公式如下：

正指标标准化计算公式：

$$X_{ij} = \frac{K_{ij} - K_{ijmin}}{K_{ijmax} - K_{ijmin}} \qquad (5-3)$$

逆指标标准化计算公式：

$$\overline{X}_{ij} = \frac{K_{ijmax} - K_{ij}}{K_{ijmax} - K_{ijmin}} \qquad (5-4)$$

第五章 区域产业转移的实证研究

表5-11 18个中西部省（市、区）的发生势差原始数据（2008年）

地区	地区人均GDP（元）	GDP增长率 %	人均可支配收入 元	产业发展水平 %	制造业聚集指数	制造业地区平均集中率 %	职工平均工资 元	工业用电价格 元/千瓦时	土地购置价格 元/平方米	相对交易费用系数 %	进出口总额 亿美元	地区科技人员数 人	地区R&D投资 万元
全国	22698	9.0	15781	28.8	1.0000	1.0000	29229	0.5235	1523.53	0.2873	25632	4967480	46160218
山西	20398	8.3	13119	29.8	0.7881	0.0236	25828	0.4151	890.66	0.2147	144	133570	625574
内蒙古	32214	17.0	14433	21.6	0.6770	0.0116	26114	0.3378	595.84	0.2081	89	47997	338950
安徽	14485	13.0	12990	21.4	0.4683	0.0233	26363	0.5225	1200.36	0.2432	202	149049	983208
江西	14781	13.0	12866	14.5	0.6870	0.0213	21000	0.5465	735.96	0.2028	136	77340	631468
河南	19593	12.0	13231	14.2	0.5852	0.0521	24816	0.4328	932.40	0.1736	175	206496	1222763
湖北	19860	13.0	13153	24.8	0.8088	0.0302	22739	0.5326	1083.28	0.2661	207	184072	1489859
湖南	17521	13.0	13821	19.8	0.5172	0.0320	24870	0.5145	761.62	0.2420	125	147648	1127040
广西	14966	13.0	14146	17.1	0.3536	0.0139	25660	0.4508	696.64	0.2488	132	67486	328306
重庆	18025	14.0	14368	29.7	0.6531	0.0155	26985	0.5183	1534.70	0.2765	95	87965	601525
四川	15378	9.5	12633	15.9	0.5110	0.0364	25038	0.4829	3097.38	0.2228	221	221582	1602595
贵州	8824	10.0	11759	24.9	0.2141	0.0109	24602	0.3836	577.77	0.2635	34	39387	189298
云南	12587	11.0	13250	21.2	0.2425	0.0175	24030	0.3882	706.97	0.2618	96	63737	309909
西藏	13861	10.0	12482	40.2	0.0543	0.0001	47280	0.5019	585.37	0.3467	8	3549	12285
陕西	18246	16.0	12858	21.9	0.5598	0.0167	25942	0.4310	1648.76	0.2175	83	147667	1432726
甘肃	12110	10.0	10969	24.5	0.4062	0.0116	24017	0.3765	586.81	0.2405	61	54031	318014
青海	17389	13.0	11640	23.0	0.4571	0.0017	30983	0.3115	602.52	0.2173	7	10879	39092
宁夏	17892	12.0	12932	25.3	0.6317	0.0033	30719	0.3887	478.29	0.2387	19	14780	75490
新疆	19893	11.0	11432	17.5	0.4043	0.0061	24687	0.4124	373.82	0.2199	222	34197	160113

注：同表5-6。

其中，X_{ij}为标准化后的数值；K_{ij}为该指标的原始数值；K_{ijmin}与K_{ijmax}分别为该指标的最小值与最大值。将各地区各指标进行标准化以后，分别乘以各指标的权重可以得到各转入区域二级指标的评分结果，最后再加总所有的数值就得到各转入区域承接产业转移竞争力的综合评价值（见表5-11）。

（二）承接区域产业转移竞争力的综合评分结果

根据上述综合评价方法，可以计算出国内各欠发达区域18个省（市、区）的承接产业转移竞争力的综合评分。通过中西部各欠发达区域的承接产业转移竞争力的综合评分，可以大致反映国内中西部地区承接产业转移潜力的态势。表5-12为2000~2008年中西部18个省市承接区域产业转移竞争力的综合评分及排名情况。

表5-12　2000~2008年中西部18个省市承接区域产业转移竞争力综合评分及排名情况

地区	2008年		2007年		2006年		2005年		2004年	
	评分	排名	评分	排名	评分	排名	评分	排名	评分	排名
内蒙古	0.473792	1	0.481781	1	0.451825	2	0.378557	7	0.402557	6
河南	0.426802	2	0.439847	3	0.454251	1	0.421726	3	0.406448	5
山西	0.426029	3	0.453487	2	0.442586	3	0.432603	2	0.483105	1
甘肃	0.414364	4	0.412753	5	0.408744	4	0.414230	4	0.410218	4
陕西	0.402701	5	0.416473	4	0.352572	15	0.383074	6	0.423988	3
青海	0.409338	6	0.406386	6	0.388320	7	0.352466	9	0.386711	8
新疆	0.394306	7	0.401504	7	0.398289	6	0.435846	1	0.439286	2
宁夏	0.391273	8	0.389073	8	0.374984	10	0.332158	13	0.396212	7
云南	0.387281	9	0.379261	11	0.374248	12	0.331209	14	0.361511	11
江西	0.387147	10	0.382330	9	0.407519	5	0.382070	5	0.371102	10
贵州	0.379190	11	0.382279	10	0.374421	11	0.345561	11	0.378966	9
湖北	0.375449	12	0.362732	12	0.379757	8	0.366652	8	0.338523	16
湖南	0.368902	13	0.356954	13	0.378628	9	0.346586	10	0.340252	15
广西	0.363867	14	0.361628	14	0.357782	14	0.344424	12	0.352253	13
安徽	0.338002	15	0.354431	16	0.367648	13	0.321082	15	0.358710	12
重庆	0.330154	16	0.354757	15	0.321713	17	0.282950	17	0.348771	14
四川	0.289377	17	0.300282	17	0.326832	16	0.295038	16	0.248493	17
西藏	0.176359	18	0.158319	18	0.199933	18	0.206257	18	0.205630	18

续表

地区	2003年 评分	排名	2002年 评分	排名	2001年 评分	排名	2000年 评分	排名	2000~2008年 平均评分	排名
内蒙古	0.388713	9	0.286272	17	0.266777	17	0.307409	17	0.381965	8.56
河南	0.406526	7	0.388324	5	0.381471	4	0.358521	8	0.409324	4.22
山西	0.486434	1	0.433042	2	0.377470	5	0.368693	7	0.433717	2.89
甘肃	0.398800	8	0.383295	6	0.371228	7	0.370982	6	0.398290	5.33
陕西	0.406899	6	0.426092	3	0.416527	3	0.386738	5	0.401674	5.56
青海	0.428588	3	0.379038	8	0.371261	6	0.314225	14	0.381815	7.44
新疆	0.447963	2	0.437394	1	0.425443	1	0.396294	4	0.419592	3.33
宁夏	0.422303	4	0.380037	7	0.361376	8	0.346751	9	0.377130	8.22
云南	0.355607	12	0.345895	11	0.330711	12	0.331657	11	0.355264	11.44
江西	0.371371	11	0.345417	12	0.330711	12	0.321804	12	0.366608	9.56
贵州	0.421341	5	0.360604	9	0.353164	9	0.320357	13	0.368431	9.78
湖北	0.372256	10	0.416187	4	0.418897	2	0.440689	1	0.385682	8.11
湖南	0.343821	15	0.348173	10	0.344781	11	0.311568	15	0.348852	12.44
广西	0.304956	16	0.323768	14	0.321802	14	0.393018	4	0.347055	12.67
安徽	0.353059	13	0.341081	13	0.350564	10	0.396968	2	0.353505	12.11
重庆	0.344724	14	0.320401	15	0.309053	15	0.334191	10	0.327413	14.78
四川	0.252149	17	0.299731	16	0.295442	16	0.310617	16	0.290885	16.44
西藏	0.220598	18	0.219623	18	0.242480	18	0.165725	18	0.199436	18.00

从表5-12中可以得出以下几点结论：

（1）各地区的商务成本对地区承接产业转移竞争力的综合评分有较大影响。个别省份在某些年份排名突然前移或后退较大，往往出现在其个别成本突然变化的情况下。如广西2000年排名第4位、贵州2003年排名第5位、陕西2006年排名第15位。这三者的排名异常都源自当年某一成本数据的大幅度变化，如陕西2006年的土地购置价格猛增至全国最高位，广西2000年的工业用电价格突然跌至0.162元/度，为全国最低值，以上均为数据有异导致，本书认为不影响历年整体排名结果。

（2）从2008年中西部欠发达地区18个省（市、区）的承接产业转移的竞争力排名看，内蒙古、河南、山西在承接产业转移的竞争力上比较有优势，主要得益于河南和山西都有比较成熟完善的产业基础配置设施，比较好地具备了承接产业转移的潜力。紧随其后的是甘肃、陕西、青海、新疆、宁夏等地，竞争力优势主要来自其廉价的成本优势。

(3) 从2000~2008年历年中西部欠发达地区18个省（市、区）的承接产业转移的竞争力排名看，以山西、河南、新疆为首，整体上达到了比较完善的承接产业转移的能力，历年的排名都比较靠前，而且也比较稳定。甘肃、陕西、青海、宁夏等地，则主要来自低廉的成本优势。以2000~2008年的平均排名按中西部计算其平均值，中部省份排名平均值为8.22，西部省份排名为10.13，总体上说，中部地区的总体承接产业转移的竞争力强于西部地区。

(4) 2000~2008年，中西部欠发达地区18个省（市、区）的承接产业转移的竞争力总体排名基本上没有太大变动，但个别省份以2004年为界线，整体上排名有了较大幅度的变化，说明某些欠发达地区近些年的经济发展速度有较大变化。

如内蒙古从2004年前的平均15位移到了3.4位，甚至2006~2008年排名位移至第一、二位，排名之所以变化如此之大，在于其较快的GDP增长率和各项成本的低廉。与此相反的是，在2000年左右时，内蒙古的各项成本却在国内属于比较偏高的状态。江西从2004年前的平均11.75位移到了7.8位，甚至若干年排名位移至第5位，排名提前则是由于各项产业基础设施的完善，但到2007年排名又再次下降到第10位，这源于其工业用电成本猛提至全国中西部省份中的首位。甘肃也从2004年前的平均6.75前移至4.2位。同时，也有些省份如湖北和安徽则整体上排名处于下降的态势，湖北从2004年前的平均4.25跌到了11.2位，甚至在2000年和2001年其排名位于第一、二位，排名变化主要也来自于成本的变化，在2000年时，其土地购置成本和相对交易成本都非常低廉，而这一优势到了2008年则消失殆尽。安徽从2004年前的平均9.5跌到了14.2位，甚至在2000年其排名位于第2位，安徽排名变化原因与湖北的类似。

（三）承接区域产业转移竞争力的结果检验

由于加法合成法无法避免主观因素的影响和指标间信息重复的问题，因此，有必要运用其他方法对上述评价结果的准确性、合理性和可靠性进行检验。运用主成分分析法再次对2008年中西部18个省（市、区）的承接区域产业转移竞争力的数据进行了综合评价。使用SPSS17.0进行主成分分析，得到因子提取结果（见表5-13）。其中第一、二、三、四、五主成分的特征值超过了1，累计贡献率达到92.402%，大于85%。本书在转入区选择了5个因子，因子附载矩阵如表5-14所示。

表5-13 转入区因子提取结果——解释的总方差

成分	初始特征值			提取平方和载入			旋转平方和载入		
	合计	方差的%	累积%	合计	方差的%	累积%	合计	方差的%	累积%
1	4.110	31.616	31.616	4.110	31.616	31.616	2.844	21.874	21.874

续表

成分	初始特征值			提取平方和载入			旋转平方和载入		
	合计	方差的%	累积%	合计	方差的%	累积%	合计	方差的%	累积%
2	3.029	23.302	54.918	3.029	23.302	54.918	2.828	21.756	43.630
3	2.316	17.816	72.734	2.316	17.816	72.734	2.672	20.557	64.187
4	1.503	11.562	84.295	1.503	11.562	84.295	1.859	14.298	78.485
5	1.054	8.107	92.402	1.054	8.107	92.402	1.809	13.917	92.402
6	0.599	4.610	97.013						
7	0.209	1.607	98.620						
8	0.122	0.940	99.559						
9	0.057	0.441	100.000						
10	2.459E−16	1.891E−15	100.000						
11	9.408E−17	7.237E−16	100.000						
12	−1.002E−16	−7.707E−16	100.000						
13	−1.614E−16	−1.242E−15	100.000						

注：提取方法：主成分分析法。

表5−14 旋转后因子附载矩阵

	因子				
	1	2	3	4	5
地区人均GDP	0.551	0.559	0.486	−0.154	0.221
地区GDP增长率	0.943	0.051	−0.099	0.048	−0.018
人均可支配收入	0.819	0.197	−0.061	−0.422	−0.194
产业发展水平	0.147	−0.199	0.758	−0.420	−0.378
制造业聚集指数（区位熵）	0.070	0.020	0.916	0.351	0.057
地区制造业平均集中率	−0.421	−0.061	−0.073	0.176	0.810
劳动力价格	−0.103	−0.139	0.009	0.948	0.086
工业用电价格	0.151	0.860	0.168	−0.387	0.138
土地购置成本	0.490	0.486	0.054	0.385	−0.347
交易费用系数	−0.306	0.732	−0.097	0.322	0.429
对外开放程度	−0.452	−0.372	0.110	0.079	−0.754
科研人才比例	−0.320	−0.021	0.924	−0.116	−0.091
R&D投资比例	−0.321	−0.872	0.312	0.068	0.112

运用主成分分析法的分析结果表明：2008年中西部欠发达地区承接区域产业转移竞争力的结果与加法合成分析结果比较，除山西、甘肃变化较大以外，其他省份排名则有些微小变化，二者的排名总体上变化不大。因此，可以认为综合评价结果基本能通过检验，是可置信的评价结果（见表5-15）。

表5-15 加法合成法与因子分析法承接区域产业转移竞争力结果对比

地区	加法合成法结果	排名	地区	因子分析法结果	排名
内蒙古	0.473792	1	内蒙古	0.431971	1
河南	0.426802	2	河南	0.314547	2
山西	0.426029	3	陕西	0.306526	3
甘肃	0.414364	4	江西	0.305845	4
陕西	0.402701	5	青海	0.304264	5
青海	0.409338	6	湖南	0.296906	6
新疆	0.394306	7	湖北	0.296178	7
宁夏	0.391273	8	广西	0.295650	8
云南	0.387281	9	宁夏	0.291844	9
江西	0.387147	10	新疆	0.285627	10
贵州	0.379190	11	重庆	0.268950	11
湖北	0.375449	12	云南	0.267537	12
湖南	0.368902	13	甘肃	0.255116	13
广西	0.363867	14	安徽	0.254139	14
安徽	0.338002	15	贵州	0.245482	15
重庆	0.330154	16	山西	0.244679	16
四川	0.289377	17	四川	0.150711	17
西藏	0.176359	18	西藏	0.129299	18

四、两区域产业转移发生势差的综合评价

（一）数据选取与处理

本节数据，采用了极差标准化法进行标准化处理，由于势差需要用到两区域

势能的差额,因此,转出区与转入区的产业发展势能的指标、权重和评价方法都是一致的,数据选取相同,数据标准化方向同前文中数据标准化方法,具体原始数据如表5-6和表5-11或附表。

区域产业转移发生势差分别由经济势差、产业势差、成本势差、交易成本势差和技术势差构成。其中经济势差、成本势差和交易成本势差为差异指标,该势差越大则越促进产业转移的发生;而产业势差和技术势差则为限制性指标,当转入区的某个该类指标明显低于某个标准时,其产业转移发生将会受到限制,即达不到相应的产业和技术基础,转移存在某些障碍。某些指标则为临界指标,当转出区与转入区的该指标势差值低于某个临界数值时,则会存在转移障碍。

将各地区的各指标进行标准化以后,首先,分别乘以各指标的权重可以得到各转出区域各指标的势能值和各转入区域各指标的势能值。其次,找出所有限制性指标:交易成本势差中的对外开放程度、产业势差中的制造业聚集指数、制造业地区平均集中率、技术势差中的科研人才比例和R&D投资比例,根据上面的限制性指标的数据处理方法进行评分。再次,找出临界指标——产业势差中的产业发展水平,同样采用上面临界指标的数据处理方法进行评分。同时,当某个指标的转出区的势能较小,减去转入区势能后的得分为负值时,直接判定该项指标的势差评分为0分。最后,将所有差异指标、限制性指标和临界指标的各项势差得分加总起来得到总的势差评分,即为综合评分结果。

基于以上的原始数据和数据处理方法,可以得到各年份各发达地区产业发展势能、各欠发达地产业发展势能及各发达区域到各欠发达区域的发生势差的各子势差的评分与综合结果。通过计算2000~2008年国内区域产业转移发生势差的结果,大致判断国内区域产业转移发生的倾向与可能性,通过其势差比较的结果进行梯队划分,确定区域产业转移发生势差的临界值,进行结果分析和检验。

(二) 2000~2008年国内各发达地区产业发展势能评价结果

前文已经列出了转出区产业发展势能的综合评价结果及排名,本节将详细列出各转出区的具体势能及其子势差的评分,以为下面各发达地区至各欠发达地区发生势差的实证分析做基础。根据第四章中发生势差的13个二级指标,利用已确定的权数和标准数据,通过加权合成法对各指标进行综合评价,可以获得经济势差、产业势差、成本势差、交易成本势差和技术势差各子系统指标评分和各区域产业发展势能的综合评分结果,如表5-16~表5-19所示。限于篇幅的影响,这里只列出了四年的原始数据,其他年份评分结果请见附录C。

表 5-16　2000 年东部 10 省市产业发展势能综合评分结果

地区	经济势能评分	产业势能评分	成本势能评分	交易成本势能评分	技术势能评分	产业发展势能综合评分	排名
北京	0.0862	0.1358	0.2230	0.2227	0.1450	0.8126	2
天津	0.0671	0.1311	0.1331	0.1138	0.0478	0.4929	4
河北	0.0303	0.0652	0.0775	0.0179	0.0067	0.1976	9
上海	0.1075	0.1771	0.3260	0.1554	0.0700	0.8360	1
江苏	0.0509	0.1359	0.1543	0.0615	0.0213	0.4239	6
浙江	0.0693	0.1166	0.1811	0.0557	0.0104	0.4330	5
福建	0.0447	0.0763	0.1222	0.0679	0.0086	0.3196	7
山东	0.0453	0.1176	0.0974	0.0398	0.0117	0.3117	8
广东	0.0694	0.1534	0.2350	0.1487	0.0185	0.6251	3
海南	0.0219	0.0042	0.0994	0.0610	0.0001	0.1866	10

表 5-17　2004 年东部 10 省市产业发展势能综合评分结果

地区	经济势能评分	产业势能评分	成本势能评分	交易成本势能评分	技术势能评分	产业发展势能综合评分	排名
北京	0.0790	0.1210	0.2984	0.1693	0.1450	0.8127	2
天津	0.0580	0.1264	0.1606	0.1457	0.0664	0.5571	4
河北	0.0177	0.0490	0.0691	0.0342	0.0092	0.1793	9
上海	0.0890	0.1575	0.2959	0.2214	0.0753	0.8390	1
江苏	0.0410	0.1194	0.1608	0.1218	0.0350	0.4779	6
浙江	0.0602	0.1290	0.2096	0.1000	0.0239	0.5228	5
福建	0.0307	0.0861	0.1154	0.1129	0.0155	0.3606	7
山东	0.0350	0.0939	0.0775	0.0610	0.0205	0.2878	8
广东	0.0556	0.1586	0.1962	0.1490	0.0256	0.5850	3
海南	0.0074	0.0038	0.0743	0.0832	0.0016	0.1703	10

表 5-18　2007 年东部 10 省市产业发展势能综合评分结果

地区	经济势能评分	产业势能评分	成本势能评分	交易成本势能评分	技术势能评分	产业发展势能综合评分	排名
北京	0.0732	0.1192	0.2749	0.2157	0.1450	0.8279	2
天津	0.0582	0.1048	0.1398	0.1164	0.0832	0.5023	4
河北	0.0163	0.0486	0.0534	0.0214	0.0105	0.1502	10

续表

地区	经济势能评分	产业势能评分	成本势能评分	交易成本势能评分	技术势能评分	产业发展势能综合评分	排名
上海	0.0878	0.1473	0.3394	0.1975	0.0861	0.8581	1
江苏	0.0483	0.1272	0.1236	0.1075	0.0386	0.4452	6
浙江	0.0611	0.1263	0.1645	0.0898	0.0345	0.4763	5
福建	0.0417	0.0720	0.0908	0.0770	0.0176	0.2992	7
山东	0.0356	0.1025	0.0767	0.0410	0.0229	0.2788	8
广东	0.0504	0.1532	0.1602	0.1610	0.0294	0.5542	3
海南	0.0198	0.0043	0.0850	0.0411	0.0011	0.1514	9

表5-19　2008年东部10省市产业发展势能综合评分结果

地区	经济势能评分	产业势能评分	成本势能评分	交易成本势能评分	技术势能评分	产业发展势能综合评分	排名
北京	0.0697	0.1167	0.3353	0.2340	0.1450	0.9006	1
天津	0.0788	0.0950	0.1716	0.0974	0.0833	0.5260	4
河北	0.0214	0.0484	0.0613	0.0242	0.0108	0.1662	9
上海	0.0832	0.1475	0.3296	0.1882	0.0860	0.8346	2
江苏	0.0520	0.1459	0.1329	0.0997	0.0451	0.4757	5
浙江	0.0554	0.1232	0.1655	0.0895	0.0401	0.4737	6
福建	0.0466	0.0707	0.1010	0.0715	0.0199	0.3098	7
山东	0.0415	0.1019	0.0874	0.0428	0.0268	0.3005	8
广东	0.0454	0.1542	0.1695	0.1435	0.0339	0.5465	3
海南	0.0145	0.0052	0.0845	0.0425	0.0020	0.1488	10

（三）2000～2008年国内各欠发达地区产业发展势能评价结果

前文中已经列出了转入区承接竞争力的综合评价结果及排名，本节将详细列出将各转入区的具体产业发展势能及其子势差评分，以为下面各发达地区至各欠发达地区发生势差的实证研究做准备。同样，依据发生势差的13个二级指标，利用已确定的权数和标准数据，通过加权合成法可以分别获得各转入区的经济势差、产业势差、成本势差、交易成本势差和技术势差各子系统指标评分和各区域产业发展势能的综合评分结果，如表5-20～表5-23所示。

表5-20 2000年中西部18个省（市、区）产业发展势能综合评分结果

地区	经济势能评分	产业势能评分	成本势能评分	交易成本势能评分	技术势能评分	产业发展势能综合评分	排名
河南	0.0225	0.0568	0.0637	0.0000	0.0056	0.1486	4
江西	0.0118	0.0417	0.0627	0.0377	0.0056	0.1595	10
湖北	0.0273	0.0675	0.0491	0.0206	0.0175	0.1819	12
湖南	0.0266	0.0514	0.0825	0.0309	0.0065	0.1980	15
山西	0.0085	0.0733	0.0323	0.0317	0.0121	0.1579	9
安徽	0.0150	0.0322	0.0275	0.0183	0.0077	0.1007	2
内蒙古	0.0266	0.0257	0.0640	0.0186	0.0050	0.1400	7
广西	0.0092	0.0279	0.0171	0.0264	0.0031	0.0837	1
重庆	0.0223	0.0510	0.0603	0.0411	0.0095	0.1842	14
四川	0.0239	0.0420	0.0786	0.0172	0.0147	0.1764	11
贵州	0.0144	0.0170	0.0564	0.0142	0.0026	0.1046	3
云南	0.0110	0.0288	0.0674	0.0187	0.0033	0.1292	5
西藏	0.0349	0.0188	0.1513	0.0635	0.0018	0.2704	18
陕西	0.0198	0.0561	0.0643	0.0242	0.0435	0.2079	17
甘肃	0.0153	0.0399	0.0563	0.0206	0.0145	0.1465	8
青海	0.0202	0.0475	0.0651	0.0397	0.0090	0.1815	16
宁夏	0.0249	0.0406	0.0536	0.0275	0.0101	0.1568	13
新疆	0.0199	0.0289	0.0493	0.0225	0.0053	0.1258	6

表5-21 2004年中西部18个省（市、区）产业发展势能综合评分结果

地区	经济势能评分	产业势能评分	成本势能评分	交易成本势能评分	技术势能评分	产业发展势能综合评分	排名
河南	0.0156	0.0403	0.0500	0.0175	0.0071	0.1304	5
江西	0.0127	0.0307	0.0545	0.0373	0.0102	0.1455	9
湖北	0.0097	0.0499	0.0690	0.0662	0.0216	0.2164	16
湖南	0.0138	0.0428	0.0752	0.0504	0.0100	0.1921	14
山西	0.0228	0.0585	0.0270	0.0031	0.0186	0.1300	4
安徽	0.0122	0.0356	0.0530	0.0465	0.0106	0.1579	10
内蒙古	0.0432	0.0312	0.0945	0.0042	0.0064	0.1795	13
广西	0.0118	0.0253	0.0618	0.0418	0.0037	0.1442	8
重庆	0.0166	0.0462	0.0749	0.0518	0.0152	0.2048	15

续表

地区	经济势能评分	产业势能评分	成本势能评分	交易成本势能评分	技术势能评分	产业发展势能综合评分	排名
四川	0.0110	0.0395	0.1174	0.0525	0.0196	0.2400	17
贵州	0.0026	0.0242	0.0353	0.0226	0.0043	0.0889	1
云南	0.0109	0.0277	0.0580	0.0330	0.0045	0.1342	6
西藏	0.0153	0.0472	0.1996	0.0897	0.0015	0.3534	18
陕西	0.0121	0.0485	0.0468	0.0224	0.0448	0.1746	12
甘肃	0.0052	0.0321	0.0254	0.0276	0.0149	0.1052	3
青海	0.0096	0.0444	0.0558	0.0406	0.0110	0.1614	11
宁夏	0.0063	0.0398	0.0664	0.0132	0.0102	0.1359	7
新疆	0.0102	0.0258	0.0216	0.0337	0.0064	0.0977	2

表5-22 2007年中西部18个省（市、区）产业发展势能综合评分结果

地区	经济势能评分	产业势能评分	成本势能评分	交易成本势能评分	技术势能评分	产业发展势能综合评分	排名
河南	0.0212	0.0424	0.0457	0.0003	0.0095	0.1191	7
江西	0.0115	0.0261	0.0540	0.0106	0.0120	0.1141	6
湖北	0.0209	0.0508	0.0644	0.0300	0.0230	0.1891	16
湖南	0.0219	0.0394	0.0678	0.0210	0.0118	0.1619	14
山西	0.0212	0.0588	0.0431	0.0150	0.0236	0.1617	13
安徽	0.0152	0.0358	0.0683	0.0246	0.0127	0.1566	11
内蒙古	0.0506	0.0365	0.0228	0.0129	0.0075	0.1304	9
广西	0.0230	0.0223	0.0539	0.0229	0.0037	0.1258	8
重庆	0.0278	0.0474	0.0723	0.0325	0.0183	0.1982	17
四川	0.0162	0.0342	0.0792	0.0163	0.0198	0.1657	15
贵州	0.0086	0.0299	0.0277	0.0245	0.0036	0.0943	1
云南	0.0079	0.0283	0.0314	0.0259	0.0053	0.0988	4
西藏	0.0148	0.0418	0.1985	0.0396	0.0015	0.2962	18
陕西	0.0183	0.0380	0.0506	0.0148	0.0387	0.1604	12
甘肃	0.0029	0.0329	0.0306	0.0197	0.0142	0.1002	5
青海	0.0072	0.0298	0.0397	0.0129	0.0090	0.0985	3
宁夏	0.0100	0.0379	0.0570	0.0230	0.0147	0.1427	10
新疆	0.0079	0.0206	0.0388	0.0241	0.0059	0.0973	2

表 5-23 2008 年中西部 18 个省（市、区）产业发展势能综合评分结果

地区	经济势能评分	产业势能评分	成本势能评分	交易成本势能评分	技术势能评分	产业发展势能综合评分	排名
河南	0.0256	0.0426	0.0548	0.0007	0.0098	0.1335	6
江西	0.0234	0.0298	0.0634	0.0124	0.0135	0.1425	9
湖北	0.0302	0.0516	0.0722	0.0289	0.0249	0.2077	16
湖南	0.0281	0.0392	0.0724	0.0200	0.0149	0.1747	12
山西	0.0125	0.0550	0.0542	0.0156	0.0247	0.1620	11
安徽	0.0239	0.0362	0.0867	0.0240	0.0168	0.1876	14
内蒙古	0.0545	0.0350	0.0327	0.0108	0.0090	0.1421	8
广西	0.0272	0.0230	0.0594	0.0242	0.0045	0.1383	7
重庆	0.0350	0.0481	0.0930	0.0319	0.0193	0.2272	17
四川	0.0123	0.0357	0.0978	0.0168	0.0199	0.1826	13
贵州	0.0085	0.0298	0.0371	0.0256	0.0042	0.1052	1
云南	0.0173	0.0284	0.0376	0.0272	0.0055	0.1159	4
西藏	0.0131	0.0432	0.1618	0.0513	0.0022	0.2717	18
陕西	0.0362	0.0355	0.0690	0.0136	0.0374	0.1917	15
甘肃	0.0085	0.0336	0.0330	0.0222	0.0149	0.1121	2
青海	0.0226	0.0276	0.0470	0.0120	0.0076	0.1168	5
宁夏	0.0242	0.0352	0.0628	0.0210	0.0133	0.1566	10
新疆	0.0178	0.0207	0.0416	0.0271	0.0079	0.1151	3

特别要提出的是本节所计算的转入区产业发展势能与本章第二节中的承接产业转移的竞争能力的评分与排序是完全不一样的，因为这里所用的综合评分的方法与上节中的方法不一样。本章所用的数据和方法与转出区产业发展势能的方法完全一样，是为了与转出区产业发展势能进行比较而设计的，但此方法的综合排名与转入区承接产业转移竞争能力上的排名在总体上相差不大，有些微出入，个别省份相差较大，这是由于个别数据的变化而导致的，不影响整体结果。还必须指出的是，这里的转出区与转入区的简单相减结果并不等于下节中的发生势差的数据，是因为对某些限制性指标或临界指标的数据采用了前面提到的一些特殊处理方法。

（四）各发达地区至各欠发达地区发生势差综合评分结果及分析

在已经明确了各转出区与转入区的产业发展势能的情况下，只能判断出转出的倾向与承接转入的能力，对于产业进行转移的方向和可能性尤其是转移的强度，还需要进一步分析，因此有必要对各发达地区至各欠发达地区发生势差进行

一个综合结果的评判。在转出区与转入区势能都确定的情况下，根据前面的假设、数据处理方法和综合评价法，可以计算出国内各发达区域至各欠发达区域所有省市的发生势差的综合评分，这就是本书所构造的区域产业转移发生势差的综合指数。通过各发达区域至各欠发达区域的发生势差的综合评分，可以大致反映国内产业转移发生的一种态势和产业转移发生的可能性判断。表 5-24～表 5-26 分别给出了 2000 年、2004 年、2008 年各发达地区至各欠发达地区产业转移的发生势差的综合评分结果。

表 5-24　2000 年各发达地区至各欠发达地区的发生势差综合评分结果

综合评分	北京	天津	河北	上海	江苏	浙江	福建	山东	广东	海南	D
河南	0.6912	0.3727	0.0445	0.7021	0.2753	0.2890	0.2003	0.1404	0.4765	0.0967	0.3289
江西	0.4163	0.1887	0.0344	0.4683	0.1351	0.1773	0.0936	0.0702	0.2589	0.0551	0.1898
湖北	0.6448	0.3263	0.0384	0.6557	0.2332	0.2477	0.1552	0.1334	0.4451	0.0907	0.2970
湖南	0.4645	0.1882	0.0138	0.4963	0.1554	0.1628	0.0620	0.0839	0.2724	0.0315	0.1931
山西	0.6563	0.3378	0.0845	0.6781	0.2749	0.2851	0.1762	0.1757	0.4672	0.1098	0.3246
安徽	0.6892	0.3499	0.0826	0.6710	0.2937	0.2981	0.2018	0.1741	0.4840	0.1215	0.3366
A	0.5937	0.2939	0.0497	0.6119	0.2279	0.2433	0.1482	0.1296	0.4007	0.0842	0.2783
内蒙古	0.5229	0.3016	0.0205	0.6088	0.2083	0.2553	0.1685	0.0867	0.4139	0.0778	0.2664
广西	0.5567	0.3146	0.0860	0.6033	0.2375	0.2786	0.1819	0.1334	0.4322	0.1295	0.2954
重庆	0.5442	0.2744	0.0327	0.5827	0.1841	0.2283	0.1373	0.0912	0.3779	0.0590	0.2512
四川	0.6209	0.2714	0.0181	0.5959	0.2213	0.2276	0.1385	0.1060	0.4090	0.0646	0.2673
贵州	0.4013	0.2223	0.0370	0.5007	0.1792	0.2249	0.1455	0.0790	0.2928	0.0818	0.2165
云南	0.5101	0.2680	0.0343	0.5567	0.1695	0.2320	0.1376	0.0854	0.3856	0.0852	0.2464
西藏	0.3525	0.1446	0.0041	0.3991	0.0513	0.0919	0.0427	0.0269	0.2563	0.0137	0.1383
陕西	0.6048	0.3000	0.0451	0.6419	0.2347	0.2530	0.1462	0.1390	0.4305	0.0740	0.2869
甘肃	0.5302	0.2747	0.0399	0.5938	0.1740	0.2171	0.1278	0.0863	0.3106	0.0743	0.2429
青海	0.4008	0.1731	0.0225	0.4725	0.1286	0.1659	0.0815	0.0589	0.2223	0.0415	0.1768
宁夏	0.5839	0.3139	0.0315	0.6421	0.1935	0.2309	0.1459	0.0916	0.3854	0.0793	0.2698
新疆	0.5110	0.3135	0.0451	0.6207	0.2032	0.2485	0.1645	0.1066	0.4258	0.0906	0.2730
B	0.5116	0.2643	0.0347	0.5682	0.1821	0.2212	0.1348	0.0909	0.3619	0.0726	0.2442
C	0.5390	0.2742	0.0397	0.5828	0.1974	0.2286	0.1393	0.1038	0.3748	0.0765	0.2449

注：A 为发达地区转移至中部地区平均势差；B 为发达地区转移至西部地区平均势差；C 为某发达地区转移至各欠发达地区的平均势差；D 为各发达地区转移至某欠发达地区的平均势差。AD 相交数值为中部地区发生势差的平均值，BD 相交数值为西部地区发生势差的平均值，CD 相交数值为全国发生势差的平均值。（表 C3 同）

表5-25　2004年各发达地区至各欠发达地区的发生势差综合评分结果

综合评分	北京	天津	河北	上海	江苏	浙江	福建	山东	广东	海南	D
河南	0.6930	0.4374	0.0449	0.7093	0.3474	0.3923	0.2302	0.1422	0.4546	0.0900	0.3541
江西	0.4117	0.2142	0.0195	0.4255	0.1655	0.2474	0.1205	0.0452	0.2096	0.0386	0.1898
湖北	0.5990	0.3512	0.0230	0.6227	0.2693	0.3192	0.1475	0.1017	0.4089	0.0316	0.2874
湖南	0.6046	0.3147	0.0200	0.5846	0.2443	0.2951	0.1348	0.0906	0.3763	0.0328	0.2698
山西	0.6279	0.4153	0.0793	0.6911	0.3344	0.3759	0.2309	0.1610	0.4493	0.1274	0.3493
安徽	0.6369	0.3470	0.0376	0.6179	0.2695	0.3284	0.1630	0.1125	0.4033	0.0580	0.2974
A	0.5955	0.3466	0.0374	0.6085	0.2717	0.3264	0.1711	0.1089	0.3837	0.0630	0.2913
内蒙古	0.3899	0.2266	0.0244	0.4481	0.1609	0.2432	0.1168	0.0468	0.1998	0.0528	0.1909
广西	0.5051	0.3479	0.0302	0.6109	0.2659	0.3236	0.1908	0.0837	0.3724	0.0539	0.2784
重庆	0.6050	0.3494	0.0135	0.6213	0.2336	0.2690	0.1387	0.0665	0.3330	0.0314	0.2661
四川	0.4565	0.1803	0.0105	0.4070	0.1192	0.2028	0.0361	0.0573	0.2074	0.0039	0.1681
贵州	0.4562	0.2587	0.0506	0.4700	0.2100	0.2919	0.1650	0.0869	0.2419	0.0769	0.2308
云南	0.4134	0.2158	0.0179	0.4272	0.1672	0.2491	0.1046	0.0467	0.2062	0.0402	0.1888
西藏	0.2044	0.0426	0.0024	0.1954	0.0256	0.0548	0.0154	0.0197	0.0403	0.0000	0.0601
陕西	0.5367	0.3060	0.0436	0.5415	0.2398	0.3089	0.1590	0.1169	0.2972	0.0617	0.2611
甘肃	0.6027	0.3610	0.0618	0.5912	0.2436	0.3351	0.1716	0.1127	0.2955	0.0797	0.2855
青海	0.3904	0.1929	0.0214	0.4042	0.1443	0.2175	0.1006	0.0471	0.1864	0.0349	0.1740
宁夏	0.5358	0.3587	0.0369	0.6218	0.2659	0.3345	0.1920	0.1011	0.3523	0.0789	0.2878
新疆	0.5527	0.3413	0.0581	0.5943	0.2786	0.3337	0.2129	0.1080	0.3625	0.1021	0.2944
B	0.4707	0.2651	0.0309	0.4944	0.1962	0.2637	0.1336	0.0744	0.2579	0.0514	0.2238
C	0.5123	0.2923	0.0331	0.5324	0.2214	0.2846	0.1461	0.0859	0.2998	0.0553	0.2463

注：同表5-24。

表5-26　2008年各发达地区至各欠发达地区的发生势差综合评分结果

综合评分	北京	天津	河北	上海	江苏	浙江	福建	山东	广东	海南	D
河南	0.7284	0.3887	0.0345	0.6857	0.3266	0.3286	0.1812	0.1442	0.4037	0.0715	0.3293
江西	0.6825	0.3351	0.0217	0.6397	0.3133	0.3125	0.1609	0.1367	0.3890	0.0513	0.3043
湖北	0.7002	0.3096	0.0135	0.6269	0.2588	0.2501	0.1016	0.1052	0.3388	0.0260	0.2731
湖南	0.7340	0.3596	0.0200	0.6599	0.2846	0.2990	0.1232	0.1243	0.3718	0.0346	0.3011
山西	0.7425	0.3592	0.0320	0.6726	0.3116	0.3029	0.1542	0.1512	0.3844	0.0592	0.3170
安徽	0.7056	0.3007	0.0155	0.5868	0.2301	0.2532	0.0957	0.0916	0.3199	0.0185	0.2618
A	0.7155	0.3421	0.0228	0.6453	0.2875	0.2910	0.1361	0.1255	0.3679	0.0435	0.2977
内蒙古	0.5549	0.2885	0.0320	0.5254	0.1763	0.2252	0.1055	0.0838	0.2350	0.0677	0.2294
广西	0.6074	0.2641	0.0114	0.5418	0.1942	0.2267	0.1083	0.0669	0.2769	0.0434	0.2341

续表

综合评分	北京	天津	河北	上海	江苏	浙江	福建	山东	广东	海南	D
重庆	0.6734	0.2908	0.0118	0.5977	0.1909	0.2005	0.0774	0.0572	0.2484	0.0135	0.2362
四川	0.7284	0.3539	0.0249	0.6527	0.2931	0.2912	0.1137	0.1171	0.3639	0.0279	0.2967
贵州	0.4933	0.2074	0.0371	0.4410	0.1428	0.1858	0.1055	0.0833	0.2000	0.0541	0.1950
云南	0.4899	0.2200	0.0279	0.4376	0.1341	0.1982	0.0967	0.0741	0.1966	0.0481	0.1923
西藏	0.4587	0.1416	0.0176	0.3931	0.1067	0.0966	0.0730	0.0528	0.1424	0.0147	0.1497
陕西	0.5676	0.2665	0.0042	0.5052	0.1477	0.1987	0.0748	0.0467	0.1994	0.0288	0.2040
甘肃	0.6965	0.3020	0.0506	0.5981	0.2324	0.2543	0.1555	0.1167	0.3185	0.0779	0.2802
青海	0.4847	0.1961	0.0142	0.4324	0.1314	0.1744	0.0941	0.0619	0.1914	0.0508	0.1831
宁夏	0.5411	0.2593	0.0027	0.5116	0.1653	0.1961	0.0891	0.0656	0.1946	0.0291	0.2055
新疆	0.6312	0.2879	0.0221	0.5656	0.2179	0.2240	0.1326	0.0852	0.3007	0.0583	0.2525
B	0.5772	0.2565	0.0214	0.5169	0.1777	0.2060	0.1022	0.0759	0.2390	0.0428	0.2216
C	0.6233	0.2851	0.0219	0.5597	0.2143	0.2343	0.1135	0.0925	0.2820	0.0431	0.2470

注：同表 5-24。

通过产业转移发生势差这一综合指标，可以判断任一发达区域与欠发达区域之间发生势差的可能性大小，而且可以对不同的两地进行转移可能性的比较，并且可以根据全国的产业转移发生势差的数据做出临界值的判断，据此对全国产业转移发生区域进行分类。首先，如以 2008 年广东到江西和重庆的发生势差为例，广东至江西的发生势差为 0.3890，广东至云南的发生势差为 0.1966，这两者进行比较，可以得出广东转移至江西的可能性更大，其方向性更明确，此类比较有利于转出区域更加明确其产业转出的方向和强度。其次，再以 2008 年广东到江西和山东至江西的发生势差比较为例，广东至江西的发生势差为 0.3890，山东至江西的发生势差为 0.1367，这两者进行比较，可以得出江西承接广东的产业转移的可能性比较大，而承接自山东转移来的产业的可能性比较小，此类比较有利于转入区域更加清楚其承接产业的来源地和承接的可能性。

从表 5-24~表 5-26 可以得出以下几点结论：

（1）发达地区转移到中部地区的势差数据的平均值高于转移至西部地区的势差平均值，根据所测算的 2000 年、2004 年、2007 年和 2008 年的数据也一直都显示发达地区转移至中部地区的势差平均值一直高于西部地区的这一数据，表明中部地区在承接竞争力上比西部地区普遍更有竞争优势。

（2）根据所测算的 2000 年、2004 年、2007 年和 2008 年的数据发现，发达地区转移到中部地区的势差平均值逐年增大，表明中部地区承接发达地区的优势明显，而且逐年在改善，与此同时，西部地区该数值却在逐年下降，表明与中部地区相比，其改善速度稍缓。

（3）从各发达地区转到各中西部地区的势差平均值可以看到，以北京和上海为首，到了迫切转移的地步，广东也到了转移成必然之势的状态，紧随其后的是浙江与江苏，2000～2008年，某发达地区转移至各欠发达地区的势差的数据和排名未有较大变动，说明发达地区在产业发展势能上的趋势未有较大变化。

（4）中部地区的江西、湖南自2000～2008年各发达地区转移至该地的平均势差数据变化很大，都从0.2以下变为0.3的平均值，说明其承接产业转移的能力提高很快。安徽的这一平均值却下降很大，说明安徽在承接产业转移的竞争能力提高上非常缓慢。河南、山西的这一数据则基本没有太大变化，一直保持在0.3以上，湖北则一直保持在0.3以下，且数据变化幅度非常小，说明这三个省在承接产业转移的竞争力能力上整体变化不大。

（五）两区域发生势差梯队划分结果及分析

根据表中全国各发达地区至各欠发达地区的所有产业转移发生势差，可以清楚地判断出哪些地区是到了非转不可的地步，哪些地区具备了产业转移条件，哪些地区只是在某些产业上有转移的可能性，据此，可以根据全国的数据进行一个大致的聚类分析，根据发生势差的大小进行一个临界判断，分出几个阶段来更好地对各地的发生势差进行一个综合的判断和分类。

通过计算，可以得到2008年评价期内全国10个发达地区分别与18个欠发达地区产业转移发生势差的综合评分及排名（见表5-27）。此表数据可大致反映两区域产业转移发生趋势的一个状况，进一步结合产业转移发生势差综合指标的特性，此处仅就产业转移发生势差的数据进行一个梯队划分及分析结果检验。

表5-27　2008年中国各地区产业转移发生势差的梯队划分结果

梯队划分	发达区域—欠发达区域	两区域发生势差综合评分	排序	梯队划分	发达区域—欠发达区域	两区域发生势差综合评分	排序	梯队划分	发达区域—欠发达区域	两区域发生势差综合评分	排序
第一梯队	北京—山西	0.7425	1	第一梯队	北京—湖北	0.7002	6	第一梯队	上海—山西	0.6726	11
	北京—湖南	0.7340	2		北京—甘肃	0.6965	7		上海—湖南	0.6599	12
	北京—河南	0.7284	3		上海—河南	0.6857	8		上海—四川	0.6527	13
	北京—四川	0.7284	4		北京—江西	0.6825	9		上海—江西	0.6397	14
	北京—安徽	0.7056	5		北京—重庆	0.6734	10		北京—新疆	0.6312	15

续表

梯队划分	发达区域—欠发达区域	两区域发生势差综合评分	排序	梯队划分	发达区域—欠发达区域	两区域发生势差综合评分	排序	梯队划分	发达区域—欠发达区域	两区域发生势差综合评分	排序
第一梯队	上海—湖北	0.6269	16	第二梯队	天津—四川	0.3539	45	第三梯队	浙江—湖北	0.2501	74
	北京—广西	0.6074	17		广东—湖北	0.3388	46		广东—重庆	0.2484	75
	上海—甘肃	0.5981	18		天津—江西	0.3351	47		广东—内蒙古	0.2350	76
	上海—重庆	0.5977	19		浙江—河南	0.3286	48		江苏—甘肃	0.2324	77
	上海—安徽	0.5868	20		江苏—河南	0.3266	49		江苏—安徽	0.2301	78
	北京—陕西	0.5676	21		广东—安徽	0.3199	50		浙江—广西	0.2267	79
	上海—新疆	0.5656	22		广东—甘肃	0.3185	51		浙江—内蒙古	0.2252	80
	北京—内蒙古	0.5549	23		江苏—江西	0.3133	52		浙江—新疆	0.2240	81
	上海—广西	0.5418	24		浙江—江西	0.3125	53		天津—云南	0.2200	82
	北京—宁夏	0.5411	25		江苏—山西	0.3116	54		江苏—新疆	0.2179	83
	上海—内蒙古	0.5254	26		天津—湖北	0.3096	55		天津—贵州	0.2074	84
第二梯队	上海—宁夏	0.5116	27		浙江—山西	0.3029	56		浙江—重庆	0.2005	85
	上海—陕西	0.5052	28		天津—甘肃	0.3020	57		广东—贵州	0.2000	86
	北京—贵州	0.4933	29		广东—新疆	0.3007	58		广东—陕西	0.1994	87
	北京—云南	0.4899	30		天津—安徽	0.3007	59		浙江—陕西	0.1987	88
	北京—青海	0.4847	31		浙江—湖南	0.2990	60		浙江—云南	0.1982	89
	北京—西藏	0.4587	32		江苏—四川	0.2931	61		广东—云南	0.1966	90
	上海—贵州	0.4410	33		浙江—四川	0.2912	62		浙江—宁夏	0.1961	91
	上海—云南	0.4376	34		天津—重庆	0.2908	63		天津—青海	0.1961	92
	上海—青海	0.4324	35		天津—内蒙古	0.2885	64	第四梯队	广东—宁夏	0.1946	93
	广东—河南	0.4037	36		天津—新疆	0.2879	65		江苏—广西	0.1942	94
	上海—西藏	0.3931	37	第三梯队	江苏—湖南	0.2846	66		广东—青海	0.1914	95
	广东—江西	0.3890	38		广东—广西	0.2769	67		江苏—重庆	0.1909	96
	天津—河南	0.3887	39		广东—陕西	0.2665	68		浙江—贵州	0.1858	97
	广东—山西	0.3844	40		天津—广西	0.2641	69		福建—河南	0.1812	98
	广东—湖南	0.3718	41		天津—宁夏	0.2593	70		江苏—内蒙古	0.1763	99
	广东—四川	0.3639	42		江苏—湖北	0.2588	71		浙江—青海	0.1744	100
	天津—湖南	0.3596	43		浙江—甘肃	0.2543	72		江苏—宁夏	0.1653	101
	天津—山西	0.3592	44		浙江—安徽	0.2532	73		福建—江西	0.1609	102

续表

梯队划分	发达区域—欠发达区域	两区域发生势差综合评分	排序	梯队划分	发达区域—欠发达区域	两区域发生势差综合评分	排序	梯队划分	发达区域—欠发达区域	两区域发生势差综合评分	排序
第四梯队	福建—甘肃	0.1555	103	第五梯队	福建—青海	0.0941	129	第五梯队	海南—广西	0.0434	155
	福建—山西	0.1542	104		山东—安徽	0.0916	130		河北—贵州	0.0371	156
	山东—山西	0.1512	105		福建—宁夏	0.0891	131		海南—湖南	0.0346	157
	江苏—陕西	0.1477	106		山东—新疆	0.0852	132		河北—河南	0.0345	158
	山东—河南	0.1442	107		山东—内蒙古	0.0838	133		河北—山西	0.0320	159
	江苏—贵州	0.1428	108		山东—贵州	0.0833	134		河北—内蒙古	0.0320	160
	广东—西藏	0.1424	109		海南—甘肃	0.0779	135		海南—宁夏	0.0291	161
	天津—西藏	0.1416	110		福建—重庆	0.0774	136		海南—陕西	0.0288	162
	山东—江西	0.1367	111		福建—陕西	0.0748	137		河北—云南	0.0279	163
	江苏—云南	0.1341	112		山东—云南	0.0741	138		海南—四川	0.0279	164
	福建—新疆	0.1326	113		福建—西藏	0.0730	139		海南—湖北	0.0260	165
	江苏—青海	0.1314	114		海南—河南	0.0715	140		河北—四川	0.0249	166
	山东—湖南	0.1243	115		海南—内蒙古	0.0677	141		河北—新疆	0.0221	167
	福建—湖南	0.1232	116		山东—广西	0.0669	142		河北—江西	0.0217	168
	山东—四川	0.1171	117		山东—宁夏	0.0656	143		河北—湖南	0.0200	169
	山东—甘肃	0.1167	118		山东—青海	0.0619	144		海南—安徽	0.0185	170
	福建—四川	0.1137	119		海南—山西	0.0592	145		河北—西藏	0.0176	171
	福建—广西	0.1083	120		海南—新疆	0.0583	146		河北—安徽	0.0155	172
	江苏—西藏	0.1067	121		山东—重庆	0.0572	147		海南—西藏	0.0147	173
	福建—内蒙古	0.1055	122		海南—贵州	0.0541	148		河北—青海	0.0142	174
	福建—贵州	0.1055	123		山东—西藏	0.0528	149		海南—重庆	0.0135	175
	山东—湖北	0.1052	124		海南—江西	0.0513	150		河北—湖北	0.0135	176
	福建—湖北	0.1016	125		海南—青海	0.0508	151		河北—重庆	0.0118	177
第五梯队	福建—云南	0.0967	126		河北—甘肃	0.0506	152		河北—广西	0.0114	178
	浙江—西藏	0.0966	127		海南—云南	0.0481	153		河北—陕西	0.0042	179
	福建—安徽	0.0957	128		山东—陕西	0.0467	154		河北—宁夏	0.0027	180

注：第一梯队，发生势差综合评分大于等于0.5以上；第二梯队，发生势差大于等于0.3以上，小于0.5以下；第三梯队，发生势差大于等于0.2以上，小于0.3以下；第四梯队，发生势差大于等于0.1以上，小于0.2以下；第五梯队，发生势差小于0.1以下。

1. 梯队划分

(1) 第一梯队，发生势差综合评分大于等于0.5以上，表示劳动力密集型制造业到了非转不可的地步，而且其转出的条件和转入的势能都已经达到相当成熟的条件。

(2) 第二梯队，发生势差大于等于0.3以上，小于0.5以下，表示劳动力密集型制造业达到了转移的状态，而且其转出的条件和转入的势能都已经达到比较成熟的条件。根据第三章的理论，当达到了某一临界状态即具备了产业转移的趋势，本书所界定的这一临界阈值预定为0.3，即当两地区间的产业转移发生势差达到了0.3及以上时，认为其已经具备了产业转移的势差趋势。这一数据的选择亦来自全国历年各区域的产业转移发生势差数据的均值比较。如附录表C3-1~表C3-9所示，历年的两两区域产业转移发生势差数据的均值都在0.24~0.25徘徊，东部至中部的均值则在0.3左右徘徊，并且大部分年份在0.29左右，根据以上数据统计学上的经验，可以基本判断0.3及以上的值是一个中等偏上的状态，因此，本书将0.3作为产业转移发生势差的临界状态的阈值。当然，此处预定0.3为临界阈值仅仅是一个理论上的判断和一个经验数据的选择，其进一步的检验则要通过实际产业转移发生的数据来验证，这是今后将要进一步继续研究的内容。

(3) 第三梯队，发生势差大于等于0.2以上，小于0.3以下，表示劳动力密集型制造业达到了可以转移的状态，而且其转出的条件和转入的势能都基本达到条件，在某些行业某些地区确实有转移的必要。

(4) 第四梯队，发生势差大于等于0.1以上，小于0.2以下，表示劳动力密集型制造业在某些情况下可以达到转移的状态，其转出的条件和转入的势能未达到相应条件，但在某些行业或某些地区在有条件或有特殊需要时可以有转移的必要。

(5) 第五梯队，发生势差小于0.1以下，表示劳动力密集型制造业尚未达到转移的状态，其转出的条件和转入的势能均未能达到转移的相应条件，但在某些特殊行业或某些特殊需要时可以考虑转移的可能。

2. 结果评价分析及检验

(1) 第一梯队（发生势差综合评分在0.5以上）都发生在北京和上海转移到各中西部地区，说明北京和上海在劳动力密集型制造业已经相当不具有优势，到了迫切转出的地步。这也与近年来北京和上海大量的进行劳动密集型产业转移的事实是相符的。北京自2000年以来的大规模工业转移不管是出于奥运的政治需要，还是由于市场经济的自发需要，事实上产业转移已经发生了，并且还将持续下去。这也可以说明北京的劳动密集型产业已经到了非转不可的地步。陈建军则在《要素流动、产业转移和区域经济一体化》一书中,用产业竞争力系数指标证实了长三角内部存在从上海到周边地区的产业转移的存在及态势。

(2) 2004年第二梯队及以上的发生势差数据个数较多,表明2004年产业转移发生趋势到了一个剑拔弩张的状态。根据测算的2000年、2004年、2007年和2008年的数据比较发现,2004年第二梯队以上(大于等于0.3以上)的两区域产业转移发生势差有65个之多,比2000年和2007年、2008年都要多,比较有趣的是2000年、2007年、2008年三年大于等于0.3的势差都是57个,这表明在2000年时已经有了产业转移的必要,而且初见端倪,到了2004年已经达到了进一步转移的必要。自2004年以来开始陆续出现大规模的产业转移,包括西部大开发的进程加快,也包括近些年中部崛起战略的启动,都加速了发达区域向中西部地区的转移,到2007年、2008年,已经有部分劳动密集型产业转移至了各欠发达地区。这一事实也可以通过所计算的制造业地区集中率和制造业集聚程度这两个指标的变化来加以印证。东部地区的制造业聚集指数自2000~2008年逐步下降,尤其是2004~2008年下降趋势非常明显,与此对应的是中部地区的制造业聚集指数则自2000年以来一直呈上升趋势,西部地区的这一数据呈缓慢下降趋势。这一数据变化表明,自2000年,制造业由东部地区逐渐向中部地区发生了转移。制造业地区平均集中率这一数据则是在2004年呈现出比较明显的态势。在2000年时,东部地区的制造业地区平均集中率为0.5,到2004年达到了0.64,表明其制造业集中程度达到了非常高的状态,这与东部地区的产业集群吸引了各地制造业的集聚是分不开的,但自2004年达到顶峰以后,则呈现下降趋势,一直到2008年下降到0.598的状态。与此同时,中部地区与西部地区则在2004年都处于比较低的制造业地区平均集中率的状态,至2008年,两地的该数据则一路上升,表明两地的制造业都呈现出更加集中和规模增加的趋势。从这两个指标的变化,也可以依稀看到劳动力密集型制造业的产业转移发生势态,都在2004年达到一个顶峰时期,然后发生了大规模的产业转移,至2008年两者的数据都呈现下降状态,表明产业转移事实上已经发生了。2007年与2008年大于等于0.3的势差个数又逐步回归到了57的个数,这个数字依然表明产业转移到了必然之势。

3. 简要结论

(1) 根据前面的理论分析探讨,本章预定产业转移发生势差的临界阈值为0.3,表示该两区域具备了产业转移的趋势。即当两区域间的产业转移发生势差达到0.3及以上时,认为其已经具备了产业转移发生势差的条件和状态。

(2) 中国各发达地区转移至各欠发达地区的转移趋势可以用产业转移发生势差(发达地区的产业发展势能与欠发达地区的产业发展势能的相对差距)加

以估计。本书以 2000~2008 年各年的年鉴数据为基础,用 13 个指标构建的产业转移发生势差的综合评分指标为对象,得到了各年份 10 个发达地区向 18 个中西部欠发达地区的产业转移发生势差的总排名。可直观地反映出目前国内各区域的产业转移发生态势,以及历年中国各区域产业转移发生势差的变化,有助于企业进行迁移时作为一个参考基准。

(3) 中国各地区的产业转移发生势差综合评分与各地区在中国经济格局中的地位基本保持一致。可以从转出区与转入区的两方面进行综合比较,第一、二、三梯队的转出区主要集中在上海、北京、广东、浙江、江苏等地,这与各地区在中国经济格局中的地位是一致的。在转入区方面则亦可以看出,承接能力比较强的地区,其转入区产业发展势能的综合评分也是比较高的,这也与各欠发达地区在经济格局中的地位基本是一致的。

五、东中部产业转移发生案例——以江西承接建筑陶瓷产业转移为例

产业转移是全球经济关系演进的长期趋势,国内陶瓷产业呈现战略性区域大转移的态势。在"南陶北进"、"东陶西进"的产业大转移的格局中,江西省适时地提出了采用重点产业基地建设与培育的方式承接陶瓷产业转移的战略,较好地承接到了来自东部各地区的一些陶瓷产业及相关配套产业,成为此次陶瓷产业大转移中的首个赢家。

(一) 建筑陶瓷产业转移的态势

中国建筑陶瓷产业布局的调整是势在必行的,自 2000 年 10 月新中源投资兴建四川夹江生产基地开始,我国建筑陶瓷企业战略大转移可以说是风起云涌,建筑陶瓷产业进行战略性大转移的原因是多方面的。

首先,建筑陶瓷产业转移是国家节能减排和防治污染等政策因素所致。建筑陶瓷产业是高资源消耗型产业,维持生产需要消耗大量的水、电、原料和能源,并且在生产过程中,排出的大量废气、粉尘、废水等给当地的环境保护造成巨大的压力。以佛山为例,2006 年佛山陶瓷行业的总产值为 470 多亿元,占全市工业产值的 7%,能源消耗占 20%,燃料成本超过 30%,排放二氧化硫 1.89 万吨、烟尘粉尘 281 万吨。

其次,建筑陶瓷产业转移是城市战略发展与优化产业结构的需要。现代城市

的发展必须解决好经济与社会和谐的问题,城市的发展有一个递进和提升的过程。以佛山为例,佛山 GDP 达到 3000 亿元,土地的价值、环境的要求、劳动力市场等方面的情况与 20 年前大不相同,新时期佛山地区城市发展战略要求其产业本身进行调整——"优二进三"是一个城市发展的必然结果。佛山停止了对新建、扩建建筑陶瓷项目的审批,提出今后将污染严重的建筑陶瓷企业转移外地,把佛山打造成为集研发、会展、物流于一身的陶瓷企业总部基地是城市自身发展的要求。

再次,企业在原有陶瓷产区的生存成本越来越高。土地、资源、环保、劳动力等市场要素都在趋向于越来越昂贵,建筑陶瓷业属于原料和产品都要大进大出的产业,运输成本在建筑陶瓷企业的成本构成中比重正在加大,油价的高扬等因素也迫使企业要将生产基地尽量靠近原料产地。

最后,陶瓷产业扩张与再布局、以靠近销售市场是企业转移的主要因素。随着我国经济的高速发展,市场需求的进一步增加,特别是三四级市场的不断开发,导致了陶瓷产业的向外扩张与全国范围的适当布局。

(二) 基于产业转移势差强度原理的广东与江西产业转移原因探析

以佛山为代表的东部陶瓷产业大举向中西部地区转移,转移至中部地区的大部分陶瓷主要集中在江西、四川的夹江则是西部承接陶瓷产业的主要代表,尽管两者都承接了来自东部地区的陶瓷企业,而且也有着相近的产业转移发生势差,但其影响原因和各子系统的发生势差强度却不尽相同。本书以这两者的产业转移发生势差的具体数据进行探析,以更好地解析其产业转移发生的原因与机理。

产业转移主要取决于外部宏观环境和企业内部发展条件激发了转移的潜在动机,而之所以迁移到具体的某一地区,则主要是由于某一区域具有潜在转移外力倾向和某一区域具有承接迁移的某一条件。前面通过各发达地区转移到各欠发达地区的发生势差的比较能够判断出任一区域相对于另一区域所具有的势差的大小,可以判断其发生转移的可能性。然而,我们还是会有疑问,为什么有些转出区具有转出的倾向却依然有企业迁入,具有迁入的可能性,为什么某些区域具有很好的承接硬件的条件,却没能承接到某些产业,而被其他的竞争性承接地区抢了先机,为什么承接区也还有些企业在向外迁移,作为承接区却存在迁出的可能性。其实这一现象是可以解释的,本节将就广东与中西部某地的发生势差来进行分析并解释这一问题。

某一转出区域具有转出倾向,存在明显的外推力,但可能存在某些产业与其他区域比较具有不可比拟的优势,不仅吸引了国外某些产业的集聚,也吸引了国内某些转入区企业的迁入,因而也促使了部分企业反而向该地区迁入,具备了在某个产业集群下的企业迁入的可能性。因而在转出区域也有部分企业迁移进来，具有迁入企业的可能性。这样一个在某些产业方面具有了转入倾向转出区，其他产业与别的区域比较具有明显的劣势，或由于某些外部条件改变不再适应其企业的生存，或企业的发展壮大需要更加广阔的空间和外部环境，企业可能会选择更加适合其发展的地区进行迁移。因而会形成整个区域有向外迁移的大趋势。与此同时，在转入区域也会有部分企业向其他转出区域迁移，具有迁出企业的可能性。即使各不同区域的发生势差综合结果相同，也由于各子系统的评分指数不同而产生企业迁移决策的不同缘由，对某一区域的发生转移的可能性的判断不仅要考察发生势差这一潜在的综合指数，还得具体考虑各子系统指数的得分，才能准确地把握产业迁移的原因及其影响因素。

为了能形象地分析产业转移的原因与势差强度，本节将以广东至江西和广东至四川两地的发生势差为例进行分析。两者的发生势差强度对比如表5-28所示。

表5-28 广东至江西和四川的产业转移发生势差强度比较

指标体系	广东势能 (1)	江西势能 (2)	势能差额 (3)=(1)-(2)	广东势能 (4)	四川势能 (5)	势能差额 (6)=(4)-(5)	差额比较 (7)=(3)-(6)
经济势差	0.0454	0.0234	0.0220	0.0454	0.0123	0.0331	-0.0111
产业势差	0.1542	0.0298	0.1244	0.1542	0.0357	0.1185	0.0059
成本势差	0.1695	0.0634	0.1061	0.1695	0.0978	0.0717	0.0344
交易成本势差	0.1435	0.0124	0.1312	0.1435	0.0168	0.1267	0.0045
技术势差	0.0339	0.0135	0.0203	0.0339	0.0199	0.0139	0.0064
势差综合结果	0.5465	0.1425	0.4040	0.5465	0.1826	0.3639	0.0401

从表5-28和以上两者的雷达图（见图5-2和图5-3），可以发现以下几点内容：

（1）广东至江西与广东至四川的发生势差综合结果相差不大，都达到了0.3以上（广东至江西的发生势差应为0.389039，由于科技人才比例这一势差被判定为0导致两者存在差额），表示其转出的条件和转入的势能都已经达到比较成熟的条件。

（2）两地的发生势差中最大贡献和最大影响的均为交易成本势差，说明广东与两地的交易成本势差都较大，并且影响较深，主要原因为广东的对外开放水平评分较高（由于广东的进出口总额较大）。

(3) 从两者的势差比较结果看,江西唯有经济势差低于四川,其他四个子系统的势差都略高于四川的势差。

(4) 两者势差中,江西又以成本势差占据较大的优势,而四川则经济势差略微有些优势。说明江西在吸引东部产业转移中成本势差占据较大比重,这与江西的职工平均工资为全国最低有很大的直接影响。

(5) 从两者的雷达图看,外形非常相似,只是尺度上略微不同,这也说明了东部与中西部的各子系统发生势差的影响比较相近。

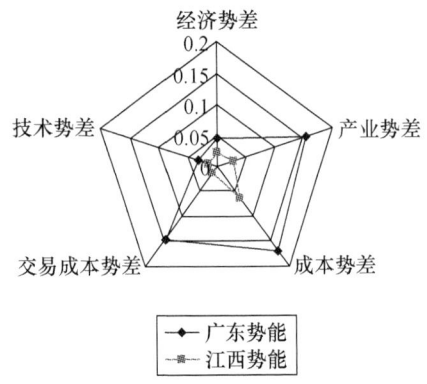

图 5-2　2008 年广东与江西的势差比较雷达图

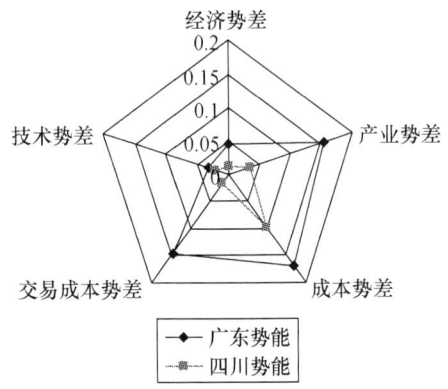

图 5-3　2008 年广东与四川的势差比较雷达图

(三) 江西承接建筑陶瓷产业转移的主要表现

江西作为中部大省,在承接发达地区陶瓷产业转移方面,无论是在区位还是在劳动力成本等方面都具有一定的优势。近年来，江西省委、省政府采用积极的承接政策，使江西省在承接产业转移方面呈现出良好的态势。作为中部地区的江西，不是简单地"承接"广东、福建等老陶瓷基地的产业转移，而是在原有陶瓷产业的基础上进一步地调整和优化，以培育重点产业基地的方式促进陶瓷产业的优化与升级。

1. 设立陶瓷产业基地，集中建设与培育重点基地

在这次陶瓷产业的大转移中，江西没有仓促地用过去那种招商引资的做法：重点突破一两个企业，把它们拉进来就算了。如何在"承接"中实现"升级"？随着江西省承接转移企业的增加，政府部门逐渐设立了一些陶瓷产业生产基地，并且对各基地进行了特色定位，以更好地引导和承接转移企业的入园。陶瓷产业基地可以实现产业的聚集效应和产业链资源信息共享，并且可以降低企业的多方面成本，扩大企业的影响。同时，由于全省有多个产业基地的建设，又可以避免陶瓷企业在一定程度上的过分集中，导致产区定位不清和环保过分集中等不足。目前，江西形成了以宜春（高安、丰城、宜丰）、景德镇、萍乡为主体的三大陶瓷生产基地。

2. 依托工业园区规划，做好陶瓷产业的错位竞争

自2002年以来，江西省确立了以工业化为核心，依托工业园区办工业的发展思路，明确所有新转移至江西的企业都必须纳入工业园的规划。目前，江西省的陶瓷产业基地都设立在工业园区内，并且在全省只有几个重点陶瓷基地，既实现了集群效应，又做到了特色定位，还避免了环保压力。工业园区的设立，必须抓好产业定位，要有意识地根据产业关联度培植产业群，形成主导产业区。明确工业园区主导产业，形成与其他陶瓷产业园区不同特色、不同定位的工业园区，利于陶瓷企业的入园和工业园区的规划。园区产业错位竞争是园区群协同成长的关键，各园区必须在主导产业分工总体规划基础上，倡导产业错位竞争。错位竞争意味着能有效地避免盲目重复以及不经济的相互竞争，使之建立在优势互补、相互促进、整体提高的基础上。错位竞争既是合理分工的体现，也是专业化特色有效实现的要求，对产业聚集起着有利的导向作用。如目前江西形成了三大特色陶瓷产业基地，既有精品陶瓷（丰城），又有价廉物美的大众陶瓷（高安），亦有以日用陶瓷为主的景德镇艺术陶瓷等。

3. 注重产业发展引导，做好各产业基地的定位与规划

江西在承接陶瓷产业转移中，注重产业发展的引导，给各重点产业基地做好定位，明确其特色与主导产业，以避开正面竞争。以丰城的精品陶瓷产业基地的建立为例，按照丰城的发展规划，全市计划引进全国顶尖级陶瓷品牌企业6家以上，总投资60亿元以上，陶瓷及相关企业实现年销售收入100亿元以上。高起

点规划、高层次招商、高标准建设,避免同行业低层次竞争,这一错位发展的思路,既是基于丰城实际的现实选择,也源自对陶瓷产业发展竞争的深入研究。景德镇陶瓷工业园则以日用陶瓷为主导产业,加上原有的艺术陶瓷,必将为景德镇陶瓷产业带来全新的时代。

(四) 加快承接江西陶瓷产业转移的具体措施

在"南陶北进"、"东陶西进"的产业大转移中,江西成为最大的赢家之一。江西省从高安、丰城、萍乡、九江、东乡到千年瓷都景德镇,重新形成了一个"大陶瓷"格局,近几年吸纳的投资近200亿元。江西已经形成了以景德镇、宜春(高安、丰城、宜丰)、萍乡为主体的三大陶瓷生产基地:江西省建筑陶瓷生产基地(高安);精品陶瓷生产基地(丰城);日用陶瓷生产基地(景德镇);工业陶瓷生产基地(萍乡)。从表5-29中可以看出,在整个江西省承接产业转移中,绝大部分的陶瓷企业都转入了三大产业基地。其中高安和丰城收获最大,每一个产业基地都已形成一定规模,具有一定影响力。

表5-29 江西省建陶瓷基地承接产业转移概况

陶瓷产业基地	企业数(个)	总投资(亿元)	所占比重(%)	拟建生产线数(条)	预计产量(亿平方米)	预计产值(亿元)
景德镇	4	40	14.1	50	1.400	56
高安	24	110	38.9	153	4.600	92
丰城	5	60	21.2	84	2.184	109
宜丰	12	30	10.6	50	1.500	30
萍乡	8	18	6.3	—	—	—
其他	3	25	8.8	42	41.200	42
合计	56	283	100.0	379	50.884	329

注:一般一条生产线总投资在3000万~5000万元,平均日产量基本在6000~10000平方米。由于萍乡生产的陶瓷以工业陶瓷为主,产能与建筑陶瓷单位不同,因此空缺。

高安计划力争用5年时间实现年产值300亿元、把"江西省建筑陶瓷产业基地"做成"全国陶瓷中心"。江西省建筑陶瓷生产基地(高安)提出"规划引路,整合集群,做成配套完善、功能强大的完整产业链",并按照"做产业、成系统、可持续"的原则,切实做到产业与环保并重。丰城制定了陶瓷产业"611"发展战略,在工业园区开辟了10平方公里的精品陶瓷工业园,力争通过3~5年的努力,引进6个投资超10亿元的建筑陶瓷和卫生陶瓷产业项目,实现陶瓷产业年产值超100亿元。实施可持续发展战略,大力发展精品陶瓷产业,努力形成一个结构合理、以"高档、精品、齐全"为主要特色的陶瓷产业,全力把丰城打造成中国精品陶瓷之都。

景德镇确定了以高技术陶瓷为核心竞争力的陶瓷产业格局发展战略,形成了以日用陶瓷、艺术陶瓷为主,建筑卫生陶瓷、工业陶瓷、电子陶瓷及特种陶瓷并举的产业格局。宜丰县良岗建材工业园,2008年3月与广东佛山南海狮山陶瓷工业园对接,拟承接转移50条建陶生产线,其中江西欧尔玛陶瓷有限公司投资4.125亿元,拟建4条抛光砖生产线,已经点火,单线日产量达1.2万平方米左右。萍乡湘东区2009年1月10日被中国工业陶瓷协会誉为"中国工业陶瓷之都"。萍乡基地主要是以陶瓷工业为主、第二产业和第三产业为辅,以劳动密集型为主、技术密集型为辅,以适用一般技术型为主、高新技术为辅的陶瓷工业生产和研发基地。

在陶瓷产业重点基地的培育方面,江西的下一步计划就是对江西建筑陶瓷产业的发展进行更加合理的规划和定位。从省级政府的高度,统筹兼顾,科学规划,对未来5~10年江西省建筑陶瓷产业的发展做一个系统而又整体的规划,错开定位,充分发挥各自优势,吸纳最适合该区域发展的生产要素向该区划聚集,最终形成错位发展、各有特色、相互补充、相互促进的良性发展局面。

六、本章小结

本章首先采用了工业产业的从业人数比重、全社会固定资产投资增幅和比重与制造业地区平均集中率三个指标的基础数据分析了国内东、中、西部区域产业转移发展的态势;基于国内28个省(市、区)域的制造业的数据,采用本书所构建的区域产业转移发生势差评价体系进行应用,对2000~2008年国内东部10个发达省(市、区)的产业发展势能、18个欠发达省(市、区)的承接产业转移的竞争力和各发达区域至各欠发达区域的发生势差进行了综合评价与结果分析,得到了历年产业转移发生势差的总排名;根据发生势差数值的特点和排名,将全国的发生势差划分为五个梯队,并根据统计结果做出了0.3为产业转移发生势差临界阈值的理论判断;用江西省承接陶瓷产业转移的个案为例,对国内东、中部产业转移进行了具体案例分析。

第六章 两区域产业转移的对接与协调

区域产业转移发生机制理论分析范式中明确了区域产业转移包括了转出区、转入区和两区域的对接。为了促进产业转移事实上的发生，必须做好两区域产业转移的对接与协调工作。本书认为要促使两区域产业转移顺利对接，必须消除两区域中的三种阻力，加大其推力和拉力，因此两区域产业转移的对接应该包括三方面的内容：转出区的影响、转入区的影响及区域产业转移发生的对接。这里的两区域产业转移对接与区域产业转移发生对接是完全不同的概念，区域产业转移发生的对接是指已经达到了发生势差阈值的基础上，两区域间产业转移发生所需要的对接平台和对接措施，而两区域产业转移的对接则是指整个大的两区域假定概念下的产业转移的对接和整体协调，包括了转出区和转入区中的阻力因素的消除等范畴。

一、区域产业转移发生机制形成的主要制约及表现

根据两区域产业转移发生的必要条件：两区域的发生势差达到一定的程度（产业转移阈值为0.3）和两区域产业转移对接，产业转移的制约因素可从三方面来分析。为了两区域发生势差达到一定程度，必须加大两区域间的推拉力量，尽量加大其推力和拉力，减少阻力和约束力。因此，两区域间产业转移的对接就包括三方面的内容：转出区影响力量的分析、转入区影响力量的分析和产业转移发生的对接与协调。基于发生机制的理论分析，其发生机制形成的主要制约方面亦来自三方面的约束：转出区的阻力因素、转入区的阻力因素和对接渠道中的阻力因素，具体的制约方面在其后小节中将分别阐述。为了使两区域间的产业转移顺利进行，就必须尽量减少以上三方面的阻力，必须加强两区域产业转移的对接和协调工作，使整个两区域的对接和协调能合理有效地进行。产业转移发生机制形成的主要制约及应对措施具体如图6-1所示。这些制约条件是产业转移的影

响因子作用而导致的,在实际产业转移中则会表现出各种制约的现象。

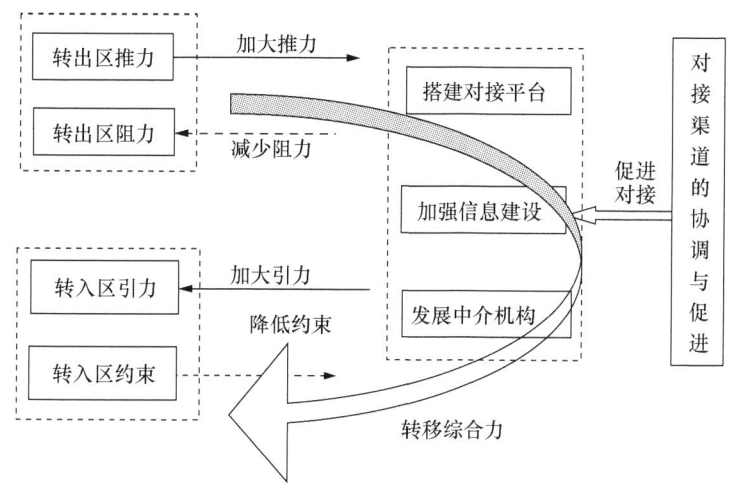

图 6-1 区域产业转移发生机制形成的主要制约及应对措施示意

区域产业转移发生机制形成的主要制约为以上理论分析中的转出区、转入区和对接中的阻力因素,其在实际产业转移中还存在着其他明显的制约表现,简单介绍以下几个主要的方面:

1. 转出区政府鼓励产业向本省欠发达地区转移

由于发达省份区域内自身的发展不平衡,同一省不同区县之间经济发展水平差异很大,近些年东部发达省份为了促进本省地区的经济协调发展,大多出台了一系列政策措施,鼓励本省一些产业和资本向省区内欠发达地区转移,客观上造成对东、西部省区间产业转移的拦截。

2. 劳动力转移在一定程度上替代了产业转移

中国地区间与城乡间收入的巨大落差使农民工向东部、向城市的流动长期存在,同时因城乡分割的二元户籍政策使农民工身份和职业角色长期分离,农民工工资严重偏低,导致廉价而充足的劳动力的流动就在很大程度上影响了产业转移。劳动力流动成本低于资本流动成本,使劳动力流动净收益相对高于资本流动净收益,进而导致东部与中西部间长期以来的主要要素流动形式为劳动力流动而非资本流动。而劳动力的大量东进,又改变了东部地区劳动力供求情况,限制了其劳动力密集型制造业中劳动力价格的升幅,导致本应由高劳动力成本地区向低劳动力成本地区进行的资本流动被进一步抑制,对区域产业转移造成客观负面影响。

3. 产业集群优势产生了产业转移的"黏性"

转出区的产业环境和产业集群优势明显影响着产业的转移,加大了其转出的"黏性"。发达地区的产业竞争力不完全依托于某些低成本要素,产业环境、产业组织优势、产业配套体系对维持产业竞争力产生决定性的作用。尽管沿海地区资源及要素成本相对较高,但其制度成本低、产业内部化优势明显,产业集群发达,有利于相关企业的成长与发展,有利于企业获得信息和科研支持等。

二、企业迁移的影响因素和迁移机理

下面先以产业迁移的微观基础——企业作为研究主体来确定产业转移的影响因素和迁移动力机制及机理。

(一) 企业迁移的影响因素

企业迁移作为产业转移的微观载体,是企业区位调整的一种特殊的形式,是适应市场需求、消费者偏好、环境管制以及技术进步变化的一种方式(Pellenbarg,2002)。同时,企业迁移也是一个谋求新的发展空间以更好地满足迁移企业成长需要的决策过程。产业转移的形成是以大量的企业迁移为基础的,少数的企业迁移不是产业转移,同一行业内企业或配套企业大量的迁移才是产业转移。要研究产业转移的机理,首先要研究企业作为一个单个的个体其迁移有哪些影响因素,其迁移的动力机制和决策因素有哪些?

1. 迁出地的影响因素

迁出地的影响因素有:①原材料及能源供应紧张;②劳动力成本上升;③土地资源稀缺;④产业升级和环保压力;⑤新引进高新技术企业数量;⑥维持本地经济总量。

随着外资企业大规模进入中国东部沿海地区,推动了珠三角和长三角等沿海城市的经济发展。但自2000年以来,在珠三角和长三角等地,由于能源和原材料的价格上涨,供应紧张,且土地和工资成本不断攀升,加上人民币升值和加工贸易政策的调整,导致企业的经营成本全面提升。沿海发达地区为了加快产业升级步伐,政府往往制定更加严格的产业标准,包括技术水平、资源利用效率和环保标准。为了更好的配合国际产业的转移,让更先进更高新技术的国外企业能更多更快地进入东部沿海地区,东部沿海地区也迫切需要把一些中低端产业或者高污染产业转向欠发达地区,以实现"腾笼换鸟"。以上这些因素都是企业迁移的动力,推动着企业向欠发达地区尽快的迁移。同时,发达沿海地区政府领导为了保证其政绩,维持其本地的经济总量和经济增长,又想方设法留住这些迁移的企业,对企业的迁移无疑又多出了一道阻力。

2. 迁入地的影响因素

迁入地的影响因素有：①产业集聚吸引力；②较低的要素成本价格；③优惠的税收政策；④完善的基础设施建设；⑤优化本地产业结构。

东部发达地区有大量的企业要迁移出去，但迁移到哪个欠发达地区则要看迁入地对迁移企业的吸引力了。企业迁移很大一个因素是迁入地产业集聚的程度。一个企业的迁移所带来的影响非常小，如果没有配套的企业，没有该行业的集聚，则该企业也很难有更好的发展。而且企业在迁移的过程中，往往会表现出群聚的特征，即一个企业的迁移决策将会产生一种群聚效应。其次企业迁移主要考虑的则是迁移后带来成本的减少。如较低的要素成本价格、较容易获得企业所需要的资源、优惠的税收政策、完善的基础设施建设、良好的政府作风和效率等。对于迁入地政府而言，则存在一个两难的境地：一方面想提高政绩，加快经济的发展；另一方面却要以本地的环境污染为代价，对本地的产业结构优化升级可能也起不到很好的效果，这对高污染和高耗能的企业来说无疑是一个明显的阻力。

3. 企业迁移渠道的影响因素

企业迁移渠道的影响因素有：①引导产业转移的政府政策；②促进企业迁移的中介组织。

不管是迁出地还是迁入地的政府在产业转移中都承担着重大的角色。为促进区域协调发展、优化空间布局结构，两地的政府都采取了一系列的措施，鼓励和引导企业进行合理的迁移。对于迁出地政府为了保证企业合理的迁移出去，并且保证该地区的经济总量和发展，制定了大量的鼓励企业向本地区欠发达地区迁移的政策。对于迁入地政府则是使出了浑身解数，采取一轮又一轮的招商引资方式前往发达地区大张旗鼓的引资。从土地成本的下降，到减免税收，各地政府上演了一幕又一幕互相竞争的廉价政策。这其中产生了很多促进产业转移和企业迁移的一些中介组织，招商部门全都驻到沿海省份和城市，招商中介会不断地在沿海城市上演，这都是为了促进产业转移所做的一些中介组织活动。值得一提的是，在国外，还专门有为企业迁移服务的服务企业，这一行业的诞生为企业迁移提供了更加便捷而高效的服务。

（二）企业迁移的动力机制模型

企业迁移的动力机制模型可用图 6 – 2 表示。根据以上影响企业迁移的影响因素分析得出企业迁移的动力模型。推力主要是迁出地区的积极影响因素，拉力为迁入地区的积极影响因素，阻力则为迁出地区的维持本地经济总量的因素和迁入地区的优化本地产业结构的因素。其中政府和促进企业迁移的中介组织则起到了一个促推力的作用，也是企业从迁出地到迁入地实现迁移的一种渠道和途径。

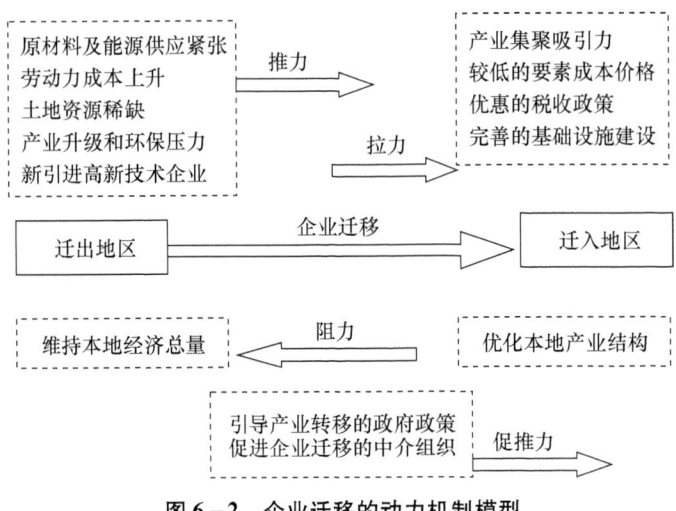

图6-2　企业迁移的动力机制模型

（三）基于系统基模的企业迁移机理模型

为了更好地分析企业迁移机理，我们利用系统动力学的基模对企业迁移机理进行更为深入的研究，如图6-3所示。

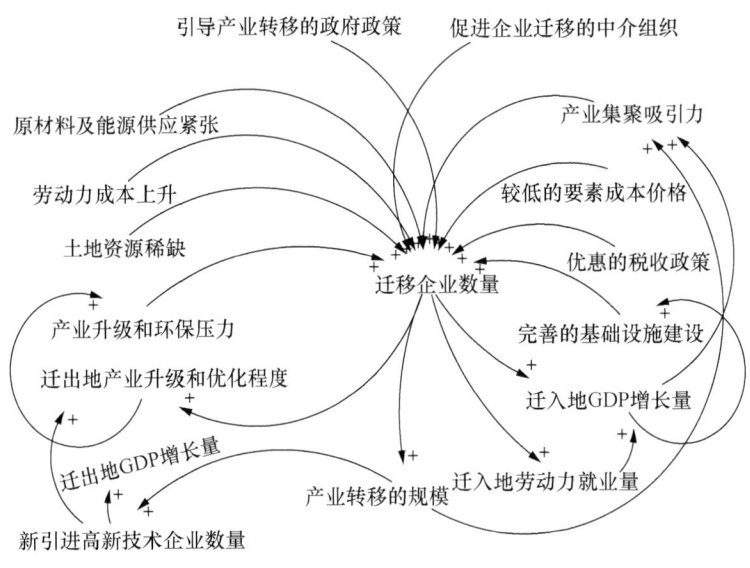

图6-3　基于系统基模的企业迁移机理模型

图中的基模表明：迁出地的影响因素——原材料及能源供应紧张、劳动力成本上升、土地资源稀缺、产业升级和环保压力、新引进高新技术企业数量都有助于推进企业向外迁移，都是对迁移企业数量起正向的作用。迁入地的影响因素——产业集聚吸引力、较低的要素成本价格、优惠的税收政策、完善的基础设施建设则有助于更好的吸引迁移企业进入迁入地，对迁移企业数量也起正向的作用。而对于引导产业转移的政府政策和促进企业迁移的中介组织，对企业迁移则起一个促推力的作用，对迁移企业数量也起正向的作用。大量迁移企业数量增加就意味着产业转移规模的增大，而产业转移的规模增大则可以促进更多的迁出地高新技术企业的进入，新引进高新技术企业数量的增加又可以促进迁出地GDP的增长与迁出地产业结构升级和优化程度的增加，迁出地产业升级和优化程度提高则对迁出地的产业升级和环保压力进一度增大。迁移企业数量的增加则可以使迁入地GDP增长，迁入地GDP增长则可以更好地完善基础设施的建设，同时产业转移规模的扩大又可以更好的提高产业集聚的吸引力。

（四）企业迁移中的系统反馈环及对策建议

从上面基于系统动力基模的迁移机理模型可以知道，在这个系统基模中有两个大的正向反馈环，分别是迁出地系统反馈环（见图6-4）和迁入地系统反馈环（见图6-5）。

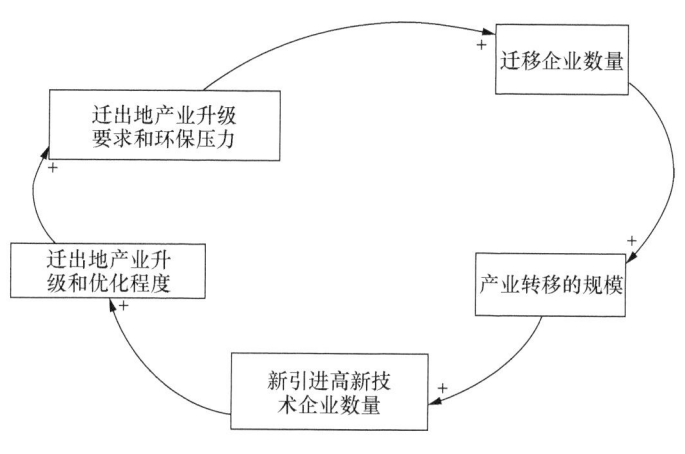

图6-4 迁出地系统反馈环

1. 迁出地系统反馈环

迁出地系统反馈环由五个环组成，都是正向作用。迁出地产业升级要求和环保压力使迁移企业数量增加，迁移企业数量增加导致产业转移的规模增大，产业转移规模增大使迁出地更有空间和资源引进高新技术企业，新引进高新技术企业增加会使迁出地产业升级和优化程度提高，这将进一步对迁出地产业升级提出要求和施加环保压力。由此，迁出地将进入一个良性的正向反馈系统，也就是合理的企业迁移将对迁出地经济的发展和产业升级起到良好的作用。

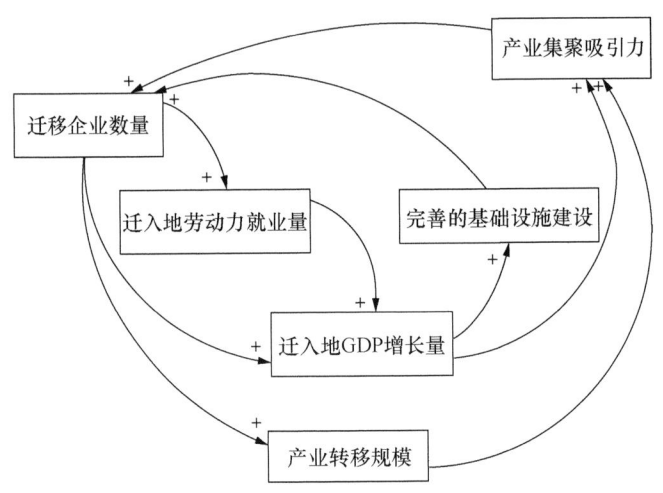

图 6-5　迁入地系统反馈环

2. 迁入地系统反馈环

迁入地系统反馈环中由六个环组成，也都是正向作用的，但各个环之间还有相互作用。进一步划分，这里则能组合成九个小的正反馈环。在这里，我们只探讨个别反馈环。迁移企业数量增加会导致迁入地 GDP 增长，GDP 增长可以更好地完善基础设施建设和提高产业集聚吸引力，而这两者又正是作用迁移企业数量增加的正向量因素。迁移企业数量的增加还会导致产业转移规模的增大，产业转移规模的增大更进一步提高产业集聚吸引力，甚至可以带动整个产业的整体迁移，产业集聚吸引力提高又作用于迁移企业数量的增加。因此，由迁入地系统反馈环看，迁入地通过合理的承接产业转移，吸引迁移企业，可以促进经济发展，提高劳动力就业的经济和社会的双重效应。

三、转出区产业转出的动力与阻力分析

本章研究转出区的动力与阻力因素分析是为了降低转出区的阻力和加大转出

区的动力,研究转入区的引力与约束因素分析是为了降低转入区的阻力和加大转入区的引力,即最终达到加大两区域产业转移的推拉力的结果。转出区的产业转出动力与阻力因素如表6-1所示。

表6-1 转出区域影响产业转移的因素分析

影响类型	影响因素	作用方向	促进对接措施
动力因素	产业结构升级的要求	加大推力	加速产业结构升级
	生产要素成本上升	加大推力	对于部分资源紧缺的生产要素或材料进行限制性定价,加快边际产业转移步伐
	企业成长和市场扩张的需要	加大推力	扶持企业成长和扩大市场份额
	资源环境约束加大	加大推力	出台新的环保政策或严格执行原有政策
	政府产业发展政策	加大推力	制定引导产业发展的产业政策,在产业规划中明确重点产业和淘汰边际产业
阻力因素	产业集群化、专业化的要求	减少阻力	集群化的同时亦能做到集群的发展、壮大与复制
	政府政绩考核的要求	减少阻力	政绩考核要做到量与质同等重要

(一)区域产业转出区的动力因素

区域产业转移转出区的动力因素存在很多方面,这里主要介绍以下五方面的推动力,并不是说其他的动力因素就不重要,而是指普遍来讲推动产业转出的主要动力因素由以下几方面构成:

1. 产业结构升级的要求

产业转移是转出区产业结构调整升级的重要和主要途径,更是区域产业竞争优势转换升级的有效方式。同时,产业结构升级是地区经济发展的主要推动力量。一个地区的产业结构变化是一个持续不断的过程,技术进步和社会变迁促进新产业出现的同时,也促使一些原有产业衰退甚至淘汰,这就使那些边际产业必须进行产业转移或调整淘汰。边际产业的转移可以使这部分资源继续发挥效用,同时使另一部分资源重新配置到新产业中,以便促进新产业的发展,从而实现产业结构调整与升级。产业结构调整升级的同时必然伴随着资本存量及结构的改变,与此相伴而生的便是产业转移。

目前,东部沿海地区已经积累起一定的资本、技术和市场资源,具备了承接新的国际产业转移或通过自主创新发展新产业的高级生产要素,但诸如自然资源、非技术劳动力等初级生产要素却仍然被传统的劳动密集型产业所占据,所以亟须释放一部分生产要素才不会妨碍新产业的成长。为了实现地区经济持续发展,东部地区加大了产业结构调整和升级的力度,为了给附加值更高的高新产业腾出发展空间,并提供更多的资本、劳动力、环境等要素和其他资源,集中力量发展先进产业,那些资源密集型、劳动密集型产业就迫切需要向外转移。丧失了比较优势的边际产业由发达地区向欠发达地区转移。既是发达地区经济集聚到一定程度而导致的产业结构、产品结构升级的必然结果,同时又能使欠发达地区潜在的比较优势转化为产业优势和经济优势。产业转移,不仅为发达地区新兴产业的成长腾出了良好的发展空间和环境,通过产业结构升级改善经济增长的素质和质量,确保经济的可持续增长,而且为欠发达地区的经济发展提供了机会,使其更多的生产要素由传统产业向新兴产业转移,并使发达地区有能力在更高层次上参与地区分工乃至国际分工,因而是实现地区协调发展的主要途径。需要说明的是,尽管东部地区加大了结构调整的力度,但产业结构中传统产业仍占主体地位,结构升级对于推动传统产业向中西部转移的作用还不大。加速产业结构的升级,可以加快产业转移的步伐,可以从全国区域的角度来优化资源的配置。

2. 生产要素成本上升

各种生产要素都有其追逐自身利益最大化的特性,产业利益差则是产业转移的根本动力。产业利益差的产生来自两方面的诱导因素:一是生产要素成本压力;二是市场拉力。区域间由于经济发展水平不同、资源禀赋不同、产业成长相异,这种差异决定了区域间生产要素价格的差异,也即是产业经营的生产成本的差异,这是推动产业转移的最主要诱因。东部沿海发达地区随着产业集聚的成长,必然出现土地、劳动力等生产要素成本,基础设施如水、电使用成本等的上升。经过30多年的经济快速发展,随着产业的规模集聚,珠三角、长三角等东部沿海地区的能源、原材料、土地、劳动力等生产要素价格大幅度提升,发展空间狭小,资源和环境承载力趋于下降。沿海城市普遍出现"电荒"、"民工荒"等现象,甚至还出现了交通拥挤、住房紧张、劳资纠纷尖锐等一系列社会问题。在此情况下,东部沿海地区的边际产业,特别是一些传统的劳动密集型产业,迫切需要通过向欠发达地区转移来缓解生产要素成本上升的压力,拓展新的发展空间。

在这种情况下,通过产业转移,东部地区能够缩短产业链条以腾出空间发展新兴产业,提高其资源的配置效率,同时以其开放优势、窗口效应来吸收外部的先进管理、先进技术,集中财力和技术开拓深加工、高附加值产品市场,从而提高我国新兴产业的国际竞争力。同时,通过承接产业转移能够加速中西部地区的经济发展,降低产品开发成本和价格,从而为东部地区提供廉价而可靠的原料和能源支持。转出区对于部分资源紧缺的生产要素或材料可以适当进行限制性定价，以加快边际产业转移步伐。

3. 企业成长和市场扩张的需要

伴随产业转移进行的向中西部地区的投资并不完全是边际性产业的撤退，其中部分企业是看中了中西部地区的广大市场前景和企业成长扩张的需要而进行的战略性投资。市场需求是产业形成、发展的最根本动力，追求市场扩张是扩张性产业转移的最主要的诱因。扩张性产业转移往往是区域间存在贸易壁垒，通过产业贸易难以实现市场扩张，只有通过直接投资才能绕开壁垒，从而形成产业转移。东部沿海地区一些经营状况较好、发展较快的实力企业，已在资金、技术和经营管理水平上都有了相当的积累，为了扩大市场或在全国进行战略布局，纷纷向区域外进行产业转移，在全国范围内获取更大的市场和经济利益。而在产业转移过程中最活跃的是中小型民营企业，追求企业成长、推进对外扩张，常常是这些企业进行产业转移的目标。特别是2008年以来，由于受金融危机的影响，使得外贸市场压力显著增大，迫使东部沿海地区的企业通过产业转移的方式来开拓内地市场。这些企业在选择产业转移的对象区域时，常常和产品的销售市场重合，更加接近消费地。转出区政府应加大力度扶持企业成长和扩大市场份额，以做强做大当地的优势企业。

4. 资源环境约束加大

近年来，由于产业规模的加聚及重工业化的加速推进，我国东部沿海地区资源环境双约束和经济增长之间的矛盾不断加剧，土地资源日趋紧张，能源、水电供应不堪重负，环保压力日渐增大。随着经济发展阶段的不同、人们的生活水平的改善以及产业结构的高度化，对环境的要求也越来越高，政府还会通过提高环境标准，促使污染性行业进行治理或者迁移。转出区政府部门应在加强和改善宏观调控的过程中，坚持严把土地闸门和市场准入门槛，不断加大节能减排工作力度，使一些边际企业加快其转移的步伐。

5. 政府产业发展政策

产业政策具有很大的政府干预弹性，转出区政府可以通过间接干预的方式调节市场机制；也可以通过项目审批、价格管制等强制方式体现政府的意志，迫使一些淘汰产业和边际产业向外转移出去。政府产业发展政策会影响企业放弃缺乏生产力的产业或产业环节，而走进更高生产力的产业。政府通过一系列政策工具支持其主导或支柱产业的发展，引导产业集聚；同时限制一些产业发展，出台政策引导产业区域转移，协调区域发展。政府还可以利用金融税收等手段，来优化产业结构，对不符合地区发展要求的产业，通过金融、税收等控制其发展，紧缩信贷，促使该类产业寻找合适的发展空间。政府产业政策的导向作用对于产业结构调整来说则是促使不符合其发展方向的产业加速对外转移。转出区政府可以通过制定引导产业发展的产业政策，在产业规划中明确重点产业和淘汰边际产业等政府行为，加速产业转移的步伐。

（二）区域产业转出的阻力因素

这些年，研究区域产业转移的文献日益增多，并且各承接地地方政府承接产业转移的呼声日益提高，仿佛大规模的产业转移已经到来了一样。但事实上，国内的区域产业转移是雷声大、雨点小，大规模的区域产业转移还远未到来，国内目前区域产业转移还处于一种呼之欲出的倾向和状态。区域产业转移速度缓慢的原因不是承接地吸引力不够，也不是转出地转出动力不足，主要原因是转出区域的阻力比较大。因此，消除转出区的阻力因素成为产业转移对接中的一个关键环节。但有些产业转移的阻力因素是不可能消除的，只是尽可能地减少其阻力，以下几方面的阻力因素分析，有助于后面章节中的促进措施的提出。产业转移转出区的阻力因素亦存在很多方面，这里主要介绍以下几方面的阻力因素：

1. 产业集群化、专业化的要求

产业集群是由一群具有产业关联性的企业，包括最终产品制造商、中间产品供应商、产业内服务供应商，以及在专业知识和技能方面能对相关产业产生支持作用的机构，在地理上或特定地点的集中现象。集群内的企业形成了专业化的生产协作网络，可以降低交易成本、提高生产效率，培育出实力强大的龙头企业、促进地区经济增长，地区经济增长又能反过来促进产业的集群化发展。群内企业的生存发展及竞争优势的获得离不开群内的专业化市场、协作配套商、客户群体以及独特的产业文化和制度环境。集群内龙头企业的退出很可能会影响整个生产协作网络的运转，而单个转移出去的企业在短时间里也无法组建新的生产协作网络。同时，中西部欠发达地区尚未形成比较好的集群发展模式，单个企业转移到欠发达地区，将会因脱离生产协作网络而无所适从，丧失很多因集群化、专业化而获得的信息和资源优势。东部沿海地区产业集群化发展形成群内企业的植根效应，产生了很大的转移"黏性"，构成了阻碍产业转移的重要因素。转出区政府在发展本地的产业集群时，也应该根据集群的生态特性规划其适当规模控制，做到产业集群化的同时亦能做到集群的发展、壮大与复制。

2. 政府的政绩考核的要求

现有政府的政绩考核体制的不合理性也成为阻碍产业转移的重要因素之一，它成为影响产业转移的特殊因素。产业转移的发生不仅有赖于企业追逐自身利益最大化而进行的迁移，而且深受政府的引导或阻碍的重要影响。政绩的高低决定着地方政府官员的升迁，而在目前的政绩考核体系中，经济增长速度是最重要的考核指标，维持当地经济的总量发展与保证当地财政的充盈是政府官员首要的目标。因此为了加快本地经济增长速度、提高政绩，各级地方政府官员必然热衷于在任职期内尽量提高本地 GDP 的增长率。而在掌握了土地、能源等关键资源并能控制国有商业银行信贷资金流向的情况下，地方政府必然会倾向于支持更多资本投入、更多使用土地、能源等资源，并能在短期内迅速提高产出水平的生产项目。也就是为了当地经济的总量均衡和财政保障，阻止一些有潜力的税收大户企业向外转移。

虽然发达的东部地区与欠发达的中西部等地区存在经济梯度差异，同时，东部地区内部也存在着经济梯度差异。东部地区地方政府为了增加当地财政收入和就业，往往不考虑各地区的资源禀赋特性，采取各种措施鼓励边际产业向本省区低经济梯度地区转移，东部的落后地区在一定程度上拦截了东部地区向中西部欠发达地区的产业转移。因此，转出区政府在进行政绩考核时要做到量与质同等重要，这样才能真正达到优化产业资源配置的要求。

四、转入区承接产业转移的引力与约束分析

产业转移是转入区经济启动和发展的强大外力，也是区域产业结构调整和转移的切实可行的现实途径。国内区际产业转移，不仅需要产业转出地的转移推动力，更需要产业承接地的转移拉动力，而拉动力的主要表现就是要具备所承接产业的发展条件与吸引力，产业必然会向那些提供了良好基础设施和生存环境的地区进行转移。在转出区域称推进产业转出的力量为"推力"，在转入区域则称之为"拉力"，但在产业转入区域也同样存在不同方向的推拉力量，其综合起来的推拉力直接决定产业转移能否承接成功。本节将要解决影响承接产业转移的竞争力有哪些具体的因素，如何降低转入区的约束力量和增强转入区的引力，从而加大两区域间的推拉力。转入区的产业承接的动力因素与阻力因素如表 6-2 所示。

（一）工业园区建设对产业转移的引力分析

在产业转移的引力因素中，首先必须提到的影响因素是工业园区的建设。工业园区的建设直接影响承接产业转移的数量与质量，工业园区的定位也直接影响承接产业的选择与定位，工业园区的完善程度则直接决定能否承接到转移的产业和承接的力度，因此，工业园区建设对吸引转移的产业具有重要的作用。

表6-2 转入区域影响产业承接的因素分析

影响类型	影响因素	作用方向	促进对接措施
工业园区的引力因素	工业园区的发展对当地经济的促进作用	加大推力	做好特色工业园的定位和规划,加大对工业园区的投入,扶持工业园区的前期发展
	工业园区的产业政策对承接产业的影响	加大推力	明确工业园区的优惠政策,引导支持性产业的发展
	工业园区完善的基础设施建设	加大推力	加大工业园区的基础设施投入,提高工业园区的服务意识和服务质量
其他引力因素	低廉的生产要素成本	加大推力	保持生产要素价格的涨幅,突出主要资源优势
	巨大的市场潜力	加大推力	扩大当地的市场内需,拉动地方经济增长
	产业集聚吸引力	加大推力	突出产业特色,完善产业配套体系,吸引发达地区的相关产业再次集聚
	资源配置的优化	加大推力	强化资源配置的优化效应,达到转出转入两区域间资源配置的最佳优化效果
阻力因素	不完善的投资环境	减少阻力	完善投资的软硬件环境
	较低的产业配套能力	减少阻力	完善园区的产业配套能力,完善供应链体系
	环境污染加剧的影响	减少阻力	承接产业转移的同时,把好环境保护的关卡,确保环保措施到位和实施
	产业结构失衡的影响	减少阻力	承接产业转移的同时,根据产业规划定位引导产业的承接,资金和技术引进的同时解决好技术的消化与产业结构的均衡发展问题
	高端人才与企业才能的限制	减少阻力	提高当地的生活水平,完善地方人才吸引机制,减少地方人才的外流,根据产业特点要求适当制定吸引外地高端人才与企业家的人才激励方案

1. 工业园区的发展对当地经济的促进作用

表6-3汇总了2001~2007年江西经济总量(GDP)、工业园区工业增加值、工业园区从业人数、城市化水平和工业化水平的数据。

表6-3 江西省经济总量与工业园区相关基础数据

年份	江西省GDP(亿元)	全省工业园区IAV(亿元)	工业园区IAV占全省工业GDP(%)	工业园区从业人数(万人)	占全省工业从业人数中的比重(%)	工业化水平(%)	城市化水平(%)
2001	2175.70	44.82	7.43	13.84	3.64	14.17	30.41
2002	2450.50	118.92	16.93	32.78	8.43	14.80	32.20

续表

年份	江西省GDP（亿元）	全省工业园区IAV（亿元）	工业园区IAV占全省工业GDP（%）	工业园区从业人数（万人）	占全省工业从业人数中的比重（%）	工业化水平（%）	城市化水平（%）
2003	2807.40	285.44	33.06	45.70	10.21	15.91	34.02
2004	3456.70	333.32	29.24	74.49	15.68	18.14	35.58
2005	4056.80	483.52	33.22	84.96	17.32	21.75	37.10
2006	4670.50	737.44	40.83	106.35	21.13	27.58	38.68
2007	5500.30	1239.77	54.80	119.87	22.91	33.13	39.80

资料来源：江西历年《统计年鉴》和江西省统计局工业园区资料。江西省工业园区资料以江西省已批的94家工业园区资料为准，其中工业化水平为工业增加值占GDP的比重，城市化水平为城镇人口占总人口比重。

全省工业园区增加值从2001年的44.82亿元增加到2007年的1239.77亿元。与此同时江西省GDP从2001年的2175.70亿元增加到2007年的5500.30亿元。我们可以用江西省GDP来表示经济总量；用IAV来表示工业园区工业增加值（Industrial Added Value）；以时间t为自变量，GDP、IAV分别为因变量，利用SPSS 17.0统计软件对江西省GDP和工业园区IAV进行指数曲线回归。回归结果如表6-4所示。

表6-4　GDP与IAV的指数回归结果分析　（显著性水平 $\alpha = 0.01$）

	经济总量GDP	工业园区工业增加值IAV
a（常数项）	1809.729	39.957
b（回归参数）	0.159	0.505
R^2（回归平方和）	0.996	0.947
Adj R^2（调整后的回归平方和）	0.996	0.937
系数T检验值	$T_a = 52.095$ $T_b = 36.947$	$T_a = 4.200$ $T_b = 9.484$
实际显著性水平 Sig. T（P值）	Sig. $T_a = 0.000$ Sig. $T_b = 0.000$	Sig. $T_a = 0.008$ Sig. $T_b = 0.000$
方程F检验值	1365.079	89.946
实际显著性 Sig. F（P值）	0.000	0.000

从表6-4可以分别得到两个指数方程。即：

$$\text{GDP}_t = 1809.729 e^{0.159t} \tag{6-1}$$

$$IAV_t = 39.957e^{0.505t} \quad (6-2)$$

对于方程（6-1），经方差分析所得 F 统计量值为 1365.079，大于此值的概率值为 0.000，在 0.01 显著性水平下，此回归方程是有效的。在参数估计值的假设检验中，可以看到常数项 a 的估计值 $T_a = 52.095$，回归参数 b 的估计值 $T_b = 36.947$。实际显著性水平 $Sig. T_a = 0.000$，$Sig. T_b = 0.000$，常数项和回归系数在 0.01 水平下均能通过系数的显著性验证。回归方程的拟合优度系数 $R^2 = 0.996$，说明时间 t 这一自变量可以解释江西经济总量 GDP 波动的 99.6%，有力地验证了这一指数曲线回归关系是成立的。

对于方程（6-2），经方差分析所得 F 统计量值为 89.946，大于此值的概率值为 0.000，在 0.01 显著性水平下，此回归方程是有效的。在参数的估计值的假设检验中，可以看到常数项 a 的估计值 $T_a = 4.200$，回归参数 b 的估计值 $T_b = 9.484$。实际显著性水平 $Sig. T_a = 0.008$，$Sig. T_b = 0.000$，常数项和回归系数在 0.01 水平下均能通过系数的显著性验证。回归方程的拟合优度系数 $R^2 = 0.947$，说明时间 t 这一自变量可以解释江西经济总量 GDP 波动的 94.7%，有力地验证了这一指数曲线回归关系是成立的。

表 6-5　江西省年均经济总量增长率、工业园区工业增加值年均增长率

单位:%

项目	计算公式	数值
年均经济增长率 GDP	$(GDP_t/GDP_{t-1} - 1) \times 100\% = (e^{0.159} - 1) \times 100\%$	17.23
工业园区年均工业增加值增长率 IAV	$(IAV_t/IAV_{t-1} - 1) \times 100\% = (e^{0.505} - 1) \times 100\%$	65.7

从表 6-5 中容易看出，2001~2007 年的 7 年间江西省经济总量和工业园区经济呈现出高速增长的态势，经济总量增速在 17% 以上，而与此同时工业园区的增长速度更惊人，以 65% 以上的速度在发展，这体现在工业园区的增长速度为 65.7%，远远超过 GDP 的年均增长率 17.23%。

通过以上实证分析的数量关系结果可以充分揭示工业园区的建设、成长与壮大对于承接地区的经济发展起着拉动、支撑的重大作用。通过工业园区对地方经济发展的促进作用的实证分析，转入区更应做好特色工业园的定位和规划，加大对工业园区的投入，扶持工业园区的前期发展。

2. 工业园区优惠的产业政策对产业承接的影响

地方政府的支持是企业发展必不可少的条件，获得政府支持最基本的一条就是顺应政府的发展战略和发展政策。即便某些企业在积极响应政府的发展政策和

发展战略方面，暂时没能在实际的经济利益上带来立竿见影的益处，也可以在未来的发展中，通过政府掌握的资源，如政策优惠、银行贷款、人才吸引、传媒宣传乃至关系疏通带来一些现实的利益，从而有利于企业在激烈的市场竞争中占据主动的优势。各工业园区的产业政策，通常会出台相应的产业规划，将产业划分为优先发展、重点发展、鼓励发展、限制发展等类别。为此，作为区际产业转移主体的企业，将根据这些政策有意识地调整其产业转移方向，进行产品结构的调整，为企业寻求更多的发展空间。此外，政府制定产业政策，旨在促进区域经济超常规发展，通过产业政策的引导和实施，加速产业转移步伐，提高经济发展的速度。欠发达区域经济相对落后，仅靠市场机制和区域自身的力量，实现经济"起飞"将是一个缓慢的过程。而通过政府优惠的产业政策引导，积极承接发达区域的产业转移，将会收到事半功倍的效果。国家实施西部大开发战略和中部崛起战略就是通过国家和地方的一些产业政策，促进产业转移的加速，达到区域经济协调发展的目的。为了吸引沿海地区企业西进，2007年8月，国家发展改革委员会、国务院西部开发办公室等六部委联合发布了《关于加强东西互动深入推进西部大开发的意见》，商务部还实施了"万商西进工程"，鼓励中西部地区承接沿海产业转移和加工贸易转移，鼓励沿海企业和经济技术开发区西进。

欠发达地区农民工返乡的机遇将成为吸引东部沿海产业向中西部地区转移的一大特殊因素。由于东南沿海中小型企业遭遇2008年以来的金融危机使订单减少、出口锐减、被迫停业、歇业甚至倒闭破产，来自中西部地区的农民工被迫返乡。与外出到东部沿海地区打工相比，他们更愿意在本地工作，有更加稳定的环境和生活保障。因为在东部地区长时间工作，他们拥有丰富的工作经验，较强的管理技能和技术水平，具有相对较强的竞争力。欠发达地区为了缓解返乡农民工的就业压力适时地推出了较多的优惠政策，尤其是对返乡农民工创业方面的政策非常有吸引力。加之当地政府如果能够及时抓住机遇，对农民工进行进一步的培训、改造，把返乡农民工变成新兴产业的技术和劳动大军，这对于吸引返乡农民工回乡创业又是一大亮点。基于此背景下，很多有实力的民营企业都利用这一政策把在沿海的企业开在了家乡，不仅缓解了返乡农民工的就业压力，而且大大加速了产业转移的力度，返乡农民工成为来自外部的一大优势资源。因此，转入区政府应进一步明确工业园区的优惠政策，引导支持性产业的发展，为承接产业转移和发展产业集群做好充分的准备。

3. 园区完善的基础设施建设

基础设施越发达和完善，区际产业转移的经济成本就越低。工业园区发达的基础设施可以在一定程度上降低企业生产成本，提高劳动生产率。在一定的经济发展阶段，基础设施投资越是不足，直接生产活动的成本就越高，但随着基础设施资本供给充裕,直接生产活动的成本会不断降低。当然,基础设施对其他产业生产成本的效应并不相同,但总体上倾向于降低生产成本,并且其降低生产成本的功效发挥是有一定范围的限制。对于欠发达地区而言,基础设施的建设确实还存在较多有待完善的地方,但近些年欠发达地区的基础设施建设得到了很大的改善,尤其是一些省会城市及周边地区。转入区政府应加大工业园区的基础设施投入,提高工业园区的服务意识和服务质量。

(二) 转入区承接产业转移的其他引力分析

相对转出区来说,区域产业转移转入区的影响因素存在更多的特殊性因素。下面主要介绍欠发达区域在承接产业转移方面普遍存在的几方面引力因素:

1. 低廉的生产要素成本

欠发达地区拥有广阔的土地和丰富的自然和劳动力资源,要素价格相对低廉,与东部发达地区相比,低的生产要素成本优势相当明显,这是吸引东部沿海地区劳动力、资源密集型产业转移的首要因素。我国中西部等欠发达地区与中国东部沿海发达地区相比低成本优势非常明显,投资欠发达地区可节省成本 20%以上。欠发达地区有着丰富的劳动力、人才资源和水电资源,人均土地拥有量大,电力价格和土地价格远远低于发达东部沿海地区,是发达地区劳动密集型和资源密集型产业区域转移的理想场所。如 2008 年东、中、西部三地的职工年平均工资分别为 34316 元、24426 元和 25602 元,中西部地区的劳动力价格在东部地区的劳动力价格的 70% 左右;东、中、西部三地的职工当年的土地购置平均价格分别为 2282.89 元/平方米、951.98 元/平方米和 1049.67 元/平方米,也就是中西部土地使用成本还不到东部地区的一半,并且中西部地区的工业可用土地是东部地区的 1.4 倍左右;中西部地区的工业用电价格亦只是东部地区的 70% 左右。转入区应保持生产要素价格的涨幅,突出主要资源优势,以提高和确保对发达区域产业转移的引力效用。

2. 巨大的市场潜力

市场是商品经济运行的载体或现实表现,占领市场则是企业作为商家追逐自身利益最大化的最佳方式。扩张性产业转移的企业大多是出于考虑欠发达地区巨大的市场潜力而进行的企业迁移。随着经济发展和人均收入水平的增加,导致了需求结构的变化,特别是近年来金融危机的影响和宏观经济形势的变化,使市场压力显著增大。对外贸易总量急剧下降,海外市场份额的维持都较困难,对于有扩张需要的企业只能是将眼光转向了内销的市场。虽然从收入水平上欠发达地区低于发达地区,但其人口基数大,消费总量也大;而正是收入水平的差异才反映了消费结构的差异,在发达地区市场已经饱和的一些传统产品,在欠发达地区的市场潜力还很大，市场前景还很好。欠发达地区的广大消费市场就成了商家的必争之地，谁先进入欠发达地区进行产业转移，谁就有可能领先占据较大的市场份额。这一现实背景迫使众多企业通过产业区域转移的方式进入内地市场，或者通过更接近消费者所在地而巩固市场。对于欠发达地区市场有需求且成品运输系数高的产品，采用"销地产"的方式，既可以提高在当地市场的占有份额，又可以节省运费，提高产出收益。

转入区承接区域产业转移的吸引力受市场容量和市场化程度因素的影响较大。市场容量是指市场上所产生的需求量和供给量的总和，即市场规模的大小。市场规模的大小决定了企业数量和规模，是产业发展、产业转移的前提和基础。只有市场容量的不断扩大，才能真正刺激企业扩大生产规模，同时吸引新企业的不断进入。市场化程度主要表现为当地市场的竞争程度及政府的干预程度。市场化程度越高，政府干预行为越少，竞争越自由，越有利于东部沿海转移产业的发展和其自主程度的发挥。

3. 产业集聚吸引力

产业集聚在整个产业转移的推拉力量中是一把双刃剑，既对产业转出产生了巨大的"黏性"，造成了重大的阻力，同时也对产业转入产生了较大的吸引力，造成了比较大的拉力。近些年，中西部那些承接产业转移比较多比较好的地方都是有一定产业集聚基础的城市或地区。这说明在吸引转移产业方面，在其他条件普遍雷同的情况下，产业集聚的吸引力是相当有效的，这也是前面提到的需要有一定的产业基础才可能吸引得了产业的转移。产业集群一方面通过企业数量的增加、网络系统的完善等优势对产业转移产生直接吸引；另一方面，产业转移出于追求效率的帕累托最优（主要考虑区位、资源、劳动力及市场等因素），往往以各类园区为载体，谋求生产结构和网络系统的变化，形成企业带动型、产品"外包"带动型和创新本土化带动型产业集群。产业集聚的这种形式在很大程度上提高了承接地的产业级差，使欠发达地区的产业承接基础得到完善，也就增加了转移产业的吸引力。毛广雄（2009）还专门针对欠发达地区的产业转移与产业集聚进行了耦合机制的研究，认为产业集群与产业转移是相互促进、相互联系、相互制约和相互协调的。在保持产业转移过程内部和产业集群发展过程的协调基础上，可以使二者之间在效益目标、整合资源目标、结构升级目标和技术进步与技术创新等目标有机协调，形成良性互动的合力系统，从而取得较好经济发展绩效的过程。转入区应突出产业特色，完善产业配套体系，吸引发达地区的相关产业再次集聚。

4. 资源配置的优化

通过区域产业转移，产业转出地可以释放边际产业占有的生产要素，实现全国乃至全球的资源优化配置。同时，转出地企业可以从承接地获取廉价生产要素，降低生产成本，充分发挥全球生产网络的优势。对于产业承接地而言，在发达地区为边际产业而欠发达地区为新兴产业的进入将使地区生产要素流向发生改变，原有的资源配置方式均衡被打破，新的高效的资源配置机制将重新建立起来。各种迁移企业（包括跨国公司）是先进技术的主要供应者和传播者，以迁移企业为主体的产业转移必然通过各种途径实现技术转移，从而优化了承接地的资源配置方式，扩大了承接地产品生产规模和刺激了科技水平的提高。

从长远看，产业转移对欠发达地区最大的影响是带动一些高级生产要素的流入，主要指技术要素。具有溢出效应的知识、技术在产业转移过程中，被输入地区消化和吸收导致技术进步，并在输入地区形成新的经济增长点，乃至由产业集聚而产生新的经济增长极。从市场竞争的角度看，通过产业转移相当于在转入地区引入竞争机制，对于目前欠发达地区来说，竞争机制的引入可以给本地企业带来新的活力。而本地区企业面对新进入的外来竞争者，为了生存和发展必然在管理理念、组织结构以及生产技术方面进行创新和变革，从而盘活整个地区经济，提升其市场竞争力。应强化资源配置的优化效应，达到转出转入两区域间资源配置的最佳优化效果。

（三）转入区承接产业转移的约束分析

尽管各承接地地方政府在承接产业转移上做出了很多的努力，尤其是在招商引资的方式方法上下足了功夫，但在承接产业转移中还存在很多约束和问题是不可否认的。与某些成功接受大量的区域产业转移的地区相比，大部分欠发达地区在承接产业转移上还有些普遍的约束限制，下面就欠发达地区普遍存在的产业转移转入的约束力方面做些分析。因此，减少转入区的约束因素成为产业转移对接中的一个重要环节。但有些产业转移的约束和限制因素是不可能消除的，只是尽可能地减少和改善。

1. 不完善的投资环境

投资环境是一个国家或地区所特有的决定企业进行生产性投资、创造就业、扩大生产规模的各种机会和激励机制的一系列因素，这些因素包括地理位置、市场规模、消费者偏好等政府难以改变的因素，以及像产权保障、政策稳定性、政府监管水平、金融市场、基础设施、劳动力市场等政府能够改变的因素。欠发达地区投资环境与东部地区相比还存在较大差距，主要表现在以下几方面：

（1）地方政策、法规缺乏确定性、稳定性。有些地方的政策规定非常模糊，让企业无所适从，也没有相应的部门可以给出合理的解释，甚至是政出多门，每个部门的解释都不一样。政府部门出台的政策法规稳定性不够，频繁发生变化甚至朝令夕改,给企业的投资决策造成了很大的不确定性,增加了投资风险。

(2) 政府监管效率低。政府审批事项过多过滥,范围过广、时限过长,审批的透明度和可预见性差,审批手续繁琐,随意性和自量权过大,一些部门工作效率低下,往往使企业坐失良机。还有一些部门在执法当中只顾眼前利益和部门利益,为企业办事设置关卡,乱收费、乱摊派、乱罚款,增加了企业的生产成本和交易成本。甚至有些地方千方百计地引进外地客商,然后各个相关利益部门轮番对外地客商宰上一刀,捞上一笔。

(3) 合同不能得到很好的执行,违约现象严重,而且当出现违约争端时又没有高效的解决机制,且法院判决拖延,法律执行力度薄弱。甚至在外地客商与当地的企业或机构发生争端时,当地政府还有严重的地方保护主义,不能做到公平合理的为客商解决问题。完善投资的软硬件环境成为转入区承接产业转移的当务之急。

2. 较低的产业配套能力

任何产业都不能脱离其他产业而孤立地存在和发展,只有那些能为发达地区转出产业提供良好协作配套条件的地区,才有可能成为产业承接地。由于工业基础薄弱,产业集群发展有限,欠发达地区,尤其是西部地区工业配套能力要远远低于东部地区。而欠发达地区的承接积极性又很高,很多地方盲目地上马一些工业园区的建设,却鲜有产业配套的能力企业和外部环境相适应,最后导致十年荒芜、无人问津的严重后果。由于产业集聚可以降低企业的交易费用,获得更多的行业信息,得到较好的协作支持,因此产业聚集行为与产业转移存在着相互促进的正反馈作用。而一旦产业集聚达不到相应的程度,则会给单个迁移的企业带来更高的成本,甚至无法克服的困难,以至于难以生存和发展。因而,企业的迁入地如果没有还完整的产业集群和配套产业链,将会大大抬高其投资的资本壁垒,在中小型企业中的企业迁移或投资时制造了障碍,使产业难以转移。

技术型产业因扩大市场向欠发达地区转移时,中西部地区技术水平的高低直接影响着先进产业的移入。根据技术适应势差的概念,当承接地的技术势差偏低或偏高时,其转移的可能性都大为减小。随着产业转移的高度化,技术含量较高的先进制造业与新一轮以 IT 为代表的高新技术产业生产制造环节的外移,对承接地技术水平、人才和科技实力的要求越来越高。如果承接地区没有足够技术水平和配套能力承接这些产业转移所附带的先进技术,就无法实现产业的有效转移。

不仅行业的产业配套能力有差距时,无法满足迁移企业的需要,而且整个地区的中介机构的配套能力也会影响企业的迁移。已经迁移的企业发现,即使是以产业转移园区进行迁移的企业,也出现了众多的问题,如没有相应的金融、法律、会计、管理咨询等相应的中介服务机构。欠发达地区缺乏健全的多元化的金融组织体系成为一个关键性的问题，资本市场发展相对滞后，企业融资渠道不够畅通。转入区应完善园区的产业配套能力，完善供应链体系，以确保转移企业能依然保持其在原生产地的集群效应。

3. 环境污染加剧的影响

东部产业的转移会使中西部地区的生态环境压力进一步加大，若处理不好则会反过来影响经济发展。甚至有些人认为所谓的产业转移就是污染转移，对于产业转移持有非常不友善的态度，尤其是对于生态环境良好的旅游风景区，对于引进产业转移必须保持非常慎重的决策。由于地区间环境标准存在梯度差，也确实会为东部地区已经或日趋淘汰的与环境不友好的技术、产品"搭便车"转移到欠发达地区提供了条件。东部地区转移出来的主要是高耗能、高耗材、高污染的产业，包括石油化工、天然气化工、煤化工、冶金、建材等，随着欠发达地区这类产业的增加，必然伴随着资源的大规模开发，由于欠发达地区自然生态环境脆弱，而且对于污染行业处理能力较弱，也没有多少资金可用于污染问题的解决，一旦资源开发处理不当，保护不力，资源破坏的代价会超过资源开发的收益，环境污染的速度会超过环境治理的速度，这不仅影响欠发达地区的可持续发展，而且会大大增加地区经济发展的外部成本。

与此同时，欠发达地区又是生态环境脆弱和经济落后高度叠加区域，日益严重的环境和生态问题对其生存环境和社会经济可持续发展构成了严重威胁（余娟、吴玉鸣，2007），其经济发展过程中消耗了大量土地、水等资源，已经带来了巨大的生态赤字、资源赤字。据有关资料统计，欠发达地区的水土流失面积占全国水土流失面积的80%，沙化面积占全国的99%，草原"三化"面积（退化、沙化、盐碱化）占全国的93.2%，石漠化面积占全国绝大部分。欠发达地区的生态系统结构遭到破坏，造成生态系统功能紊乱，生态环境承载压力和风险与日俱增，生态环境脆弱和生态环境加剧已经成为欠发达地区经济发展进程中的重要约束因素（王金叶、程道品，2006）。转入区政府在承接产业转移的同时，要把好环境保护的关卡，确保环保措施到位和实施。

4. 产业结构失衡的影响

依据比较优势理论而进行的产业转移，对产业承接地而言，其承接的产业是偏重于生产要素成本低廉的行业，大部分属于低附加值劳动密集型产业。容易导致转入区域因接受传统产业的转移而缺乏创新，使产业结构一直处于低附加值化，在一定程度上延缓了当地产业升级的时间。并且随着产业转移的延续，还会不断地强化这种结构，形成相当大的结构刚性使结构转换升级的代价上升。欠发达地区在承接产业转移过程中，如果不重视区域自身的创新与发展，可能会陷入

"引进—落后—再引进—再落后"的怪圈,不可能达到缩小与发达区域之间经济水平差距的目标。承接产业转移固然能带来当地经济的加速发展,可以改善承接地的产业结构,然而必须明确的一点是,承接区域产业转移对中西部地区的意义将不同于此前国际产业转移对落后国家的意义。主要原因在于中西部地区某些地方产业结构化指标上已经达到了比较高级的水平,承接产业转移对其工业化进程加快的意义更多体现在总量上的规模扩张。而总量扩张可能会造成其结构上的层级倒退,亦即中西部地区大量承接东部地区劳动力密集型产业转移导致工业化结构水平的不升反降、不进反退。如果盲目承接东部产业转移,还可能会使发展难度增加、成本升高,使原有的地区优势不复存在,还可能会影响西部地区产业升级,导致产业结构失衡。其结果可能是风险内移,而利益外流,这不仅不能促进西部经济发展,反而制约其发展。

另外,转移产业会对转入区域原有与其相同或相近的产业产生"冲击效应"甚至"挤出效应",影响制约欠发达地区原有产业的发展。这种"冲击效应",主要体现在对生产要素和对市场份额的争夺上。外来企业凭借其强大的技术优势、市场优势,提供给要素的收益率比转入区原有产业要高,从而吸引要素的能力较强。原有产业由于在要素争夺上的劣势,就不得不缩小生产规模,甚至被完全挤出行业。转移产业生产水平较高、管理体系相对完善,有着较高的劳动生产率及产品质量、较低的生产销售成本及产品价格,再加上先进的营销理念、完善的营销网络以及高质量的售后服务,就使西部原有产业在当地的市场份额逐渐降低,生产规模减小,许多重要产品的生产和市场可能被转移企业所控制、掌握和占领。承接产业转移的同时,应根据产业规划定位引导产业的承接,资金和技术引进的同时解决好技术的消化与产业结构的均衡发展问题。

5. 高端人才与企业家才能的限制

欠发达地区劳动力资源充足,但劳动力素质普遍相对较差、生产效率相对较低,企业所需要的专业人员及熟练工普遍缺乏。企业需要的高端人才,如管理人才和技术人才由于产业转移的原因,很多需要在当地聘请。而中西部地区的高端人才本来极为有限,即使当地有些高层次的人才,也由于与沿海发达地区的经营理念、快速的工作效率等不适应而存在很大的摩擦。企业家才能相对其他的生产经营要素来说本来就已经是最稀缺的要素,大量迁移企业的诞生必定需要更多的企业家人才。劳动密集型产业集群中的企业通常技术含量相对较低,企业主选择开办企业的一个重要诱因是地域的产业氛围。大量企业只具备很小的规模,企业家缺乏企业家精神并具有强烈的乡土植根意识,企业主并不具备高度的管理才能。在面临各种压力才被迫进行产业转移的企业,很多原有企业家难以适应外地环境的经营与大规模的分子公司的开设与管理。

另外，产业转移会对转入区劳动力就业带来一定压力。外来企业经营管理水平的高效在提高劳动生产率的同时也会节约劳动力的使用量。同时，东西部产业巨大的梯度差距，还会导致所需劳动力的层次上存在较大差异，加上劳动力供给结构调整的长期性特点，这就使承接区长期以来形成的劳动力结构不能完全满足转移产业的需求，出现结构性失业，而使转入地区劳动力就业压力加大。承接地应提高当地的生活水平，完善地方人才吸引机制，减少地方人才的外流，根据产业特点要求适当制定吸引外地高端人才与企业家的人才激励方案。

五、区域产业转移发生的对接渠道与协调

（一）区域产业转移发生的对接渠道

通过对产业转移发生机制的认识和转出区、转入区的分析，在探索我国区域产业转移规律的基础上，借鉴技术势差的廊道模型，就如何促进产业转移的发生构建两区域的对接和协调保障平台，完善产业对接机制，以促使国内区域产业转移向规范化、合理化、有序化的方向迈进。从第三章的产业转移发生机制的理论范式看，为了促进产业转移的顺利发生，必须包括两个条件：合理的产业转移发生势差和区域产业转移发生的流通渠道。这里将分析在已经达到了合理的产业转移发生势差的前提下，如何更好地完善流通渠道的畅通，如何构建与完善产业对接平台，构建促进区域产业转移发生的对接机制。

产业转移对接与协调是一种政府对企业的引导行为，是政府为了产业实现顺利对接而采取的各种政策引导的过程与促进措施。是区域间政府在遵循市场规律基础上，为避免盲目竞争和实现共同利益，以产业政策协调和构建产业协作平台来引导企业开展产业合作，最终实现合理产业分工和区域协调发展的过程。转入区政府在主动实现产业对接的过程中，其政策和行为比较容易确定。转出区政府则更青睐于将本地的产业转移至本区域内的相对欠发达的边远山区，以保证其经济总量和财政总收入的不变甚至是增长，而对于本地产业转移自身区域以外的地区则表现为不积极的态度甚至是消极对抗的态度。产业对接还包括政府主动地梳理本地区的产业，根据产业发展特点和发展趋势去创造一系列的通道以实现与区外产业间的合作与发展。

1. 区域产业转移对接的前提

产业转移具有一定的客观必然性，客观基础就是转出区与转入区之间存在发

生势差，表现为经济水平的差异性、产业级差上的梯度性、生产要素成本上的较大差异性、技术势差上的梯度性等多个方面。

产业转移的一般规律显示，产业转移与转移方、承接方的产业发展水平、区位条件有着非常密切的关系。就前者而言，要求转移方、承接方的产业发展水平有一定的梯度，但这一梯度应该是适度的，即梯度落差不能过小也不能过大，过小会影响转移的内在原动力和外在推动力，而过大则缺少承接力，转移也难以取得良好的效果。而从后者来说，产业转移成本是进行产业转移的一个重要因素，因而为了节省转移成本，区域或企业在考虑产业的辐射、扩张、转移时，必然重点考虑"就近"的原则，在其他条件相类似的情况下，优先选择向周边辐射、扩张、转移。也就是说，产业转移的一般规律强调了其梯度性与周边性。

根据前面的产业转移发生势差的机制分析，正是基于两区域间已经存在这样一种适度势差的前提下才探讨产业转移的发生。区域产业转移要在事实上发生，在现实中实现对接，前提必须存在发生势差这一客观状态。发生势差大小的比较、定量分析及适度势差的界定已在第五章的实证中进行了界定和分析。

2. 区域产业转移发生的流通渠道

产业转移是产业从转出区域向转入区域移动的现象和过程，产业转移发生势差的存在不一定导致产业转移的必然发生，而是否形成了有利于产业转移的各种渠道和环境，才是决定产业转移与否发生的关键。由于各区域间经济势差、产业势差，尤其是成本势差都存在较大的差异，区域间产业转移发生势差的存在，刺激着各产业不断地转移。但产业转移发生势差的存在只是产业转移发生的必要条件，没有通畅的对接渠道，没有良好的产业对接平台，产业转移就不能合理有效的发生。所谓产业转移对接渠道就是产业对接的通道和平台，它受到转出区、转入区的各方面因素的影响。

3. 区域产业对接中影响流通渠道的因素

（1）引导产业转移的政府政策。不管是迁出地还是迁入地的政府在产业转移中都承担着重要的角色。为促进区域协调发展，优化空间布局结构，两地的政府都采取了一系列的措施，鼓励和引导企业进行合理的迁移。对于迁出地政府为了保证企业合理的迁移出去，并且保证该地区的经济总量和发展，制定了大量的鼓励企业向本地区欠发达地区迁移的政策。对于迁入地政府则是使出了浑身解数，采取一轮又一轮的招商引资方式前往发达地区大张旗鼓的引资。从土地成本的下降，到减免税收，各地政府上演了一幕又一幕互相竞争的廉价政策。

（2）促进产业转移的中介组织。产业转移过程中产生了很多的促进产业转移和企业迁移的中介组织，招商部门全都驻到沿海省份和城市，招商中介会不断在沿海城市上演，这都是为了促进产业转移所做的一些中介组织活动。为了促进区域经济合作而成立的各类合作组织机构,以及定期举行的各类会议、论坛等各种形式招商合作方式,这些都是产业迁移中的中介组织。值得一提的是,在国外,还专门有为企业迁移的服务企业,这一行业的诞生为企业迁移提供了更加便捷而高效的服务。

(二) 区域产业转移发生对接的协调与促进

1. 搭建产业对接互动平台

在促进产业对接互动平台的搭建过程中,必须积极发挥政府的主导作用,并根据不同阶段的需要适时调整政府与市场的边界。借鉴国际上的经验,在经济起飞之前,转入区市场是极不发育或残缺的,当地政府必须在实现产业转移和产业升级中动用强有力的行政手段而不仅仅是经济手段,以替代部分尚未发育完善的市场机制。这方面的成功案例以韩国政府的表现尤为明显,在不同时期,政府选择与不同企业进行合作,集中各种资源,通过政策优惠,迅速地培育起一批主导性产业部门和相应的产业组织。等到市场力量的逐渐形成,政府便有意识地弱化政府作用,以充分发挥市场竞争机制的作用。韩国、中国台湾从20世纪80年代以后政府替代开始弱化,从而形成了"政府替代强化—市场发育—政府替代弱化"的动态演进过程。从承接产业转移的历程看,前期阶段更多依靠政府的强制作用和引导作用促进经济的发展,随着市场机制的不断完善,产业承接更多的是企业出于自身发展需要而做出的选择,政府则发挥维护市场秩序,加强宏观协调、引导等职能。

除了利用政府的作用搭建产业对接平台以外,还应充分发挥民间各种协会、商会等中介组织的作用,为区域产业转移的对接、经济合作交流提供信息和穿针引线,促进产业对接的顺利进行。企业行业协会作为一个行业自律性组织,可以弥补政府和企业无法起到的中观职能。跨越地区构建的行业协会可突破东中西部区域界限,使行业协会成为行业、社会与政府联结的微观纽带,在促进产业对接的过程中,可以弥补行政组织协调机构和企业集团难以起到的作用。除此之外,还应积极推动多种形式的产业和企业合作和对接,鼓励跨地区、跨部门、跨所有制的兼并、联合、重组,发挥跨区域大企业、龙头企业的"领头羊"作用,使之产生"羊群效应",带动中小企业与之协作、配套,提高企业聚集度,实现集群发展。

目前,国内为转出方、承接方服务的产业对接平台逐渐多起来了,比较著名的有"中国东西部合作与投资贸易洽谈会",至今已举办11届;"中国西部国际博览会",至今已举办8届;"泛珠三角区域经贸合作洽谈会",至今已举办4届。其他地方性的平台还有"泛珠三角区域合作9+2大型经贸洽谈会"、"重庆投资

第六章 两区域产业转移的对接与协调

洽谈会"、"中国兰州投资贸易洽谈会"、"中国青海投资贸易洽谈会"等。这些区域合作会议、博览会、洽谈会、高峰论坛等对接平台,在初始阶段是通过政府的作用搭建和宣传起来的,在各类搭建平台正常运转和协调运行以后,则宜弱化行政色彩,强化市场化操作,在政府有关部门的指导和监管下,由市场化的投资中介机构承办,常年运转,以降低招商成本,提高效率。各转入区地方可考虑与东部沿海地区建立专门的负责产业对接机构,定期或不定期就资源开发、贸易、重大项目推进等问题加强协调与沟通,加强产业规划和计划实施的沟通,把产业对接推向更高层次。

2. 加强信息网络建设

时机的把握是产业转移对接的关键。这就需要大量的相关信息,如国际国内有哪些产业可供选择,哪些产业或技术最能充分利用自身的比较优势,新产品的市场潜力有多大,可能存在的竞争状况怎样等。产业转移对接能否成功的关键就是对接双方的信息能不能得到及时有效的沟通,因此加强信息网络建设成为关键性的措施。信息对接的成效则要看东、中、西部地区的信息网络建设的水平,尤其是中、西部地区的信息网络建设能否与东部的对接成为关键。这里所指的信息网络绝不仅仅是电脑网络和通信网络,关键是政府层面是否搭建了有利于企业、个人及时掌握信息的各种平台,如产业信息平台、投资信息平台、技术信息平台、项目信息平台和就业信息平台等,能否及时公开透明地发布相关信息,并且将有用的信息及时而有效地传达给需要的相关各方。由于这些信息的准公共性和特点,需要政府在信息收集、处理和发布方面承担相应的职能。各承接地政府加强信息化建设,提高招商的效率和质量,实行专业招商、网上招商、中介招商、委托招商等多种招商方式,积极构建社会化、专业化、市场化的招商网络。

3. 成立和发展促进承接产业转移的中介机构和企业单位

(1) 鼓励和扶持产业转移咨询服务机构。通过政府的引导,辅之以专业咨询服务机构的实力,成立一些专业从事产业转移研究咨询服务的综合性服务机构。这类机构是国内政府职能与决策模式转变的一种积极尝试,可以为国际产业向国内转移、东部沿海产业向中西部转移提供参考决策数据,将有利于捕捉我国新型工业化和国际国内产业转移带来的各种机遇,有效促进我国产业能级的提升。该类机构可以致力于跟踪全球产业转移、技术转让、投资转移的动向,研究产业结构调整和高新技术产业化战略,优化资源配置,促进产业、物业、企业的"三业联动",推动产业集聚,为政府机构、开发区或各类工业园区及企业提供决策研究和信息咨询服务。如已经成立了的中国产业转移研究咨询服务中心服务范围就包括了以上众多职能:①对产业转移政策、环境、技术和市场进行调查与研究;②为政府部门决策和制定产业政策提供参考数据;③接受政府委托,发布产业发展动态信息;④接受政府委托,代理政府、产业项目招商引资;⑤跟踪国际国内产业转移的动态和趋势;⑥配合政府跟踪产业转移后的发展及动态;⑦为国内外投资者创业发展提供政策、法律等咨询服务;⑧组织产业转移研讨会、产业转移高层论坛;⑨组织项目推广介绍会、招标会、信息发布会等;⑩与政府及中介机构建立联系,为国内外投资者提供市场调查、信息咨询、渠道推广等服务;⑪组织国内外企业、商会协会及相关机构商务交流与合作考察互访;⑫为国内外企业开展合作牵线搭桥,促进国际间的交流互动;⑬为企业提供融投资咨询信息服务。

（2）承接地成立项目审批代理公司。转入地区在承接产业转移很大程度上取决于当地的投资环境和政府服务效率,很多外地客商反映为了能引资成功,在签约前各地的政府要员甚至是"一把手"屡屡攻关,也要把项目拿到手。一旦签约完成,当地政府认为已经是板上钉钉的事了,对客商的各项审批工作或服务工作则是能拖则拖,能宰则宰。要做好承接产业转移工作,需抓住关键环节,优化经济环境,以效率优先促进承接产业转移。近年来,很多地方提倡或尝试推行项目审批代理制,或者成立专业的审批代理公司,该项代理制度的诞生意味着当地政府切实地将服务型政府落到了实处,真正为外地客商着想和解决切实问题。湖南省省委书记张春贤就公开"推销"项目审批代理制,以缩短审批时限,提高审批效率,促使沿海地区产业转移投资项目落地。项目审批代理是指承接转移的项目经环境、能耗、用地等综合评审后,由专业公司代理承办相关手续,公开成本,限定办结时间。通过这种代理制的试点,可以提高项目落地审批效率,放松对具体经济事务的管理管制,并可以考虑进一步在各转入区进行推广。

浙江省舟山市为推进项目审批的服务效率,特意出台了《舟山市人民政府办公室关于深化投资项目审批代理服务工作的意见》,实行投资项目审批代理无偿服务,把这项服务作为他们推进"深化作风建设年"、"企业服务年"和"项目推进年"活动的重要平台。具体服务内容包括:①负责为市本级权限审批项目提供代理服务,做好牵头组织、协调衔接、联合审批和跟踪督办工作;②负责为各县（区）涉及市本级权限内审批项目提供协办服务;③负责为省、部级审批项目提供协办服务,协调相关职能部门做好初审、上报、督促和反馈工作;④负责提供各类投资政策咨询服务;⑤负责代理员培训工作;⑥对县（区）代理工作提供业务指导。

（3）发展企业迁移服务公司。特别值得一提的是,在国外有专门为企业迁移提升服务的服务公司,这一行业的诞生为企业迁移提供了更加便捷而高效的服务。可以借鉴国外企业迁移的经验和特色,专门成立一些为企业迁移服务的公司,为迁移企业提供相应的迁移服务信息、市场调研、可行性研究、具体迁移方案设计、办理公司迁移手续和迁移计划实施等方面的服务。

六、本章小结

本章首先从产业转移发生机制必需条件出发,提出了区域产业转移发生机制形成的主要制约分为转出区阻力、转入区阻力和对接阻力,介绍了产业转移中的部分制约表现;其次从产业转移的微观基础角度对影响产业转移的因素采用了系统基模分析,构建的企业迁移机理模型;再次基于产业转移发生势差阈值的需要,重点分析转出区的动力因素和阻力因素、转入区的引力因素和约束因素;最后基于产业转移发生的第二个条件——对接平台,阐述了区域产业转移发生的对接和协调,分析了区域产业转移发生所需要的流通渠道,据此提出促进流通渠道畅通的具体措施。

第七章 区域产业转移调控路径选择与促进措施

由第五章实证的结果可以大致判断出全国各发达地区至各欠发达地区的产业转移的趋势,但这只是在某种程度上反映出了一个发生的可能性及状态,并未表示事实上发生了产业转移。这样一种状态,有助于了解事实,但并未能告诉决策者该如何更好的促进产业转移,未能为决策提供更多有利的具体途径和措施。本章将在第五章产业转移实证和第六章产业转移对接的基础上对区域产业转移进行调控研究,以明确如何更好地促进产业转移的发生,如何构建促进区域产业转移发生的保障平台,更好地提出产业政策方向,以促使我国目前区域产业转移向规范化、合理化、有序化的方向迈进。

一、区域产业转移调控的目标与思路

根据第三章产业转移发生机制的理论分析,两区域产业转移发生的必要条件有两方面:一是两区域的势差达到一定的程度,即所提出的产业转移发生临界阈值状态0.3及以上;二是两区域间存在对接平台,即产业转移对接的流通渠道。因此,为了使产业转移能事实上发生,而不仅仅停留在具有发生趋势的状态,本书提出区域产业转移的调控思路,即当事实情况未达到以上理论的状态,如何通过调控以达到促进产业转移的目的。

区域产业转移调控的目标是促进产业转移事实上发生,其进一步的详细目标则为达到区域产业转移发生的两个条件。因此,区域产业转移调控的目标为必要的势差阈值和两区域对接平台。据此提出区域产业转移调控的思路可以分三方面进行:①势差未达到必要的阈值,两区域间具有对接平台,此时可以调控相关的一些限制性指标,以达到势差阈值的目的,可以分转出区和转入区的分别调控。

②势差达到了必要的阈值，两区域间没有对接平台，此时需要做好两区域间的对接畅通工作。③势差未达到必要的阈值，两区域间亦没有对接平台。此时，需要采用上述两种措施才可能使其达到发生的条件。

二、区域产业转移调控的路径选择

事实上，要针对以上思路展开区域产业转移调控的研究是比较复杂的，因为其涉及的方面过多，可能调控了某个方面对另一方面又会产生影响，而这些影响有些是想不到的，并且影响作用还不能非常确定。因此，下面将以上调控思路进行了适当的调整，将调控的路径也分为三个方面：①假定对接平台已经具备条件；同时假定转出区封装起来，即转出区的所有方面都已定，不对其调控，并且假定转入区的调控不会影响转出区；单独对转入区域进行调控研究。这种调控路径亦是本章的重点，因为转入区域承接产业转移的动力比转出区域转出的推力更强，即转入区比转出区更有调控产业发展势能的积极性。②假定对接平台已经具备条件；同时假定转入区封装起来，即转入区的所有方面都已定，不对其调控，并且假定转出区的调控不会影响转出区；单独对转出区域进行调控研究。③假定两区域间已经达到了必要的势差阈值，单纯对两区域间对接进行调控研究。

(一) 转入区的调控

转入区的调控即上面提到的假定对接和转出区都封装起来了，即转移势差还未达到必要的阈值，通过对转入区的某些方面的调控以达到必要势差阈值的目标。本章将在实证第五章的基础上，以2008年的数据为依据，根据调控目的的需要进行一些个案的选择。下面从两个角度来选择一些典型个案：一是从影响因素的角度来选择；二是从低于产业转移发生势差的某种临界状态来选择。

1. 调控个案的选择

首先，选择了某发达地区至中部的某地区的发生势差已经达到了发生机制所需要的临界状态，但转移趋势尚不明显的个案，为了加强这一转移势差，将对其几种影响因素进行调整以观察最后结果①。基于此，选择广东至江西的发生势差进行成本势差、交易成本势差和技术势差的基础数据调整。这里所做的基础数据

---

① 因为五种影响因素的势差并不是全部都能进行外部调控的，只有成本势差、交易成本势差和技术势差短期内调控起来比较容易，而经济势差和产业势差只能通过长时间的经济发展才能得到一定的改变，因此，分别对前三种因素的基础指标进行变换以观察其势差结果的变化。

调整以最理想的基础指标进行调整为基准,直接观察对势差结果的影响。之所以发达地区选择广东是基于广东目前的制造业已经到了必须考虑转移的日程上,而像北京和上海虽然转移势差居高却已经进行过或正在进行大规模的产业转移,而广东则是已经达到了这一趋势却还未经历大规模的转移浪潮,是亟待转移的地区之一。

其次,选择了某发达地区至西部的某地区的发生势差即将达到却尚未达到发生机制所需要的临界状态的个案,为了促进产业转移的发生,达到产业转移发生的势差状态,同样的道理,也可以分别对其三种影响因素的基础数据进行调控,以观察其势差的最终结果变化。这里选择广东至重庆的发生势差进行成本势差、交易成本势差和技术势差的基础数据调整。

最后,选择了某发达地区至西部的某地区的发生势差与发生机制所需要的临界势差还有些距离的个案,为了达到产业转移发生的势差状态,选择依次对其三种影响因素的基础数据进行调控,以观察其势差的最终结果变化。这里选择了广东至云南的发生势差依次进行成本势差、交易成本势差和技术势差的基础数据调整。

2. 产业转移势差调控分析

(1) 势差调控的分析方法及说明。借用敏感性分析来进行区域产业转移发生机制的因素调控研究,即将影响区域产业转移的某个或若干个因素进行变化,当变化到多大程度时,可以提高区域产业转移发生势差,以达到区域产业转移的状态,从而促进区域产业转移的发生。

发生势差指标的最终计算是由各基础数据经过标准化后评价得出的,因此,在进行基础数据调整时我们只是展示这种调控的过程,在现实中进行具体调控措施时并不是要达到以下调控的数据,而是朝这个方向去调控,这里仅是为调控路径提供依据,而不是要将现实的状态调控到调整后的数据。事实上,不管如何努力,也不可能将下面的一些原有基础数据调整到这里调控的理想状态。因为有些成本上升了就不可能降下来,如职工平均工资,一般来说这项成本只可能持续上升而不可能下降,但这并不是说,这种调控是没有意义的,调控只是表明调控的方向和路径,这种调控并不是要达到某个数据,而只是要达到某种状态。如因为发达地区的工资水平远高于欠发达地区,即转入区在职工平均工资上控制其上涨的速度和幅度,保持与全国同步的水平亦能保持成本优势。改变了其在全国的职工平均工资的排名即可以达到综合势差改变的目的。而像平均销售电价和土地购置价格则可以适当调整,使其价格下降到在相对全国平均水平来说较低的状态。其他指标依此类推,具体指标的调控方法将在下面的调控指标中详细探讨。

第七章　区域产业转移调控路径选择与促进措施

（2）广东至江西的势差调控分析。广东至江西的势差调控分析有着普遍的意义（见表7-1）。在实证中达到了产业转移状态的地区即使具有了产业承接的条件，也有了发达地区转移来的趋势，但这种转移事实上尚未大规模的发生，为了促进这一转移的更早到来，为了在转移大潮中能更多、更好地承接产业，欠发达地区有必要进一步扩大这一转移势差，进一步做好承接产业转移的工作。

表7-1　广东至江西的势差调控分析（分别调控）

调控数据指标		原有基础数据	调整后基础数据	原有子势差	原有综合势差	调整后子势差	调整后综合势差	综合势差增值
成本数据	职工平均工资	21000	21000	0.1061	0.3890	0.1695	0.4524	0.0634
	平均销售电价	0.5465	0.3115					
	土地购置价格	735.96	257.71					
交易成本数据	相对交易费用系数	0.2028	0.1736	0.1312	0.3890	0.1401	0.3980	0.0089
	对外开放水平	0.1459	0.1252					
技术势差数据	科技人才比例	0.3479	0.4263	0.0054	0.3890	0.0200	0.4036	0.0146
	R&D投资比例	0.0092	0.8510					

广东至江西的势差调控是分别进行的，以观察调控哪些影响因素更加有效。在剔除了经济势差和产业势差以后，分别按权重从大到小的顺序对广东至江西的势差基础数据进行了调控。这里的调控直接将各基础数据调整至当年全国排名中的最理想状态以观察其效果。如各成本数据直接按全国最低成本替换，而对外开放水平、科技人才比例、R&D投资比例则直接替换为全国的平均水平，因为这三个指标为限制性指标，如果低于全国水平则判为0分，而高于全国水平太多则其势差不大，因此全国的平均水平即为最理想状态。

通过表7-1广东至江西的势差调控分析可以观察到：广东至江西的成本势差已经比较高，尽管调至理想状态，其势差增值不大，但由于其权重较大，因此只要做了调整，影响还是明显的，其成本的势差增值为0.0634；广东至江西的交易成本势差相对来说则更加高，其可调控的范围非常小，通过数据调整可以看到，即使调整到最理想的状态，势差增值仅为0.0089；广东至江西的技术势差虽然原有势差评分较低，却由于其权重和广东的势能本身较低，其最终的技术势差增值也只有0.0146，对最终综合势差的影响不大。综合看，成本势差的调控对其综合影响最大，这与其权重最大有一定的关系，同时也与特定的势差中各子势差不同有较大关系，这一点在下面可以再次得到印证和说明。

(3)广东至重庆的势差调控分析。表7-2同样分别按权重从大到小的顺序对广东至重庆的势差基础数据进行了调控。通过该表的势差调控分析可以观察到:广东至重庆的成本势差比较低,因此其调整影响还是比较明显的,其成本的势差增值为0.0930;广东至重庆的交易成本势差也比较高,可调控的范围比较小,其势差增值仅为0.0284;广东至重庆的技术势差相对其他欠发达地区来说比较高,也由于其权重和广东的势能本身较低,最终的技术势差增值也只有0.0054,对最终综合势差的影响亦不大。综合看,成本势差的调控对其综合影响最大,这直接与广东至重庆的势差中成本势差评分较低有直接关系,而其他势差影响则较小。

表7-2 广东至重庆的势差调控分析(分别调控)

调控数据指标		原有基础数据	调整后基础数据	原有子势差	原有综合势差	调整后子势差	调整后综合势差	综合势差增值
成本数据	职工平均工资	26985	21000	0.0765	0.2484	0.1695	0.3414	0.0930
	平均销售电价	0.5183	0.3115					
	土地购置价格	1534.7	257.71					
交易成本数据	相对交易费用系数	0.2765	0.1736	0.1117	0.2484	0.1401	0.2768	0.0284
	对外开放水平	0.1297	0.1252					
技术势差数据	科技人才比例	0.4788	0.4263	0.0146	0.2484	0.0200	0.2538	0.0054
	R&D投资比例	0.0118	0.8510					

综合以上两个调控个案看,首先,在三个势差都达到了全国平均水平而没有被判定为0时,调整成本势差是最有效的方式,这与成本势差在所有指标体系中占的权重最大是直接对应的。在广东至重庆的调控分析中对成本势差所占权重最大体现得最明显,在其综合势差低于0.3(实证中预定的产业转移临界值)时,只有对成本势差调整才能起到综合势差达到预定目标的结果。其次,从逐个调控的结果比较,当势差中某个子势差得分越低时,其可调控的范围就越大,越容易取得调控的效果,当势差中的子势差得分越高,各基础指标越接近理想状态,则其可调控的范围就越小,调控效果就越不明显。最后,详细到各调控指标的各基础指标数据看,当其原始基础数据与理想数据相差越大时,其调控的效果越明显。

(4)广东至云南的势差调控分析。前面两个个案分别对已经达到了临界值和即将达到临界值的势差进行了调控,接下来将再分析当势差值明显较低时如何调控才能达到预定的目标(见表7-3)。以广东至云南的势差调控为例,原有综合势差值为0.1966,与预定临界值0.3还有较大差距。首先,根据权重较大的成本势差调控看,综合势差增值结果仅为0.0376,因为其成本势差已经达到了一个相当高的水平,调控的可能性较小,调整后的综合势差依然只达到0.2342,尚未达到预定的产业转移发生势差阈值。为了达到这一目标,继续对其他指标进行调控。当在成本势差已经调控的基础上,继续将交易成本调控至理想状态,综合势差增值达到了0.1270,增幅较大,将综合势差提高到了0.3611,达到了预定的目标。为了进一步分析各指标的影响,再以前面调控数据为基础,继续对其调控,最终的综合势差可以达到0.3811,即通过这三个势差的调控可以将综合势差调整到一个最高值。

表7-3 广东至云南的势差调控分析(依次调控)

调控数据指标		原有基础数据	调整后基础数据	原有子势差	原有综合势差	调整后子势差	调整后综合势差	综合势差增值
成本数据	职工平均工资	24030	21000	0.1319	0.1966	0.1695	0.2342	0.0376
	平均销售电价	0.3882	0.3115					
	土地购置价格	706.97	257.71					
交易成本数据	相对交易费用系数	0.2618	0.1736	0.0132	0.2342	0.1401	0.3611	0.1270
	对外开放水平	0.1169	0.1252					
技术势差数据	科技人才比例	0.2379	0.4263	0.0000	0.3611	0.0200	0.3811	0.0200
	R&D投资比例	0.5437	0.8510					

通过上面的分析可以发现,这种依次按权重大小来调控并不是一个最佳的方法,因为在调控了成本势差后可以观察到成本势差的调控对其影响远低于交易成本势差的调控。原因是原来交易成本势差过小,使原综合势差评分很低,只有找准了个案的具体子势差的评分较低的原因,才能更好地进行调控,也才能找准调控的方向和措施。因此,将调整的顺序进行了更改,先调控其子势差增幅较大的项目即交易成本势差,通过调整基础数据,其调整后的综合势差一下子就提到了0.3236,即达到了预定的临界值(见表7-4)。

通过广东至云南的两次不同的调控顺序可以发现,不仅要调控权重较大的项目,更要调控其子势差增幅较大的项目,即调整更具有可调控范围的子项目,在具体的基础指标中亦是要调控具有可调控范围大的子指标。因此,各地区之间势差的调控不能一概而论,首先要根据各子势差情况来确定子势差调控增幅最大的项,其次确定调控子势差中的可调控的各子指标,最后确定可调控的基础指标的方向及预定目标。

表7-4 广东至云南的势差调控分析(依次调控)

调控数据指标		原有基础数据	调整后基础数据	原有子势差	原有综合势差	调整后子势差	调整后综合势差	综合势差增值
交易成本数据	相对交易费用系数	0.2618	0.1736	0.0132	0.1966	0.1401	0.3236	0.1270
	对外开放水平	0.1169	0.1252					
成本数据	职工平均工资	24030	21000	0.1319	0.3236	0.1695	0.3611	0.0376
	平均销售电价	0.3882	0.3115					
	土地购置价格	706.97	257.71					
技术势差数据	科技人才比例	0.2379	0.4263	0.0000	0.3611	0.0200	0.3811	0.0200
	R&D投资比例	0.5437	0.8510					

3. 具体调控指标分析

根据上面的势差调控分析,可以知道产业转移发生势差调控的具体方向,即调控的具体指标及明确方向。在五个子势差指标中,只对成本势差、交易成本势差和技术势差三个子势差进行调控,具体的基础指标分别为职工平均工资、平均销售电价、土地购置价格、相对交易费用系数、对外开放水平、科技人才比例和R&D投资比例7个指标。

(1)成本势差指标调控。劳动力成本的调控只能是保持其与发达地区的成本优势,控制职工平均工资的增幅不高于发达地区,尽量保持或降低其在全国的排名。因为职工的工资只能升不能降,这有社会性的因素,也有通货膨胀的因素。平均销售电价则是根据当地工业用电的供应与需求决定的,在一定程度上可以进行一些调整。土地购置价格则完全是由政府所控制的因素,这一项比较好调整,但通常来说土地的价格也是只涨不跌的,因此,也只能适当地控制其增幅。

(2)交易成本势差指标调控。交易成本势差中的两个指标的调控则相对来说不是短期内容易达到的,但可以做出适当的调控。根据金玉国(2005)对交易费用的测算方法,相对交易费用系数是指外生性交易费用占GDP的比重。这个外生性交易费用是指专门为经济主体提供交易服务的部门所产生的交易费用,即一个经济体的外在性的交易费用应该等于全部交易部门所消耗的社会资源。基于这一方法计算出来相对交易费用系数,低的交易费用不能直接用"好"还是"不好"来断言,因为其影响因素既包括了经济发展的"好的"交易费用,也包括由制度引致的"不好的"交易费用。这种"不好的"交易费用是使用市场机制(或称"价格机制")时发生的制度费用,肯定会导致经济资源配置效率的降低,所以是经济体系中的一种摩擦力,是一种"不好的"交易费用。尽管相对交易费用系数数值的高低不能直接用来评价好坏,但两地区相对费用系数的差值却能表示出两地的经济差距和制度费用的差异。因此,采用相对交易费用系数的差值来评价发生势差是有效的。在发达地区相对交易费用系数已定的情况下,当然是要尽量降低欠发达地区的交易费用系数,以降低外部交易所带来的额外的摩擦费用。

对外开放水平则是直接反映两地区的经济发展差距,同时能反映出地区由于开放程度的差距而导致的交易成本的不同,本书直接采用了进出口总额与GDP的比重来计算。为了更好地承接区域产业转移,降低外部交易费用,减少制度摩擦,对外开放水平应该是越高越好,但过高的对外开放水平即意味着与发达地区没有了一定的势差,没有转移的动力。对外开放水平为限制性指标,当承接地的对外开放水平未能达到中西部地区的平均值时,即认为其开放水平有限,在势差得分中判定为0分,当其对外开放水平很高,达到甚至超过了发达地区的水平,则转移动力有限,也要判定为0分,只有当对外开放水平达到中西部的平均值时即为势差评分中的理想状态。因此,对对外开放水平的调控,要根据该地区与中西部的平均值比较来调控,当低于中西部的平均值时尽量提高其进出口额,以提高对外开放水平;当高于中西部的平均值时,应尽量提高其GDP的数值,以使其值靠近中西部的平均值水平。

(3) 技术势差指标调控。技术势差的特性最突出,当技术势差过高时,可能由于没有技术基础,以致技术转移实施困难,也难以吸收和利用;当技术势差过低时,由于承接地已有良好的技术基础,可能通过自己的努力和研发也能有较好的技术突破,对于引进先进技术其积极性必然不高,而且也不愿意支付高额的技术费用,意味着技术在低势差转移中难以实现其应有价值,因此,技术势差是"高不成,低不就",只有在适应势差时才能得到良好的利用和价值体现。技术势差中的两个指标科技人才比例和R&D投资比例与对外开放水平同为限制性指标。当承接地的科技人才比例和R&D投资比例未能达到中西部地区的平均值时,即认为其技术基础较弱,不能很好的承接和吸收高端技术,在势差得分中判定为0分,当其科技人才比例和R&D投资比例很高时,达到甚至超过了发达地区的水平,则转移动力亦有限,也判定为0分,只有当科技人才比例和R&D投资比例达到中西部的平均值时即为势差评分中的理想状态。因此,对技术势差的调控,要根据该地区两指标与中西部的平均值比较来调控,当低于中西部的平均值时尽量提高其科技人员数和R&D投资额,以增强当地的技术实力和提高技术水平;当高于中西部的平均值时,应尽量提高其GDP的数值,以使其值靠近中西部的平均值水平。

(二) 转出区的调控

转出区的调控即上面提到的假定对接和转入区都封装起来了,即转移势差还未达到必要的阈值,通过对转出区的某些方面的调控以达到必要势差阈值的目标。作为发达地区的调控主体政府,对于产业转移调控没有太大的积极性。尽管产业转移对于发达地区亦有着诸多意义,但主动进行转移的几乎都集中在淘汰产业方面,对于大规模的产业转出需要的产业势能的调控却没有太大的意愿,因为规模越大的产业转移即意味着财政收入的大量转移,而这是当地政府所不愿意接受的。但为了促进产业转移的发生,转出地政府也可以做出适当的调控。

在转入区已定的情况下要提高转移势差,转出区只能适当地调整某些指标以达到转出区产业发展势能的提高。根据转入区调控的分析,势差调控的指标只限于成本势差、交易成本势差和技术势差方面,转出区政府不可能为了转出而将成本指标上调,因此,只能适当地调整技术势差指标和对外开放水平。基于以上分析,下面选择以山东至江西的案例来进行简单的说明。

这里山东至江西的势差调控是依次进行的,以观察调控哪些影响因素更加有效。调控直接将各基础数据调整至当年全国排名中的最理想状态以观察其效果。通过表 7-5 山东至江西的势差调控分析可以观察到:山东的对外开放水平严重偏低,当调至理想状态,其势差增值非常明显,其交易成本子势差增值为 0.1284;科技人才比例和 R&D 投资比例亦偏低于发达地区,其技术子势差增值为 0.0477,势差增值相对来说不太明显。综合看,对外开放水平的调控对其综合影响最大,这亦与其权重大于技术势差权重有一定的关系。其具体指标的调控见转入区的调控。

表 7-5　山东至江西的势差调控分析（依次调控）

调控数据指标		原有基础数据	调整后基础数据	原有子势差	原有综合势差	调整后子势差	调整后综合势差	综合势差增值
交易成本数据	对外开放水平	0.3541	0.0428	0.0238	0.1367	0.1523	0.2651	0.1284
技术势差数据	科技人才比例	0.6791	0.4263	0.0052	0.1367	0.0530	0.3128	0.1762
	R&D 投资比例	1.3958	0.8510					

(三) 转出与转入的对接调控

转出区与转入区的对接调控即上面提到的假定转出区和转入区都封装起来了,即转移势差已经达到必要的阈值,通过对接调控以达到畅通两区域的对接渠道的目的。两区域对接调控的主要路径选择为消除对接渠道中存在的阻力,构建对接平台,完善对接机制。具体对接调控内容请见第六章中区域产业转移发生对接的协调与促进。

三、区域产业转移调控的政策工具选择

在明确了区域产业转移调控的路径选择后,有必要进一步明确作为产业转移中具有重大外部影响的主体——政府,应该选择什么样的政策工具和做些什么样的具体措施来促进产业转移的发生。尽管本书所阐述的产业转移发生机制为市场机制的内部作用,不体现为外部影响,而且在产业转移调控中也尽量是由市场机制内部自动调控,但所有产业转移都是在大的外部环境下发生的,它离不开政府的作用,也必然受到政府的影响。尤其是调控路径明确下来以后,这种调控不可能会自动发生。尽管企业是产业转移的主体,但大量企业的转移必然是受到大的外部环境和政策的引导而发生的,因此区域产业转移的调控离不开政府的具体措施的实施。

关于区域产业转移中政府的作用很多学者都有过一定的探讨,马子红(2009)认为发达地区向欠发达地区的产业转移单纯依靠市场非常缓慢,政府的干预能加速这一进程。魏后凯(2003)认为在产业转移中政府可以进行必要的引导和调节,以尽可能减少各种不利影响,充分利用各种有利影响,从而实现"三赢"结果。同时,本书研究的目的也就是为了促进产业转移合理有效地进行,而市场自发进行的产业转移是很难达到这一效果的,唯有通过政府的适当引导和调节,才可以加速产业转移的进程,更好地消除产业转移中的不利影响。在研究政府的调控作用时,由于转出地区政府调控积极性有限,下面主要探讨欠发达地区政府的调控和两区域的对接调控。

区域产业转移的发生是市场自动选择的结果,不是政府强加干预就能达到目标,但是如果没有政府的调控则可能会延缓这一过程,或者带来更多的转移负面效应,因此,本书不是提倡政府干预产业转移的发生,而是通过选择合适的政策工具,采用适当的调控以达到产业转移更加有效、合理地进行。产业转移过程中政府作用可以来自转出区政府、转入区政府和中央政府的宏观指导调控的影响,其可以选择的政策工具较多,这里只针对以下措施中可能用到的工具进行简单介绍。

产业转移中的政府可供选择的工具一般有区域规划与区域政策两种方式。区域规划特别是战略型规划是有效解决区域经济冲突的最有效规划,从战略角度平衡了区域经济利益。区域规划是各级政府,包括转出区和转入区政府引导区域发

展的重要工具。区域政策是政府干预主义的体现,包括直接投资、行政干预、税收政策、金融政策、人力资源政策和法律规范等具体手段。中央政府可以通过直接投资的方式增加对中西部欠发达地区在教育、科技及基础设施等非经营领域投资力度,以达到改善整体产业转移环境的目的。政府行政干预则包括以审批制、许可证制等方式直接对转移或承接的产业进行影响。转出区和转入区都通过了一定的税收政策手段达到产业转移或承接的目的。采用适当的金融政策手段是促进产业转移的重要方式,完善的金融体系是转移至欠发达地区企业的一个重要保障。

四、区域产业转移中转出地区政府调控的具体措施

(一)加快产业调整升级,促进产业结构优化

产业转移可以为转出区进行产业结构调整升级腾出空间,保障紧缺资源的供应。目前我国沿海发达地区的产业结构随着其经济高速发展已面临众多的问题,到了不得不进行调整的阶段。其产业结构存在不合理之处,存在明显的结构性障碍,阻碍了经济的发展。东部沿海经济很大程度上是在承接国外或地区产业转移的基础上发展起来的,这些产业很多来源于我国香港、台湾等地,现有的行业主要以加工类和其他技术含量较低的劳动密集型产业为主,加之国内的低水平重复建设,使其在东部严重饱和过剩,在造成部分生产能力闲置的同时还加大了"民工荒"、"资源荒"的严重后果。这些边际产业在发达地区很多已经不符合市场的实际需求,在国际上也越来越失去竞争力,因此已在逐渐淘汰之中。随着中西部地区经济的发展,广大的内地逐渐增强了其市场能力,并且显示出了巨大的市场潜力。因此将一些劳动密集型的产业转移出去,转出区借此机会加快产业调整升级,促进产业结构优化,集中精力发展高新技术产业、信息产业、金融保险等产业,使转出区的经济结构更趋合理。

转出区域发展先进制造业、提高服务业比重和加强产业基础设施建设,是产业结构调整的重要任务。坚持以信息化带动工业化,广泛应用高技术和先进适用技术改造提升制造业,形成更多拥有自主知识产权的知名品牌,发挥制造业对经济发展的重要支撑作用。高技术产业要加快从加工装配为主向自主研发制造延伸,按照产业集聚、规模发展和扩大国际合作的要求,大力发展信息、生物、新

材料、新能源、航空航天等产业，培育更多新的增长点。信息产业要根据数字化、网络化、智能化总体趋势，大力发展集成电路、软件等核心产业，重点培育数字化音视频、新一代移动通信、高性能计算机及网络设备等信息产业群，加强信息资源开发和共享，推进信息技术普及和应用。制定和完善促进服务业发展的政策措施，大力发展金融、保险、物流、信息和法律服务等现代服务业，积极发展文化、旅游、社区服务等需求潜力大的产业，运用现代经营方式和信息技术改造提升传统服务业，提高服务业的比重和水平。①

（二）加强产业分类指导，促进产业转移推力

在我国目前市场体系不够完善、要素市场不够发达的条件下，产业结构的调整、产业升级与产业转移不能完全依赖市场机制自发地进行。劳动力、资产、产权的转移还存在障碍，信息的不充分或者失真也会阻碍资本的顺利转移。因此，在经济发展的初期，政府应发挥重要作用，以弥补市场缺陷，促进产业结构调整与产业转移。转出区政府可以通过制定产业规划，发布产业目录，加强产业分类的指导，加大对产业调整的指导，提供必要的信息支持和服务。在金融服务和劳动力安置方面提供必要的帮助和指导，制定相应的边际产业转移的援助政策。衰退型产业和膨胀型产业，允许其进行资本加速折旧，同时政府也可以通过立法规定边际产业停产、限产和停业的标准及原则，为其提供财政援助和信用保证。在劳动力安置方面，政府可以提供信息指导，实行就业培训，实施再就业补贴政策，进一步完善社会保障体系等方面来加强对产业转移的服务力度，促进产业转移的顺利进行。

（三）促进企业自主创新，承接国际产业转移

进行产业结构优化升级的关键是要全面增强企业的自主创新能力，努力掌握核心技术和关键技术，增强科技成果转化能力，提升产业整体技术水平。目前发达地区面临的最重要的问题就是创新能力不足。尽管边际产业急着要转出去，但现有的高科技产业和新兴产业却不足，如果不处理好企业的创新能力问题，则很可能会出现产业空心化。只有企业的自主创新能力增强了，才能保证新兴产业和高科技产业的发展和承接国际上转移来更先进的产业。要提高转出区的创新能力，必须大力发展科技研究和科研成果转化的力度。首先，要继续发挥原有三大经济发达地带吸引海外产业转移的优势，更加有目的地接收以通信、微电子、生物制药等高科技为主的产业，并提供更大的方便让跨国公司设立研发机构，借助

---

① 《中共中央关于制定国民经济和社会发展第十一个五年规划的建议》。

国外研发资源来充实当地的创新能力。其次，沿海发达地区集中了大部分著名的高等院校和科研院所，科技实力强大，研发资金雄厚，必须将这些科技实力转化为企业自主创新能力。要发挥这些科研机构的作用就必须加强产学研之间的合作，加快科研成果转化为生产力的进程。

（四）发挥市场主导效用，倡导政府引导作用

以地方政府为主导的产业转移曾一度成为我国区域产业转移的主要形式，尤其是本地区内进行的由较发达的区域转向山区或欠发达的区域的转移则更是一手由政府操办。如广东省的双转移政策、江苏的苏南地区向苏北地区的转移都一直由政府这只"看不见的手"在倡导和亲自操办。但有些地方政府对产业转移的过度介入违背了市场发展的规律，导致了一些不必要的负面效应的出现。产业转移实质是产业追求利益和效率最大的过程，这是市场机制在起作用，是各种生产要素追求利益最大化的一种表现形式。产业转移应该是通过市场机制和竞争机制，由市场自发决定着产业转移的方向和内容，政府只应该是为产业的跨区域转移提供高效、有序实现通道。因此，政府应该淡化其主导作用，只能起引导作用，而应该由市场机制来主导产业的转移。

五、区域产业转移中转入地区政府调控的具体措施

（一）发展特色产业园区，促进工业化、城市化进程

欠发达地区应该根据区域产业梯度和本地优势资源发展特色产业园区，制定差异化产业政策，引导产业合理高效的转入。应本着"积极接纳、谨慎选择"的方针，根据地区经济的发展阶段、区域内外市场的形势，结合区域要素资源禀赋、生产技术水平和经济社会发展目标，引进切合本区域实际的相关产业。尤其是对移入产业的技术层次、产业关联度以及移入产业的市场潜力等方面应有所要求，尽可能引进"适宜产业"、"良性产业"，更好地推动区域产业的升级改造，促进经济协调发展。

工业园区作为一种成功的工业化载体，它不仅能有效推动产业集聚，为工业化发展做出巨大贡献，同时也为促进城市化进程起着巨大作用。工业园区的重要效应是有力地推动了工业化进程，进而加快城市化进程步伐。同时，工业化进程

的推进和城市化规模的形成,城市竞争力的提升,又促进工业园区的健康快速发展。工业化、城市化是现代化的必然要求,而工业园区建设是加快工业化和城市化进程的必然需要。

欠发达地区若想成功地承接产业转移必须定位好特色产业园,而特色产业园的定位离不开工业园区发展的支持,工业园区的发展与工业化进程和城市化进程的推进存在着互动关系,它们之间的相关关系表现得很明显。特色产业园区的发展可以通过工业增加值的增加直接带动工业化进程的发展,而产业园区从业人数的增加则可以促进城市化水平的进程;反过来,工业化进程的推进可以更好地为工业园区的发展提供条件,城市化进程的推进也会促进产业园区的发展,城市化进程的加快可以为工业园区的招商引资带来效应,产业园区的发展与工业化进程和城市化进程之间存在一种相互促进的关系,同时,工业化进程和城市化进程之间也存在着相互促进的关系。

(二) 利用成本价格优势,诱导产业主动转移

国内的区域产业转移主要受集聚经济和成本因素的影响,成本优势越大的地区,吸引转移产业也越多。在利用成本优势的同时,欠发达地区政府为了使发生势差能够得到调控,可以考虑降低商务成本,以通过优势价格诱导产业转移。整个成本可以分为要素性价格和交易成本价格。在生产要素价格差距的问题上,尽管要利用好成本优势,但不主张政府在生产要素价格上进行过多的干预,尤其是直接干预。政府调控成本的努力重点应该集中在交易成本而不是要素成本上,市场经济条件下,要素价格的变化有其客观规律,过多的人为干预可能适得其反。在要素性价格上,应该保障劳动力价格、理顺资源性产品价格,适当地调节过高的垄断性资源的价格,合理控制工业生产原材料价格和土地价格的涨幅,以达到利用优势价格诱导产业转移。在交易成本的调控上,则应该加大对外开放的力度,建立职责明确的高效政府,提高政府效率,以减少制度成本,从而达到降低交易费用的目的。

(三) 衔接产业对接平台,促进东、中、西部互动

通过衔接搭建的产业转移对接平台,利用合理的对接方式,实现双方需求与能力相吻合的经济互动引起的产业对接,实现发达地区与欠发达区域间的各种资源的优化配置。通过"万商西进"、中博会、博览会、高交会、招商会等合作平台,促进东、中、西部的互动合作。与此同时,应进一步推动东、中、西部省区政府间的高层会晤和工作协调机制,建立日常工作联系,加强沟通、协商和配合。推动西电东送、西气东输、西煤东运等资源协作区域的政府间合作,促进

东、中、西部结对帮扶地区、国内友好城市、开发区及高新区等互助协作区域的政府间合作。同时建立和完善投资贸易平台，构建东中西部地区公共信息平台和专业信息平台，帮助企业科学决策，引导东、中、西部互动健康发展。

（四）定位专业特色招商，优化软硬件环境

将政府引导和特色招商进行有机的结合，以政府引导为指引，以特色招商为引导的主题，将承接产业转移作为地方调整产业结构，提升经济实力的主要抓手。可以将政府引导与特色招商作为承接产业转移的一种成功方式和招商机制固定下来并且将之推广。其中特色招商必定是在政府引导的基础上进行的，而政府引导又必须以特色招商为指导思想，这两者是相辅相成的，有内在机理关系的。将政府引导的主要方向明确为在进行产业规划和区域经济发展规划时，必须突出当地特色产业的比较优势，必须从当地特色产业的实际情况出发，制定相应的引导政策进行产业转移的承接。将招商引资的主要方向明确为结合培育壮大特色支柱产业，引导生产要素向支柱产业、优势产业聚集，以延长产业链和增强产业配套能力为主，着力培育一批龙头企业，带动整个特色产业的壮大和发展。

吉安市吉州区承接产业转移成效就得益于一开始就有政府引导的特色招商定位。吉州区引进友利电电子这一创举就为吉州区承接产业转移提供了招商定位的思路，成为后来的招商引资宣传重点和承接产业转移的参考标准。由于有了前期的国有电子企业的基础及后来引进电子企业的成功案例，政府在做产业规划、园区规划和定位上都将电子信息产业作为其特色产业。在进行吉安市产业规划时，明确提出了吉州区工业园区是电子信息产业集群——"省电子信息产业基地"，这一明确的定位和旗帜鲜明的特色为吉州区的特色招商定位定下了基调。同时，吉州区在定位电子信息特色产业的同时，决定打造全省及至全国高科技含量的电子信息产业链体系，打造电子信息产业的高科技产品、科研和人才高地。先后引进了世界500强汽车线束和电子装置项目，世界领先无线电技术项目以及动漫文化产业项目，吉州区承接产业招商已步入快速发展阶段。

转移环境既包括以基础设施为主的硬环境，也包括以人文、政策、服务等内容的软环境。良好的区域环境是产业能否顺利转移和移入区能否保障自身利益的重要因素。为此，欠发达区域一方面应该努力创造条件，逐步改善产业转移硬环境；另一方面也应解放思想，更新观念，加大对外开放力度，通过拓宽优惠政策范围，规范部门职能管理、简化行政审批程序、加强外部监督管理等措施逐步改善区域产业转移的人文环境、政策环境和政务环境。要坚持把营造一流的投资、政务、服务等软环境作为主攻点，全力打造政策最优、服务最好、成本最低、效率最高的环境品牌。必须把优化投资环境作为承接产业转移的一项重要工作，努

力打造精品投资环境,降低产业转移成本,为承接产业转移创造有利条件,形成让外来企业"无障碍进入、无障碍发展"产业发展平台。①加强相关基础设施建设。加快建设与发达地区互融互通的交通、水利、电力、信息、生态等跨区域重大基础设施,尽快实现交通道路高等级化、高速化。要统筹考虑园区工业整体布局,建好园区道路、水、电、网络等基础设施,积极为产业转移修好"跑道"、打造好"载体"。②加强服务环境建设。首先继续简化审批手续,推行一站式服务,规范办事程序。其次,认真开展转变干部作风,加强机关行政效能建设活动,推进政府职能转变,建立完善行政审批中心,规范行政审批,改进服务方式,为外来投资者提供最优的政务环境。建立健全行政问责制和责任追究制等制度,增强服务意识,提高服务水平,改善投资软环境。③加强后续服务建设。做好发达地区产业转移项目对接的后继工作,做好"安商、扶商"工作,落实跟踪服务,要制定专门的机制来保障服务的到位,要有全民服务的意识和全程服务的观念。对投资商要"引得来、留得住、发展好、赚到钱",形成良好的招商引资循环,促进地方经济发展。

(五)完善工业园区配套体系,大力发展产业集群

中西部地区在承接产业转移的过程中,应坚持以优势产业为依托,围绕提升产业核心竞争力,形成园区产业配套体系,发展产业集群,提高工业化水平。打造承接转移的载体——工业园区,要按照项目集中、产业集群、资源集约、功能集成的思路,加快各特色产业园区的建设步伐,全力搭建功能齐全的产业转移承接平台。在特色产业定位后,政府在做产业规划、园区规划和产业集群构建上都应将特色产业旗帜鲜明地定位准确,并且以此为中心开展工作。政府经济工作应以特色产业招商为引导,将承接产业转移作为地方调整产业结构,提升产业综合竞争力,提升经济实力的主要抓手。各欠发达地区应继续依托原有的资源优势和特色产业不断完善产业的配套体系,将其作为当地的特色支柱产业,进行特色产业重点招商,进一步扩大和强化优势特色产业,完善特色产业的供应链体系,进一步加强产业集聚的程度,形成和发展各具特色资源互补的产业集群。

(六)完善市场体系建设,扩大对外开放水平

在产业转移过程中,降低交易费用和扩大区域合作都要求进一步扩大市场开放程度。同时,扩大市场开放程度还能再造市场优势,亦能更好地优化资源配置。中国中西部地区幅员辽阔,巨大的市场规模和不断增长的市场潜力是吸纳国际国内产业转移的最大优势。我国的中西部地区,经济对外开放程度普遍较弱,国有经济比重还偏大,甚至在某些资源和行业上人为设置了行业准入门槛,阻碍

了外来资金的利用。欠发达地区应进一步扩大市场开放，逐步消除市场壁垒，放宽一般行业的市场准入，减少投资和贸易限制，加速国内市场和国际市场的接轨，以顺利对接国内外产业的转移。并且，要建立完备的市场标准体系，推动技术的转让、交换销售网络；纠正一些地方比拼"优惠政策"的做法。坚持以市场换市场、以市场换资源、以市场换技术，增强产业转移对地方经济的促进作用。承接产业转移的过程和产业转移后的运行，必须按市场经济模式进行。市场体系的建立和完善，商品市场和各类要素市场要充分发挥各自的作用，才能保证产业转移的顺利进行，也才能保证产业转移的后继经营和发展。

（七）加强科技教育培训，提供有力人才保障

不管是哪种产业的转移，都强调了科技、人才、教育的重要性，它是产业转移过程中营造当地软环境的重要支撑，同时也是技术势差中技术基础的保障和条件。建立引导高等教育与职业培训相结合的制度，出台相关优惠政策，整合各省人力资源培训机制，构建以高等教育机构为支撑，职业教育龙头企业集团为主导，多层次职业培训机构相配套的社会化培训网络。实施"劳动力专业技能培训工程"、"用工企业定向培训工程"等项目，大力开展对向非农产业和城镇转移的农村劳动力的引导培训、岗前培训、职业技能培训和创业培训。建立合理的政府引导机制，通过政府、培训机构、企业共同分担职业教育责任的形式，推动教育培训机构面向企业提高各类职业培训教育的针对性，加快对广大高素质劳动者和科技人才的培养，这样才能更好地适应产业转移中的技术外溢性，形成企业集聚的 R&D 技术创新土壤，通过人力资源的优化来提高中西部地区对技术、产业转移的吸纳能力。

六、构建促进区域产业转移发生的对接机制

为达到区域经济协调发展，促进区域产业转移的对接是必不可少的环节。为了实现产业的顺利对接，促进产业转移顺利发生，构建促进区域产业转移发生的对接机制显得尤为突出。本书把促进区域产业转移发生的对接机制概括为推进区域经济一体化、建立有效的区域经济合作机制、建立适当的区域产业转移补偿机制、建立区域产业转移的互动机制与依据地区特色构建产业对接平台五方面。

（一）推进区域经济一体化，实现东中西部对接战略

各欠发达地区应进一步提高对内对外开放水平，加强区域经济合作，努力推

进区域经济一体化,逐步使自己与发达地区形成统一的区域市场。欠发达地区要积极吸引国内外各类生产要素,加强与东部沿海地区的经济交流与合作,促进各大区域间生产要素、商品、服务的自由流动和自由交易。推进区域经济一体化是实现东、中、西部产业对接的最好方式,也是区域经济协调发展的必然过程。如果一个区域缺乏明确的目标和方向,就缺乏前进的动力。所以,各类经济合作区域要搞好区域经济合作,就必须加快区域经济一体化的步伐。要实现区域经济一体化,就必须使各个地区、各个城市、各个企业及个人不断消除偏见和歧视,积极推进区域内资金、技术、人才、信息的自由流动,努力扩大市场规模,降低交易成本,优化配置资源,强化产业特色配置,延长产业链,加快区域产业转移,推进经济融合和产业融合,提高产业竞争力和共同福利水平。只有区域经济一体化的水平不断提高,才能加快产业转移的速度和力度,才能不断提高区域内的贸易水平,才能充分发挥各自的比较优势和提高竞争力。因此,要加快产业转移,推进发达地区与欠发达地区的产业对接,必须加快区域经济一体化步伐,从宏观战略上为产业转移提供平台。

东、中、西部对接战略就是为了实现区域经济协调发展,促进区域经济一体化,将三大区域作为大区域的个体,实现各方的产业对接和战略对接。它要求东部地区主动把中西部地区当成自己的辐射区和带动区,不断提高辐射能力和带动能力,使中西部的产业与东部相对接,提高中西部的产业发展水平,使中西部形成与我国的产业布局、产业特点相适应的主导产业,造就我国新的制造中心和产业集群;中西部地区则应积极主动地与东部地区进行产业对接,自觉地为东部产业发展甘当配角,实现与东部产业链相配套,成为东部产业链中有机的一环。但中、西部在对接的过程中,也不宜采取完全被动接受的局面,应根据地方特色和资源禀赋特点,选择符合国家产业布局、符合本地区的优势特点的产业进行对接,以求通过当"配角"不断提高产业发展的硬环境与软环境,从而不断促进产业结构调整和升级,从而不断夯实产业发展基础,提高产业发展水平,进而形成与国家产业布局相协调、与本地区优势特点相适应的主导产业,也因此为东部产业的提升腾出空间,为东部产业的进一步发展提供强有力的支撑,积极支持东部率先发展。

(二) 建立有效的区域经济合作与利益协调机制

建立有效的区域经济合作与利益协调机制是推进产业转移的制度保证。区域经济转移与区域经济合作的成效和水平在很大程度上取决于其经济合作与利益协调的机制。推进产业转移与承接,必须要纳入东、中、西部省区的区域经济合作范畴,进行统筹规划,协调实施。"十二五"建议提出,要积极开展全方位多层次区域合作。首先提出支持中西部有条件地区加大承接国际国内产业转移力度。其次，发挥区域合作组织在解决公共产品领域、规划领域、区域重点问题领域的组织协调作用，形成政府、企业、社会团体等共同参与、协作互动的推进区域合作立体网络。

欧盟经济一体化水平之所以高于其他经济区域，在于建立了有效的区域经济合作组织。而中国许多曾经轰动一时的区域合作效果都不是特别的理想，其原因也在于大多数只建立了松散性的组织（如联席会议），做出的决策没有约束力。要实现产业的顺利对接和区域经济合作，就必须建立一些超越地方政府的权威的区域合作组织，并赋予其较大的权力，以便让高层决策变为实际的行动。因此，东中区域、东西区域甚至是中西区域都要加强沟通和协调，通过建立高效的市场机制、合作机制、互动机制、扶持机制，加快相互开放步伐，加强对产业发展的总体规划和协调管理，形成以政府为主导、市场为纽带、企业为主体、项目为载体的互惠互利机制，以加快产业转移的步伐，形成分工合理、特色鲜明、优势互补的区域产业结构，推动东、中、西部各地区共同协调发展。

除了要落实区域合作机制外，区域的利益协调机制更是必不可缺的条件。必须统筹东部与中西部的区域发展规划，建立区域利益协调机制，发展特色优势产业和互补型产业，避免无序竞争和同质化竞争。实现东部与中西部产业对接，特别需要能落到实处并且具有调控能力的协调机构，中央政府必须在东部与中西部之间建立起有效的利益协调机制。加强跨越东部与中西部区域的工业企业、工业行业协会和政府之间的沟通与合作，防止区域恶性竞争和产业同构冲突，促进工业产业的集聚和规模经济的发展，以资源禀赋和原有竞争优势为基础，以特色产业为定位，推动区域合理分工、密切协作、协调发展。同时，还应通过政策规范，建立一个有利于东部企业和产业向中西部转移的市场准入机制和退出机制，降低门槛，消除民间资本的进入壁垒，允许其进入一些高利润的基础性行业。

（三）建立适当的区域产业转移补偿机制

建立适当的区域产业转移补偿机制是推进产业转移的可靠保障。区域经济一体化过程中各成员单位、各利益主体所得到的利益是不同的。以克鲁格曼为代表的新经济地理学派认为，区域经济一体化能带来生产和投资转移，在一定程度上会损害部分群体的相对福利，但整体福利水平是提高的。区域产业转移也会因各地经济发展状况、转移的产业和转移的方式不同而导致利益不同。即使在双赢的格局中，各自获得的利益是不相同的。这就要求在各区域之上建立大区域利益调整机制，对那些地方获利较少、利益流失或呈负数的地方给予适当补偿，这不仅包括对转出区域某些经济上的补偿，更应该包括对欠发达地区的生态经济补偿，只有这样才能调动各方面参与区域经济合作的积极性。如中西部省份大多为东部省份的原材料产地,接受的产业转移大多为东部省份淘汰或即将淘汰的产业,要承受资源过度开发、环境污染加重等各方面高昂的代价。如果没有一定的生态补偿机制,这样的合作是难以持久的,产业转移也会受到阻碍。

事实上,"十二五"规划也建立健全了"新"的区域政策体系框架。要求研究制定符合主体功能区理念的区域政策体系,提高区域政策的针对性和有效性。对优化开发区,严格限制污染,实行最严格的耕地保护制度和节约集约用地制度;对重点开发区,增强人口和产业的集聚能力;对限制开发区和禁止开发区,增加用于公共服务和生态环境补偿的财政转移支付,严格土地用途管制,建立生态环境补偿机制,鼓励生态移民。这样的区域政策体系正是体现了区域经济发展中的协调机制和补偿机制。

(四)建立区域产业转移的互动机制

建立区域产业转移的互动机制是推进产业转移的重要途径。在国家宏观层面上,应采取具体措施形成东、中、西部产业对接的平台,并从财税、金融、产业政策方面出台鼓励东部企业到中西部投资、创业的激励政策,积极引导、促成东中西部产业的对接发展。产业转移的目的在于优化配置资源,提高双方区域的产业竞争力,实现共同发展。但在当前还存在许多产业转移的认识误区,突出表现在转出区域舍不得转,转入区域重"招商",轻"安商"。产业转移有自身的规律,而且有其特有的时代背景和机遇,该转不转会影响产业结构优化提升,该承接不承接会错过和贻误发展良机。聚集可以有效整合资源,形成新的增长极,扩散也可产生裂变,发挥辐射效应。因此,产业转移要形成良好的互动机制,既要注意适时转移,又要注意及时承接,这样才能优势互补,促进共同发展。

建立区域产业转移的互动机制就必须健全区域协调互动机制。一要健全市场机制,打破行政区划的局限,促进生产要素在区域间自由流动,引导产业转移。二要健全合作机制,鼓励和支持各地区开展多种形式的区域经济协作和技术、人才合作,形成以东带西、东中西共同发展的格局。三要健全互助机制,发达地区要采取对口支援、社会捐助等方式帮扶欠发达地区。健全扶持机制,按照公共服务均等化原则,加大国家对欠发达地区的支持力度。

《国务院关于中西部地区承接产业转移的指导意见》特别指出,完善承接产业转移体制机制,要加强区域互动合作。推动建立省际间产业转移统筹协调机制、重大承接项目促进服务机制等,引导和鼓励东部沿海地区产业向中西部地区有序转移。充分发挥行业协会、商会的桥梁和纽带作用,搭建产业转移促进平台。提升各类大型投资贸易会展活动的质量和水平。在中西部条件较好的地方设立承接产业转移示范区，充分发挥其典型示范和辐射带动作用。做好产业转移与对口支援、对口帮扶工作的衔接健全区域协调互动机制。

（五）依据地区特色构建中西部产业转移对接平台

国内的区域经济格局正在发生着重大的变化，有序地推进产业转移势在必行。东部发达地区如珠三角、长三角和环渤海等沿海地区要素成本持续上升，传统产业的发展举步维艰，外延型发展方式难以为继，加之2008年的国际金融危机的严重冲击，发达地区进行经济转型和结构调整刻不容缓。另外，广大中西部地区基础设施逐步完善，要素成本优势明显，产业发展空间相对比较大。在区域经济协调发展的目标下，在金融危机的现实背景下加快东部沿海地区产业向中西部地区转移，形成更加合理、有效的区域产业分工格局，已成为国家促进区域协调发展的政策取向和重要任务。

构建产业对接平台必须找准本地的优势资源、特色经济，避免产业冲突，做好产业互补，通过合理的对接方式实现共赢，由双方需求与能力相吻合的经济互动引起的产业对接。同时，产业对接还要求转入地区具有相应的吸收能力结构、技术基础、产业基础和特色经济，选择合作双方或多方能力结构相匹配的产业转移，这是东中西部产业转移成败的关键。产业对接就是要在大区域的前提下，实现欠发达地区在承接产业转移的同时，实现发达地区与欠发达区域间资源的优化配置，特别是发挥地方特色资源优势。在吸引产业转移的过程中逐步实现对外来高位资源的反锁定，以产业对接推进产业整合，加快产业升级，形成产业的规模优势和核心竞争力。因此，为促进产业转移的对接，应该依据中西部地区的地方特色构建相应的产业转移对接平台。

1. 中部地区产业转移对接战略

中部地区交通便利，市场广阔，是我国重要的交通枢纽地、农产品生产基地、能源基地和重要的原材料基地，有着比西部更雄厚的产业基础。中部的优势产业在农业、交通运输业、能源和原材料工业。这类产业都与东部是互补型的产业，加上中部所具有的承东启西、连南接北的区位优势和综合资源优势，注定了中部是接受国际产业转移和迎接东部沿海发达地区产业梯度转移的最佳承接地，成为东部经济对外辐射、西向扩张的便捷通道和首选区域。反过来，东部临海的外向型经济也为中部提供了"借船出海"的重要平台。实施中部崛起战略，就是要充分发挥中部纵深腹地的区位优势、资源优势、产业优势、科教优势和市场优势等综合优势，在更大的范围、更深的层面，以更广阔的视野与东部企业合作，互利共赢。

中部地区的产业转移对接战略主要分为四个方面：落实武汉城市圈、长株潭城市群"两型"社会综合配套改革试验区建设方案和相关规划；实施江西鄱阳湖生态经济区规划；执行安徽皖江城市带承接产业转移示范区规划的四大产业转移对接战略，根据地方相应特色和产业集聚特点，合理、有效、顺利地承接东部发达地区转移过来的产业；同时加快构建沿长江经济带、沿陇海经济带、沿京广经济带和沿京九经济带，大力发展武汉城市圈、中原城市群、长株潭城市群、皖江城市带、环鄱阳湖城市群、太原城市圈等具体的城市群和产业带，以更明确具体地承接各地转移产业。

从全国看，中部地区参与全国地域分工的产业主要有能源、原材料工业及部分制造业，有些产业如机械工业、交通运输设备制造业等在全国还具有竞争优势，如江西的医药工业；河南的皮革制品、机械、食品、饮料等工业；湖北的纺织、缝纫、交通设备制造和烟草工业等。各省既有的具有比较优势的产业构成其产业结构调整的基础。但作为整体，中部地区应该定位于特色集群产业，产品选择须以市场为导向，强调专业化特色，避免重复和经济竞争，重点发展地区的特色农业、畜产品加工业、旅游业、机电制造业、轻纺制造业、生物制药业以及能源和矿产资源开发等特色制造业集群，加强专业国际化竞争优势。由此，中部地区应根据"承东启西"战略，充分利用其毗邻东部的区位优势、便利的交通运输网络优势、市场优势及其廉价劳动力资源优势，大力吸引出口导向型的制造业企业及劳动密集型产业，发展自身的优势产业。

2. 西部地区产业转移对接战略

现阶段西部地区仍然比较落后，经济总量和软环境与东部地区相差仍然较大。但是通过近些年的建设，西部地区的基础设施建设已经取得了不错的成绩，基本具备了承接东部地区产业大规模转移的硬件基础。西部地区应根据产业转移的动态及趋势，立足西部地区特色优势，应该通过产业的集中布局、集群发展，促进能源及化学工业、重要矿产资源开采及加工业、农副产品加工业、旅游产业、装备制造业、生产者服务业等产业转移示范基地的建设。

西部地区的产业转移对接战略主要分为四个层次：第一层次是环北部湾（广西）、成渝、天水—关中三大重点经济区；第二层次是中心城市及其附近区域；构建以重庆、成都、西安特大城市为核心的城市群及其连接带间的广大区域——西三角城市群发展战略；第三层次是自然资源富集区；第四层次是沿边发展条件较好的口岸。

首先，基于西部目前的能力结构和资源特色，选择劳动力密集型的以资源开发为主要内容的产业转移是合适的路径。这种转移可以使西部地区利用东部的资本，催化西部地区的资源优势与潜在要素，充分发挥西部地区在资源和生产要素方面的比较优势，改善西部地区在产业分工体系中处于中低端和外围的地位。

其次,扶植西部地区具有比较优势的重点产业,构筑和壮大特色产业集群。西部地区在能源、矿产资源、装备制造以及农副产品深加工等方面都具有相当的优势。如西部地区应该依托资源优势大力发展能源及化学工业,重点建设大型煤炭、大规模石油天然气、大中型水电火电能源基地,发展石油、煤炭和天然气化工工业;进行矿产开发及加工,积极发展高速铁路用重轨、大口径优质无缝钢管、优质和精密合金钢材,优先开发西部地区大型铜矿和铝土矿,扩大铜冶炼和氧化铝生产能力,提高铜冶炼和氧化铝型材加工能力;重点发展农副产品加工业,实现中药材栽培、养殖加工的产业化和集约化;发展大型矿用提升、运输等重矿设备、大型数控机床,数字智能型仪器仪表及大型拖拉机、联合收割机等装备及加工业;发展航天航空小环保、新能源、新材料、信息技术等高新技术产业,建好一批科技创业园和大学科技园;加快重点旅游区、重点线路和重点项目的开发,形成协调配套、特色鲜明的成熟旅游产品体系。

七、本章小结

本章首先基于产业转移发生的两个必要条件出发,提出了区域产业转移调控的目标和思路:产业转移发生势差阈值和区域产业转移发生的对接平台;其次基于调控思路下明确了转入区、转出区和转出与转入对接三条调控路径,利用实证中2008年产业转移发生势差的数据对区域产业转移的个案进行调控研究,以明确区域产业转移调控的方向和具体工具选择;最后根据路径选择需要依次提出区域产业转移三个方面调控的政策工具和具体措施。

第八章 研究总结与展望

一、本书的主要工作

本书主要是在产业转移发生机制的理论基础上,采用实证的研究方法,度量和评价了国内区域产业转移发生的可能性和趋向。从产业转移发生过程入手,将整个发生机制分解为转出区、转入区和转出与转入的对接区域,然后借鉴物理学中势差的概念,根据产业转移发生的影响因子构建了产业转移发生势差的指标体系,并且基于制造业的数据综合评价了国内各区域之间的发生势差,试图展示出国内各区域间产业转移的发生趋势,并且用来解释和验证产业转移发生机制的理论。

(1) 产业转移的过程包括了转出区和转入区,产业转移发生机制分析框架包括转出区、转入区和转出与转入的对接三大模块,潜在变量、中间变量和现实变量三大变量。

(2) 产业转移发生的两个必要条件为:产业转移发生势差阈值和两区域产业转移对接。

(3) 产业转移发生势差可以分解为经济势差、产业势差、成本势差、交易成本势差和技术势差五个子势差,并且可以将这五个势差综合起来成为一个综合指标,再结合一定的评判标准和规则,据此对产业转移是否发生进行判断和评价。

(4) 产业转移发生势差是由转出区和转入区的推拉力共同构成,通过发生势差综合指数,可以判断两区域间产业转移发生的可能性状况、程度及具体动因。引入了发生势差的概念,并利用多指标综合评价方法使各地区的发生势差度量成为可能,根据这一势差的比较,可以据此判断国内区域间产业转移发生的趋势,并且可以根据各子势差的大小判断其形成的原因和承接地的竞争优势。

(5) 产业转移转出趋势可以用转出区产业发展势能的综合指标加以估计,转入区承接产业转移的潜力可以用承接产业转移竞争力的综合指标加以估计,两两区域间产业转移发生的倾向性则可用产业转移发生势差综合指标来加以评估。以 2000~2008 年各年的年鉴数据为基础,以全国 28 个省(市、区)的 13 个基础指标构建的产业转移发生势差的综合评分结果为对象,得出了各发达地区的转出产业发展势能评分和排名与各欠发达地区承接产业转移竞争力指标的评分和排名,并且得到了历年 10 个发达地区向中西部 18 个欠发达地区的产业转移发生势差的总排名。可直观地反映出中国各区域的产业转移发生态势,有助于企业进行迁移时作为一个参考基准。

(6) 产业转移发生势差的临界阈值为 0.3,即当两区域间的发生势差达到 0.3 及以上时,即具备了产业转移发生的条件与状态。根据实证数据结果的统计学理论判断和经验选择,理论判断发生势差阈值为 0.3 时,产业转移即达到了发生的临界状态。

(7) 中国各地区的产业转移发生势差综合评分与各地区在中国经济格局中的地位基本保持一致。通过实证分析的数据,从转出区与转入区的两方面进行综合比较,发生势差的一、二、三梯队的转出区主要集中在上海、北京、广东、浙江、江苏等地,这与各地区在中国经济格局中地位是一致的。在转入区方面则亦可以看出,承接能力比较强的地区,其转入区产业发展势能的综合评分也是比较高的,这也与各欠发达地区在经济格局中的地位基本是一致的。

(8) 为了促进产业转移的事实发生,必须做好两区域产业转移的对接和协调,促进和保障流通渠道的畅通。产业转移发生的两个必要条件:合理的产业转移发生势差和区域产业转移发生的对接平台。产业转移发生势差的存在不一定导致产业转移的必然发生,而是否形成了有利于产业转移的各种渠道和环境,才是决定产业转移能否发生的关键。政府部门可以通过构建促进区域产业转移发生的对接机制,保障和加强流通渠道的畅通来促进产业转移的发生。

(9) 当区域产业转移发生的必要条件尚未达到时,可以根据适当的产业转移调控方式以达到产业转移的目的。产业转移的调控可以分为转出区、转入区和两区域对接的调控。发生势差可以根据各子势差的评分进行相应的指标调控,以达到转移发生需要的临界阈值。通过制定产业引导政策,明确区域的特色产业定位,努力完善承接地的软硬件环境,构建产业转移对接平台,可以达到适当调控产业转移发生的效果,促进和加速产业转移的事实发生,并且引导符合区域经济协调发展的产业进行合理、有序、有效的转移。

二、研究展望

结合本书的研究思路，为了能够使后续研究更好的开展，这里提出一些展望。

（1）在研究产业转移发生机制方面，只是提出了简单的理论范式和理论模型，对于产业转移发生机制的一些因素的内部机理还有待进一步探讨。

（2）对于影响产业转移的因素只是做了一些归纳与总结，未能在实证中明确各影响因子贡献及效应大小。在以后的研究中可以考虑利用某些行业的数据对各影响因子做主成分分析。对于产业转移的效应亦未多提，用实证的方法分析产业转移的具体效应也是非常有价值和有意义的。

（3）发生势差的实证分析仅仅利用比较容易获得的数据对2000～2008年的制造业数据做了综合评价；未来还可以考虑采用不同行业的数据进行比较，以更加明确其转移的倾向；甚至还可以根据不同行业得出不同行业的发生势差阈值及其变化比较。

（4）基于发生势差的实证分析，本文仅利用比较容易获得的数据对2000～2008年的制造业数据做了综合评价，而未能利用国内各区域之间实际发生产业转移的数据来检验。在未来的研究中，可以考虑将实际产业转移的数据用来检验前些年的发生势差数据，同时可以考虑使用发生势差以后几年的实际发生数据来验证0.3的产业转移发生势差阈值的理论判断。

（5）区域新理念不断的发展和完善，区域间的概念和界限亦越来越模糊，未来的经济范畴与省域肯定不完全是一个概念，如何在区域新理念的发展下继续研究区域间的产业转移，在区域的新理念的背景下本书提出的区域产业转移的度量方式如何适应新环境与理念等问题有待进一步研究。

（6）实践证明，区域产业转移须依靠地方政府的合理引导才能健康、合理、有序地发展。尽管转入的产业在一些地区实现了经济的快速增长，但同时也产生了大量不尽如人意的方面，生态环境破坏、资源浪费、低水平重复建设、产业空洞化现象以及产业结构失衡等问题。这些不仅是产业转移中应该注意的负面影响，也应该成为产业转移研究中的重要方向，以利于更好地避免负面效应的产生。

产业转移涉及的内容是多方面的，本书仅就产业转移发生机制进行了模型构建和实证分析。而除此之外，还有许多有待研究的问题，如产业转移效应的实证研究、产业转移的负面效应研究等。

附录 A 基本数据表

表 A1 28个省（市、区）的发生势差原始数据

表 A1-1 2000年28个省（市、区）的发生势差原始数据

地区	A	B	C	D	E	F	G	H	I	J	K	L	M
全国	7078	8.0	6280	17.30	1.0180	1.0000	9371	—	443.76	0.3081	4743	3223519	8956645
北京	22460	11.0	10350	54.70	2.1467	0.0250	16350	0.5146	713.02	0.4802	496	248961	1556635
天津	17993	11.0	8141	41.00	3.5815	0.0233	12480	0.4880	291.75	0.3600	172	71049	246931
河北	7663	9.5	5661	17.30	0.8298	0.0464	7781	0.5000	333.64	0.2716	52	106874	262738
山西	34547	11.0	11718	48.80	4.8615	0.0429	18531	0.6330	1384.74	0.4421	547	183192	737779
内蒙古	11773	11.0	6800	24.30	2.4602	0.0963	10299	0.6640	560.34	0.3118	456	295152	729995
上海	13461	11.0	9279	25.30	2.8646	0.0575	13076	0.5300	692.66	0.3087	278	125559	333538
江苏	11601	9.5	7432	23.70	1.9866	0.0219	10584	0.5700	305.65	0.3270	212	64155	211918
浙江	9555	11.0	6490	20.60	1.5974	0.0973	8772	0.5609	306.84	0.2963	250	230884	519501
安徽	12885	11.0	9762	28.90	3.2131	0.0940	13823	0.7900	749.21	0.3281	1701	222073	1071166

· 156 ·

附录 A 基本数据表

续表

地区	A	B	C	D	E	F	G	H	I	J	K	L	M
福建	6894	8.8	5358	4.42	0.3139	0.0022	7408	0.5940	480.55	0.3596	13	5754	8306
江西	5444	9.4	4766	7.80	0.5638	0.0641	6930	0.4700	354.32	0.2425	23	151766	248024
山东	4851	8.0	5104	16.60	0.5304	0.0205	7014	0.5290	223.37	0.3376	16	59405	81882
河南	7188	9.3	5525	19.40	0.7800	0.0453	7565	0.4228	169.01	0.2933	32	167732	348239
湖北	5639	9.0	6219	17.90	0.4876	0.0321	8128	0.5374	272.05	0.3212	25	103704	192442
湖南	5137	7.8	4724	27.80	1.0181	0.0273	6918	0.2444	389.41	0.3189	18	73574	98942
广东	4867	8.3	5294	9.14	0.4253	0.0281	6989	0.2779	261.27	0.2836	33	97169	200215
广西	5872	9.7	5129	10.20	0.6681	0.0109	6974	0.4500	387.31	0.2760	26	36855	33444
海南	4319	7.3	5834	11.00	0.3764	0.0182	7651	0.1620	245.65	0.3060	20	48640	83597
重庆	5157	8.5	6276	23.00	0.5881	0.0163	8020	0.3970	277.97	0.3431	18	62253	101294
四川	4784	9.0	5894	10.40	0.4655	0.0380	8323	0.4500	352.18	0.2857	25	176552	448848
贵州	2662	8.7	5122	6.41	0.2941	0.0159	7468	0.4091	295.13	0.2775	7	34041	41774
云南	4637	7.1	6325	12.20	0.2808	0.0183	9231	0.3662	231.40	0.2865	18	52994	67995
西藏	4559	9.4	7426	15.00	0.1151	0.0003	14976	0.4453	200.00	0.4021	1	2841	2412
陕西	4549	9.0	5124	22.30	0.6195	0.0247	7804	0.4348	290.00	0.2970	21	155051	494570
甘肃	3838	8.7	4916	15.90	0.5771	0.0186	8560	0.3550	223.05	0.2951	6	66828	72565
青海	5087	9.0	5170	27.50	0.4621	0.0024	10050	0.2390	306.86	0.3450	2	10161	12937
宁夏	4839	9.8	4912	20.20	0.7983	0.0042	8590	0.2691	340.83	0.3016	4	11504	16488
新疆	7470	8.2	5645	14.70	0.5053	0.0073	8717	0.3330	155.38	0.2885	23	25147	32381

注：A = 地区人均 GDP；B = GDP 增长率；C = 人均可支配收入；D = 产业发展水平；E = 制造业聚集指数；F = 制造业地区平均集中率；G = 职工平均工资；H = 工业用电价格；I = 土地购置价格；J = 相对交易费用系数；K = 进出口总额；L = 地区 R&D 投额；M = 地区 R&D 投资。下表指标同上。

资料来源：各地的地区人均 GDP、GDP 增长率、人均可支配收入、三次产业比重、各地区就业人数、土地购置费用与土地购置面积、制造业地区各地区交易部门的交易额的数据均来自国家统计局的历年的《中国统计年鉴》；工业用电数据集者数中的制造业从业人员数、制造业指数集来自相应年度的《中国36个大中城市主要生产资料平均集中率中的交易集中度则来自二位数行业的从业人员数则来自历年的《工业经济统计年鉴》；地区科技人员数与地区 R&D 投资数据来自历年《中国科技统计年鉴》。市场平均价格统计》中的普通工业用电价格；

表 A1-2　2001年28个省（市、区）的发生势差原始数据

地区	A	B	C	D	E	F	G	H	I	J	K	L	M
全国	7543	8.3	6860	18.40	1.0000	1.0000	10870	—	461.08	0.2911	5098	3141085	10424855
北京	25523	11.0	11578	57.20	2.7011	0.0253	19155	0.5400	713.02	0.3974	515	240609	1711696
天津	20154	12.0	8959	42.30	4.3184	0.0238	14308	0.4880	291.75	0.3006	182	70005	251553
河北	8362	8.7	5985	17.60	1.1111	0.0474	8730	0.5000	333.64	0.2150	57	100797	257504
山西	37382	10.0	12883	49.00	4.5609	0.0429	21781	0.6330	1384.74	0.3922	609	175728	880804
内蒙古	12922	10.0	7375	25.60	2.2251	0.0986	11842	0.6640	560.34	0.2621	514	300439	922703
上海	14655	11.0	10465	28.10	1.8949	0.0695	16385	0.5300	692.66	0.2734	328	136302	414138
江苏	12362	9.0	8313	24.60	0.9929	0.0247	12013	0.5700	305.65	0.2744	226	70860	226181
浙江	10465	10.0	7101	21.90	1.4601	0.0915	10008	0.5670	306.84	0.2467	290	227874	609310
安徽	13730	9.6	10415	31.00	1.8731	0.1096	15682	0.7700	749.21	0.2978	1765	232492	1374337
福建	7135	8.9	5839	5.70	0.2941	0.0017	8321	0.5940	480.55	0.3094	17	4653	8457
江西	5924	9.1	5267	9.12	0.7918	0.0621	7916	0.4618	354.32	0.1925	28	140341	283090
山东	5221	8.8	5506	17.20	0.6920	0.0193	8026	0.5400	223.37	0.2646	15	58871	77617
河南	7813	9.1	5856	20.70	1.3475	0.0420	8619	0.5190	169.01	0.2437	36	157136	368494
湖北	6054	9.0	6781	19.10	0.6279	0.0306	9623	0.5530	272.05	0.2246	28	99410	239755
湖南	5460	8.4	5391	29.20	1.3259	0.0249	8122	0.2750	389.41	0.2382	19	70968	108238
广东	5221	8.6	5669	11.40	0.5636	0.0276	7908	0.4570	261.27	0.2420	36	89475	210513
广西	6463	9.6	5536	13.00	0.7515	0.0100	8250	0.6850	387.31	0.2186	20	33402	38828
海南	4668	8.2	6666	14.10	0.4593	0.0156	9075	0.4735	245.65	0.2494	18	47233	80046
重庆	5654	9.0	6721	25.00	0.7875	0.0170	9523	0.4900	277.97	0.2728	18	59715	99904
四川	5250	9.2	6360	15.90	0.6652	0.0366	9934	0.4694	352.18	0.2543	31	167023	574712

续表

地区	A	B	C	D	E	F	G	H	I	J	K	L	M
贵州	2895	8.8	5452	10.8	0.4531	0.0156	8991	0.3970	295.13	0.2079	6	33989	53486
云南	4866	6.5	6798	14.1	0.3931	0.0171	10537	0.4340	231.40	0.2324	20	60185	76982
西藏	5307	13.0	7869	22.8	0.1035	0.0003	19144	0.5600	200.00	0.2254	1	2395	2006
陕西	5024	9.1	5484	24.6	0.9419	0.0234	9120	0.4453	290.00	0.2151	21	141140	516917
甘肃	4163	9.4	5383	16.5	0.9938	0.0181	9949	0.3720	223.05	0.2463	8	70519	83833
青海	5735	12.0	5854	27.6	0.6500	0.0021	12906	0.2360	306.86	0.2153	2	9857	11747
宁夏	5340	10.0	5544	21.8	1.0096	0.0047	10442	0.2600	340.83	0.2280	5	11160	15341
新疆	7913	8.1	6395	18.8	0.7190	0.0064	10278	0.3385	155.38	0.2152	18	24252	32070

表 A1－3　2002 年 28 个省（市、区）的发生势差原始数据

地区	A	B	C	D	E	F	G	H	I	J	K	L	M
全国	8184	8.0	7703	18.1	—	1.0000	12422	—	461.08	0.2964	6208	3221822	12876446
北京	28449	10.0	12464	59.2	2.0452	0.0238	21852	0.5517	713.02	0.4175	525	257326	2195401
天津	22380	13.0	9338	43.0	4.2454	0.0233	16258	0.5330	291.75	0.3039	228	71175	311878
河北	9115	9.6	6680	19.0	1.0746	0.0469	10032	0.5368	333.64	0.2158	67	109451	336031
山西	40646	11.0	13250	49.4	4.0990	0.0419	23959	0.6330	1384.74	0.3869	726	178875	1102663
内蒙古	14391	12.0	8178	26.8	2.2859	0.0993	13509	0.6640	560.34	0.2624	703	328585	1172582
上海	16838	13.0	11716	31.1	1.9425	0.0677	18785	0.5300	692.66	0.2818	420	163914	542865
江苏	13497	11.0	9189	25.5	1.0088	0.0230	13306	0.5700	305.65	0.2720	284	67508	243999
浙江	11645	12.0	7614	23.3	1.6229	0.1007	11374	0.5566	306.84	0.2490	339	243299	881631
安徽	15030	12.0	11137	32.0	1.9393	0.1008	17814	0.7921	749.21	0.3003	2211	267376	1564491

续表

地区	A	B	C	D	E	F	G	H	I	J	K	L	M
福建	7803	9.3	6823	3.5	0.4560	0.0029	9480	0.5940	480.55	0.2975	19	3587	12178
江西	6436	9.5	6245	10.4	0.7812	0.0619	9174	0.4758	354.32	0.1936	32	143210	293151
山东	5829	11.0	6336	17.4	0.6580	0.0188	9262	0.5400	223.37	0.2556	17	56124	117173
河南	8319	9.1	6789	22.4	1.3147	0.0418	9611	0.5604	169.01	0.2505	40	190840	478834
湖北	6565	9.0	6959	21.0	0.6141	0.0310	10967	0.5530	272.05	0.2258	29	103840	262135
湖南	6146	12.0	6234	26.7	1.3639	0.0353	9357	0.2750	389.41	0.2181	23	75889	144131
广东	5817	8.9	6032	13.3	0.5607	0.0210	9296	0.4800	261.27	0.2438	42	88240	256977
广西	7241	12.0	6051	14.8	0.7817	0.0105	9683	0.6850	387.31	0.2164	24	34281	48285
海南	5099	11.0	7315	16.2	0.4722	0.0164	10774	0.5080	245.65	0.2554	24	48703	90478
重庆	6347	10.0	7238	26.0	0.7360	0.0161	10960	0.4900	277.97	0.2709	18	61566	126195
四川	5766	11.0	6611	17.1	0.6585	0.0379	11183	0.5297	352.18	0.2543	45	176753	619233
贵州	3153	9.1	5945	12.5	0.4431	0.0153	9810	0.3970	295.13	0.2125	7	32897	60722
云南	5179	8.2	7241	15.2	0.4053	0.0182	11987	0.4340	231.40	0.2337	22	53612	97928
西藏	6093	13.0	8079	30.4	0.1768	0.0047	24766	0.5600	200.00	0.2609	1	2605	4926
陕西	5523	9.7	6331	24.7	0.8827	0.0202	10351	0.4453	290.00	0.2120	22	135251	607149
甘肃	4493	9.4	6151	17.5	0.8833	0.0164	11147	0.3720	223.05	0.2451	9	69485	109594
青海	6426	12.0	6171	28.5	0.5844	0.0024	14472	0.3386	306.86	0.2135	2	13160	20823
宁夏	5804	10.0	6067	21.9	0.9330	0.0041	11640	0.2898	340.83	0.2173	4	12521	19505
新疆	8382	8.1	6900	19.7	0.7278	0.0077	11605	0.3440	155.38	0.2147	27	24746	35182

表 A1-4 2003年28个省（市、区）的发生势差原始数据

地区	A	B	C	D	E	F	G	H	I	J	K	L	M
全国	9101	10	8472	18.6	—	—	14040	—	575.73	0.2988	8510	3284005	15396346
北京	32061	11.0	13883	59.0	1.7135	0.0198	25312	0.5672	1532.63	0.4129	685	270921	2562518
天津	26532	15.0	10313	41.9	3.7500	0.0207	18648	0.5482	276.02	0.3035	293	78761	404290
河北	10513	12.0	7239	18.5	1.0517	0.0456	11189	0.5565	367.66	0.2105	90	113510	380530
山西	46718	12.0	14867	46.9	3.9874	0.0408	27304	0.6340	1179.69	0.3686	1123	175859	1289187
内蒙古	16809	14.0	9262	27.7	2.2856	0.1001	15712	0.6640	685.45	0.2577	1136	331771	1504625
上海	20147	14.0	13180	31.9	2.0895	0.0775	21367	0.5300	994.73	0.2754	614	188408	752256
江苏	14979	12.0	10000	25.8	1.1613	0.0279	14310	0.5941	465.60	0.2685	353	71504	375019
浙江	13661	14.0	8400	22.7	1.6261	0.1024	12567	0.5566	287.97	0.2383	446	260161	1038442
安徽	17213	14.0	12380	30.4	2.0882	0.1093	19986	0.7438	869.27	0.2806	2835	277576	1798393
福建	8316	11.0	7259	3.4	0.3721	0.0022	10397	0.5940	526.25	0.2926	23	3723	12126
江西	7570	11.0	6926	14.4	0.7203	0.0581	10749	0.5280	356.37	0.2073	47	146364	341910
山东	6678	13.0	6901	17.0	0.6408	0.0185	10521	0.5501	256.45	0.2377	25	64382	169772
河南	9011	9.4	7322	22.7	1.1705	0.0384	10692	0.5715	263.47	0.2576	51	192724	548173
湖北	7554	9.6	7674	23.1	0.6355	0.0314	12221	0.5560	255.80	0.2510	37	97031	300904
湖南	7435	14.0	7005	25.9	1.3128	0.0305	10729	0.3998	386.14	0.1971	31	78601	158256
广东	6455	9.2	6778	18.2	0.5230	0.0250	10581	0.4585	347.45	0.2492	59	86017	324219
广西	8975	17.0	7013	15.6	0.8789	0.0126	11279	0.6850	298.57	0.1960	28	34367	63898
海南	5969	10.0	7785	15.5	0.4521	0.0160	11953	0.5310	352.31	0.2514	32	45995	112389
重庆	7209	12.0	8094	26.6	0.7841	0.0156	12425	0.5121	289.70	0.2625	26	65152	174401
四川	6418	12.0	7042	17.1	0.6444	0.0378	12441	0.6229	609.52	0.2551	56	172723	794211

续表

地区	A	B	C	D	E	F	G	H	I	J	K	L	M
贵州	3603	10.0	6569	13.3	0.4108	0.0154	11037	0.4149	233.52	0.2053	10	31821	78853
云南	5662	8.6	7644	15.8	0.3888	0.0186	12870	0.4470	312.17	0.2284	27	50191	110074
西藏	6871	12.0	8765	30.0	0.1944	0.0003	26931	0.5600	120.75	0.2566	2	2869	3104
陕西	6480	11.0	6806	26.1	0.8399	0.0216	11461	0.4453	500.44	0.2211	28	135997	679914
甘肃	5022	10.0	6657	17.2	0.7966	0.0167	12307	0.3719	277.56	0.2366	13	59770	127702
青海	7277	12.0	6745	29.1	0.5957	0.0020	15356	0.3600	253.04	0.2079	3	9100	24070
宁夏	6691	12.0	6530	21.4	0.8972	0.0044	12981	0.4818	218.07	0.2058	7	10228	23828
新疆	9700	11.0	7174	13.6	0.6310	0.0063	13255	0.3525	200.14	0.2032	48	25246	37957

表 A1-5 2004年28个省（市、区）的发生势差原始数据

地区	A	B	C	D	E	F	G	H	I	J	K	L	M
全国	12336	10	9422	27.0	1.0000	1.0000	16024	—	647.11	0.2469	11546	3481417	19663285
北京	40591	14	15638	57.6	1.5493	0.0192	29674	0.5775	3098.24	0.3054	946	301981	3173331
天津	30381	16	11467	39.8	3.5839	0.0193	21754	0.5772	998.10	0.2873	420	83760	537501
河北	12451	13	7951	15.9	0.8678	0.0377	12925	0.5607	509.69	0.2264	135	112556	438428
山西	46342	14	16683	46.6	4.1825	0.0445	30085	0.6742	2258.57	0.3504	1600	173995	1711168
内蒙古	20185	15	10482	26.3	2.4439	0.1050	18202	0.6703	1138.07	0.2689	1708	335255	2139777
上海	24679	15	14546	31.7	2.5975	0.1008	23506	0.5300	2310.98	0.2784	852	209275	1155471
江苏	16415	12	11175	25.6	1.8841	0.0482	15603	0.6281	739.98	0.2909	475	79953	458874
浙江	16364	15	9438	20.7	1.5652	0.1011	14332	0.5566	460.74	0.2461	607	279156	1421242
安徽	22718	15	13628	29.0	2.9843	0.1699	22116	0.7450	737.95	0.2271	3571	292927	2112055

续表

地区	A	B	C	D	E	F	G	H	I	J	K	L	M
福建	9767	11	7736	2.8	0.2967	0.0020	12652	0.5987	447.57	0.2846	34	5631	20870
江西	8803	14	7705	11.4	0.5837	0.0461	12114	0.5296	371.11	0.2148	66	144342	423556
山东	8069	13	7560	13.6	0.5225	0.0154	11860	0.5530	390.85	0.2496	35	64963	215281
河南	9364	11	8023	20.2	0.7846	0.0258	11855	0.5916	526.91	0.3018	68	149663	566204
湖北	8423	12	8617	19.4	0.4869	0.0240	13928	0.5590	467.84	0.2744	54	104884	370442
湖南	10709	15	7903	23.8	1.0173	0.0227	12943	0.3990	457.99	0.1824	54	92789	233570
广东	7366	13	7511	16.2	0.4314	0.0214	12928	0.4930	530.10	0.2629	72	86028	379356
广西	12756	21	8123	13.5	0.6920	0.0098	13324	0.6850	261.95	0.1867	37	35150	77951
海南	7023	12	8690	12.3	0.3733	0.0136	13579	0.5310	366.14	0.2562	43	51353	118659
重庆	8625	12	9221	23.3	0.5914	0.0119	14357	0.5363	525.67	0.2734	39	65896	236525
四川	7312	13	7710	16.4	0.4761	0.0281	14063	0.6668	866.87	0.2773	69	178605	780122
贵州	4298	11	7322	13.1	0.2881	0.0111	12431	0.4489	455.40	0.2233	15	29870	86772
云南	6981	11	8871	14.8	0.2787	0.0137	14581	0.4743	435.88	0.2402	37	47976	125061
西藏	8042	12	9106	31.8	0.1093	0.0003	30873	0.5600	188.57	0.3477	2	2657	3633
陕西	8571	13	7492	23.5	0.6186	0.0160	13024	0.4521	624.09	0.2211	36	133077	834788
甘肃	6447	12	7377	15.3	0.5359	0.0117	13623	0.3721	451.29	0.2314	18	51693	143946
青海	8647	12	7320	26.4	0.4351	0.0014	17229	0.3871	396.97	0.2542	6	8786	30364
宁夏	9135	11	7218	19.6	0.7631	0.0035	14620	0.5161	369.80	0.1998	9	10202	30513
新疆	11254	11	7503	13.7	0.4739	0.0051	14484	0.3640	210.67	0.2311	56	25070	60134

表 A1-6　2005 年 28 个省（市、区）的发生势差原始数据

地区	A	B	C	D	E	F	G	H	I	J	K	L	M
全国	14040	10	10493	27.3	—	—	18364	—	759.24	0.2874	14219	3814654	24499731
北京	45444	12	17653	67.7	1.5833	0.0199	34191	0.6300	3098.24	0.4738	1255	352588	3820683
天津	35783	15	12639	38.5	3.4003	0.0183	25271	0.6200	998.10	0.2959	533	90680	725659
河北	14782	13	9107	18.4	0.9172	0.0420	14707	0.5600	509.69	0.2153	161	123246	589320
山西	51474	11	18645	49.6	3.7858	0.0395	34345	0.7100	2258.57	0.3625	1863	186165	2083538
内蒙古	24560	15	12319	27.4	2.3363	0.1042	20957	0.6700	1138.07	0.2543	2279	375670	2698292
上海	27703	13	16294	33.4	2.3891	0.0912	25896	0.5300	2310.98	0.2897	1074	257749	1632921
江苏	18646	12	12321	25.7	1.4037	0.0328	17146	0.6500	739.98	0.2667	544	85879	536186
浙江	20096	15	10745	21.4	1.6586	0.1083	16614	0.5900	460.74	0.2158	767	274058	1951449
安徽	24435	14	14770	36.5	2.5217	0.1331	23959	0.7500	737.95	0.3002	4280	320406	2437605
福建	10871	10	8124	8.2	0.2994	0.0018	14417	0.6000	447.57	0.2705	25	8654	15950
江西	11346	14	8668	12.1	0.6465	0.0567	14282	0.5700	371.11	0.1877	77	157389	555824
山东	9440	13	8620	16.9	0.5624	0.0177	13688	0.5700	390.85	0.2311	41	67172	285314
河南	11431	12	8786	23.7	0.8718	0.0315	14419	0.5900	526.91	0.2601	91	159417	749531
湖北	10426	12	9524	20.9	0.5202	0.0276	15659	0.5600	467.84	0.2601	60	121421	445235
湖南	12495	13	8914	31.1	1.1087	0.0288	15645	0.4600	457.99	0.2326	55	108560	262814
广东	8675	12	8471	22.7	0.4260	0.0215	15334	0.6100	530.10	0.2621	91	90495	458994
广西	16331	24	9137	24.3	0.7733	0.0122	15985	0.6900	261.95	0.2434	49	38040	116956
海南	8788	13	9287	18.1	0.3826	0.0146	15461	0.5500	366.14	0.2681	52	55614	145947
重庆	10982	12	10243	28.8	0.6407	0.0144	16630	0.7100	525.67	0.2928	43	68068	319586
四川	9060	13	8386	18.3	0.5191	0.0334	15826	0.5700	866.87	0.2464	79	183757	965760

续表

地区	A	B	C	D	E	F	G	H	I	J	K	L	M
贵州	5052	12	8151	21.0	0.3008	0.0127	14344	0.5200	455.40	0.2593	14	31348	110349
云南	7835	9	9266	20.2	0.2990	0.0181	16140	0.5300	435.88	0.2654	47	49737	213233
西藏	9114	12	9431	36.5	0.1008	0.0002	28950	0.5600	188.57	0.3301	2	3411	3497
陕西	9899	13	8272	25.9	0.6700	0.0183	14796	0.5400	624.09	0.2402	46	139779	924462
甘肃	7477	12	8087	24.8	0.5404	0.0150	14939	0.3700	451.29	0.2516	26	51059	196136
青海	10045	12	8058	27.3	0.4691	0.0017	19084	0.4400	396.97	0.2522	4	10116	29554
宁夏	10239	11	8094	29.8	0.8173	0.0042	17211	0.5800	369.80	0.2761	10	10316	31681
新疆	13108	11	7990	16.1	0.4761	0.0057	15558	0.4000	210.67	0.2237	79	27722	64087

表 A1-7　2006 年 28 个省（市、区）的发生势差原始数据

地区	A	B	C	D	E	F	G	H	I	J	K	L	M
全国	16084	12	11759	27.7	—	—	21001	—	907.22	0.3198	17604	4131542	30030966
北京	50467	13	24725	69.6	1.3576	0.0186	40117	0.5253	2044.23	0.5518	1580	382757	4329877
天津	41163	15	19423	37.5	3.0377	0.0163	28682	0.5253	816.47	0.3253	645	99054	952370
河北	16962	13	13441	20.0	0.8919	0.0417	16590	0.4409	636.35	0.2312	185	130502	766640
山西	57695	12	26675	49.7	3.6474	0.0378	41188	0.6496	1792.55	0.4209	2275	200681	2588386
内蒙古	28814	15	18680	29.2	2.3449	0.1076	23782	0.5901	1281.35	0.2928	2840	381127	3460695
上海	31874	14	22727	34.2	2.3435	0.0945	27820	0.5693	2268.39	0.3259	1391	310526	2240315
江苏	21471	15	17961	27.3	1.4457	0.0350	19318	0.4901	1637.23	0.3045	627	101100	674333
浙江	23794	15	16305	22.9	1.6487	0.1087	19228	0.4785	675.96	0.2381	952	285381	2341299
安徽	28332	15	19733	36.7	2.5055	0.1370	26186	0.6819	919.18	0.3475	5272	368805	3130433

续表

地区	A	B	C	D	E	F	G	H	I	J	K	L	M
福建	12654	13	12608	7.2	0.2828	0.0018	15890	0.6152	692.43	0.2698	28	9053	21044
江西	13313	14	13231	13.4	0.6015	0.0532	16981	0.4292	584.41	0.1939	98	177272	798419
山东	10798	12	12866	16.7	0.5716	0.0183	15590	0.5068	561.97	0.2253	62	71484	377619
河南	13296	13	13153	25.6	0.8207	0.0299	16048	0.5168	929.01	0.2916	118	170151	944297
湖北	11950	12	13821	23.2	0.5009	0.0278	17850	0.4964	448.10	0.2687	74	130239	536174
湖南	14123	12	13119	30.6	1.0170	0.0276	18300	0.4086	577.69	0.2388	66	121768	363388
广东	10055	13	12990	23.5	0.4265	0.0220	17949	0.5034	625.41	0.2678	122	96713	593365
广西	20053	19	14433	24.2	0.7715	0.0126	18469	0.3526	477.28	0.2508	60	39858	164860
海南	10296	14	14146	18.3	0.3572	0.0139	18064	0.4497	615.66	0.2767	67	58630	182403
重庆	12457	12	14368	32.6	0.6143	0.0140	19215	0.5070	913.35	0.3231	55	75623	369140
四川	10546	13	12633	19.3	0.5059	0.0339	17852	0.6576	888.86	0.2608	110	194841	1078405
贵州	5787	12	11759	22.6	0.2625	0.0115	16815	0.3773	562.20	0.2798	16	35957	145113
云南	8970	12	13250	19.8	0.2790	0.0183	18711	0.3923	346.07	0.2783	62	53371	209187
西藏	10430	13	12482	37.5	0.0967	0.0002	31518	0.5343	268.73	0.3284	3	4140	4832
陕西	12138	13	12858	24.5	0.6370	0.0181	16918	0.4207	2350.69	0.2504	54	145091	1013558
甘肃	8757	12	10969	24.8	0.5234	0.0147	17246	0.3567	746.53	0.2535	38	57975	239530
青海	11762	12	11640	26.6	0.4475	0.0016	22679	0.2914	328.48	0.2515	7	10476	33412
宁夏	11847	13	12932	28.4	0.7152	0.0037	21239	0.3587	421.33	0.2893	14	13070	49749
新疆	15000	11	11432	17.4	0.4158	0.0052	17819	0.4171	312.35	0.2420	91	28475	84760

表 A1-8 2007 年 28 个省（市、区）的发生势差原始数据

地区	A	B	C	D	E	F	G	H	I	J	K	L	M
全国	18934	13	13786	29.3	—	1.0000	24932	0.5141	1210.87	0.2976	21737	4543868	37102420
北京	58204	13	21989	71.0	1.1683	0.0172	46507	0.5278	7488.50	0.4974	1930	401595	5053870
天津	46122	15	16357	38.3	2.9608	0.0156	34938	0.5278	741.35	0.2902	714	112650	1146921
河北	19877	13	11690	20.8	0.8235	0.0397	19911	0.4585	995.99	0.2191	255	136441	900165
山西	66367	14	23623	51.8	3.5695	0.0368	49310	0.6567	9263.86	0.3808	2829	227867	3074569
内蒙古	33928	15	16378	30.3	2.3513	0.1096	27374	0.5717	1631.58	0.2715	3495	437923	4301988
上海	37411	15	20574	35.4	2.2585	0.0960	31086	0.5786	3454.22	0.2976	1768	347787	2816032
江苏	25908	15	15506	29.2	1.4534	0.0367	22283	0.4826	2732.39	0.2818	744	112758	821721
浙江	27807	14	14265	23.7	1.6213	0.1084	22844	0.5045	854.11	0.2273	1225	330500	3123081
安徽	33151	15	17699	37.8	2.4174	0.1369	29443	0.7013	1314.86	0.3133	6342	448946	4042910
福建	14555	15	10997	11.2	0.2487	0.0017	19357	0.6154	800.14	0.2663	35	8877	26020
江西	16012	15	11477	15.3	0.5914	0.0530	20935	0.4194	692.17	0.1843	128	192165	1011299
山东	12633	13	11452	15.4	0.6005	0.0191	18400	0.5044	762.02	0.2095	94	72596	487867
河南	16206	15	11486	27.2	0.7232	0.0286	19818	0.5116	916.72	0.2780	149	173490	1113179
湖北	14492	15	12294	22.1	0.5052	0.0296	21534	0.4959	809.21	0.2537	97	136416	735536
湖南	16945	14	11565	30.6	0.9318	0.0264	21525	0.3946	725.21	0.2209	116	127998	492506
广东	12045	14	11474	22.7	0.4422	0.0230	22180	0.4871	757.81	0.2524	159	113209	717914
广西	25393	19	12378	23.2	0.7205	0.0120	21884	0.3167	392.37	0.2228	77	41998	241982
海南	125555	15	12200	17.6	0.3606	0.0144	21898	0.4380	623.79	0.2541	93	66745	220030
重庆	14660	16	12591	30.7	0.6338	0.0147	23098	0.4806	844.81	0.2839	74	83848	469876
四川	12893	14	11098	17.2	0.4944	0.0345	21312	0.4586	2625.91	0.2334	144	208930	1391401

续表

地区	A	B	C	D	E	F	G	H	I	J	K	L	M
贵州	6915	14	10678	25.5	0.2389	0.0107	20668	0.3560	536.09	0.2685	23	39187	137434
云南	10540	13	11496	21.4	0.2724	0.0186	20481	0.3658	733.20	0.2606	88	57544	258776
西藏	12109	14	11131	39.2	0.0679	0.0002	46098	0.5600	471.93	0.3167	4	3591	6964
陕西	14607	15	10763	24.1	0.5952	0.0172	21296	0.4172	1008.27	0.2295	69	148817	1217106
甘肃	10346	12	10012	24.1	0.4472	0.0128	20987	0.3621	522.36	0.2370	55	53328	257220
青海	14257	13	10276	25.4	0.4654	0.0017	26166	0.2931	521.39	0.2289	6	11169	38093
宁夏	14649	13	10859	27.2	0.6965	0.0037	26210	0.3744	363.81	0.2516	16	14482	74724
新疆	16999	12	10313	17.6	0.4763	0.0063	21434	0.3957	370.92	0.2295	137	30195	100169

表 A1-9 2008 年 28 个省 (市、区) 的发生势差原始数据

地区	A	B	C	D	E	F	G	H	I	J	K	L	M
全国	22698	9.0	15781	28.8	1.0000	1.0000	29229	0.5235	1523.53	0.2873	25632	4967480	46160218
北京	63029	9.0	24725	72.1	1.0107	0.0157	56328	0.6502	7760.51	0.5039	2717	419741	5503499
天津	55473	17.0	19423	36.0	2.4890	0.0153	41748	0.5608	1955.93	0.2732	804	123965	1557166
河北	23239	10.0	13441	20.6	0.7629	0.0379	24756	0.4625	901.11	0.2140	384	142628	1091113
山西	20398	8.3	13119	29.8	0.7881	0.0236	25828	0.4151	890.66	0.2147	144	133570	625574
内蒙古	32214	17.0	14433	21.6	0.6770	0.0116	26114	0.3378	595.84	0.2081	89	47997	338950
上海	73124	9.7	26675	52.9	3.3781	0.0350	56565	0.6799	6758.58	0.3854	3221	224234	3553868
江苏	39622	12.0	18680	31.2	2.5918	0.1273	31667	0.5558	2336.17	0.2760	3923	511670	5809124
浙江	42214	10.0	22727	35.9	2.0597	0.0901	34146	0.5924	3294.99	0.3017	2111	413108	3445714
安徽	14485	13.0	12990	21.4	0.4683	0.0233	26363	0.5225	1200.36	0.2432	202	149049	983208

续表

地区	A	B	C	D	E	F	G	H	I	J	K	L	M
福建	30123	13.0	17961	28.6	1.3488	0.0353	25702	0.5024	2782.01	0.2762	848	130618	1019288
江西	14781	13.0	12866	14.5	0.6870	0.0213	21000	0.5465	735.96	0.2028	136	77340	631468
山东	33083	12.0	16305	23.7	1.5522	0.1039	26404	0.5203	1273.67	0.2268	1584	363503	4337171
河南	19593	12.0	13231	14.2	0.5852	0.0521	24816	0.4328	932.40	0.1736	175	206496	1222763
湖北	19860	13.0	13153	24.8	0.8088	0.0302	22739	0.5326	1083.28	0.2661	207	184072	1489859
湖南	17521	13.0	13821	19.8	0.5172	0.0320	24870	0.5145	761.62	0.2420	125	147648	1127040
广东	37589	10.0	19733	37.4	2.3551	0.1358	33110	0.7062	1912.93	0.3097	6850	527477	5025577
广西	14966	13.0	14146	17.1	0.3536	0.0139	25660	0.4508	696.64	0.2488	132	67486	328306
海南	17175	9.8	12608	10.2	0.2662	0.0019	21864	0.6462	257.71	0.2661	45	10509	33479
重庆	18025	14.0	14368	29.7	0.6531	0.0155	26985	0.5183	1534.70	0.2765	95	87965	601525
四川	15378	9.5	12633	15.9	0.5110	0.0364	25038	0.4829	3097.38	0.2228	221	221582	1602595
贵州	8824	10.0	11759	24.9	0.2141	0.0109	24602	0.3836	577.77	0.2635	34	39387	189298
云南	12587	11.0	13250	21.2	0.2425	0.0175	24030	0.3882	706.97	0.2618	96	63737	309909
西藏	13861	10.0	12482	40.2	0.0543	0.0001	47280	0.5019	585.37	0.3467	8	3549	12285
陕西	18246	16.0	12858	21.9	0.5598	0.0167	25942	0.4310	1648.76	0.2175	83	147667	1432726
甘肃	12110	10.0	10969	24.5	0.4062	0.0116	24017	0.3765	586.81	0.2405	61	54031	318014
青海	17389	13.0	11640	23.0	0.4571	0.0017	30983	0.3115	602.52	0.2173	7	10879	39092
宁夏	17892	12.0	12932	25.3	0.6317	0.0033	30719	0.3887	478.29	0.2387	19	14780	75490
新疆	19893	11.0	11432	17.5	0.4043	0.0061	24687	0.4124	373.82	0.2199	222	34197	160113

表A2 主要年份各制造业从业人员数原始数据

表A2-1 2000年各制造业从业人员数原始数据

单位：万人

地区	A	B	C	D	E	F	G	H	I	J
全国	168.00	92.00	102.00	26.00	483.00	113.00	64.00	347.00	100.00	43.00
东部	79.00	52.00	44.00	6.00	293.00	62.00	31.00	153.00	47.00	27.00
北京	2.09	3.65	3.18	0.09	5.10	1.22	4.10	5.14	3.01	0.30
天津	2.53	2.69	1.46	0.20	8.06	1.83	1.86	8.62	2.99	0.67
河北	4.86	5.50	5.24	0.78	26.00	7.57	2.78	18.64	6.47	1.87
上海	2.92	4.59	1.51	0.70	16.00	2.50	1.58	12.13	4.45	3.57
江苏	13.41	5.86	6.76	0.68	83.53	7.55	3.93	40.46	8.08	7.88
浙江	5.43	4.99	4.44	0.32	51.95	7.56	1.41	15.44	5.97	4.38
福建	4.65	3.96	2.38	0.42	8.69	4.28	0.25	5.87	1.63	1.20
山东	31.49	11.10	13.01	1.35	63.86	18.64	10.53	31.23	7.28	4.60
广东	9.75	8.96	5.26	1.01	29.09	11.09	4.56	15.35	6.14	2.44
海南	1.55	0.52	0.44	0.04	0.23	0.09	0.01	0.53	0.48	0.23
中部	40.00	20.00	25.00	9.00	103.00	24.00	15.00	84.00	22.00	9.00

续表

地区	A	B	C	D	E	F	G	H	I	J
河南	13.50	9.84	7.77	2.87	30.22	10.50	2.19	21.44	6.03	3.40
江西	4.33	1.23	2.30	0.53	8.24	2.12	0.84	6.16	2.93	1.08
湖北	9.44	3.10	4.87	2.18	30.37	3.90	1.25	16.34	6.16	1.46
湖南	4.20	1.92	2.48	1.95	9.50	3.50	2.52	14.84	2.31	1.28
山西	2.44	1.47	1.73	0.18	6.49	0.76	7.43	13.95	2.24	0.46
安徽	5.93	2.02	6.18	1.49	18.61	3.00	0.89	11.25	2.63	1.52
西部	33.00	13.00	23.00	9.00	61.00	17.00	7.00	69.00	19.00	2.00
内蒙古	2.60	1.85	2.72	0.23	6.17	0.99	0.46	5.37	1.20	0.05
广西	9.27	2.24	1.28	0.60	4.23	2.68	0.22	6.64	2.39	0.29
重庆	1.34	0.87	1.37	0.53	5.51	0.71	0.17	7.13	2.57	1.03
四川	5.41	2.32	8.38	0.93	16.17	4.63	0.70	16.20	4.44	0.76
贵州	1.14	0.41	2.39	2.48	1.72	0.74	0.02	5.23	1.48	0.04
云南	4.56	0.61	1.17	3.01	2.23	1.51	0.21	9.02	1.36	0.04
西藏	0.08	0.03	0.09	—	0.05	—	—	0.03	0.12	0.01
陕西	3.22	1.85	2.01	1.16	10.93	2.15	1.29	7.63	3.16	0.03
甘肃	1.49	0.99	1.89	0.40	2.88	1.07	1.93	6.27	1.23	0.01
青海	0.51	0.11	0.33	—	0.76	0.06	0.01	1.22	0.23	—
宁夏	0.17	0.62	0.32	0.06	0.26	1.18	0.31	2.55	0.27	0.08
新疆	2.77	0.79	1.29	0.07	9.67	0.82	1.63	1.70	0.45	0.11

续表

地区	K	L	M	N	O	P	Q	R	S	T	SUM
全国	411.00	262.00	106.00	162.00	285.00	207.00	306.00	229.00	196.00	56.00	3757.00
东部	181.00	88.00	26.00	116.00	155.00	103.00	124.00	155.00	153.00	36.00	1929.00
北京	8.49	10.32	0.57	3.57	5.54	6.03	9.66	5.02	8.29	2.47	87.84
天津	3.30	5.83	1.07	7.32	5.13	3.74	10.63	4.87	8.61	2.54	83.95
河北	27.52	25.91	1.97	8.89	13.26	11.80	9.95	6.93	1.71	0.90	188.60
上海	5.90	10.45	2.43	10.89	15.53	10.83	16.54	15.25	11.64	4.23	153.60
江苏	31.77	13.29	5.26	20.57	45.48	24.46	24.15	27.94	22.80	6.03	399.90
浙江	14.86	4.29	3.02	15.19	25.29	10.31	14.35	23.31	10.94	4.92	228.40
福建	13.34	2.74	1.07	3.40	3.43	2.84	3.54	5.65	10.04	1.14	80.52
山东	38.10	10.37	4.86	15.44	30.42	26.06	17.85	16.75	7.28	2.87	363.10
广东	36.68	4.67	5.56	30.37	11.12	6.97	16.41	48.7	71.33	10.87	336.3
海南	0.85	0.14	0.02	0.24	0.08	0.23	0.64	0.20	0.14	0.01	6.67
中部	114.00	67.00	34.00	21.00	55.00	49.00	68.00	30.00	12.00	7.00	809.00
河南	38.52	10.70	8.61	4.69	16.61	20.76	10.74	8.52	2.26	1.59	230.80
江西	11.20	5.96	4.03	1.32	5.67	3.04	7.90	3.10	2.12	1.46	75.56
湖北	20.37	15.25	3.92	5.50	11.52	8.42	27.52	5.55	3.13	1.97	182.20
湖南	21.42	9.04	6.53	2.18	7.92	6.94	11.34	5.32	2.05	0.97	118.20
山西	10.80	18.06	7.04	5.14	6.11	5.53	4.20	2.53	0.56	0.64	97.76

续表

地区	K	L	M	N	O	P	Q	R	S	T	SUM
安徽	12.15	7.54	3.65	2.12	7.63	4.29	6.46	4.78	1.63	0.58	104.40
西部	83.00	61.00	37.00	15.00	40.00	31.00	64.00	26.00	21.00	8.00	640.00
内蒙古	3.84	9.87	2.07	0.96	1.89	0.60	1.02	0.65	0.31	0.03	42.88
广西	11.73	3.77	4.23	1.51	4.83	2.51	4.75	2.57	1.09	0.55	67.38
重庆	8.80	4.72	1.41	1.45	5.28	1.05	13.76	2.38	1.11	2.10	63.29
四川	21.29	20.03	3.62	3.20	11.04	6.68	14.93	6.13	9.20	0.83	156.90
贵州	6.16	6.19	3.73	1.15	2.39	1.59	8.07	1.60	1.47	0.43	48.43
云南	6.82	4.49	5.78	0.85	2.19	2.84	2.02	1.55	0.25	0.72	51.23
西藏	0.46	—	—	0.01	—	0.04	0.23	—	—	—	1.15
陕西	7.82	2.69	2.24	2.22	5.95	7.43	15.08	7.20	6.10	2.35	92.51
甘肃	9.17	5.45	10.84	1.54	3.80	6.12	2.39	2.67	1.84	0.86	62.84
青海	1.25	1.64	1.25	0.42	0.80	0.22	0.99	0.16	0.06	0.09	10.11
宁夏	1.50	0.90	1.10	0.76	1.52	0.75	0.06	0.41	—	0.52	13.34
新疆	4.18	1.19	0.78	0.64	0.78	1.10	0.90	0.73	0.05	0.01	29.66

注：A＝农副食品加工业；B＝食品制造业；C＝饮料制造业；D＝烟草制品业；E＝纺织业；F＝造纸及纸制品业；G＝石油加工、炼焦及核燃料加工业；H＝化学原料及化学制品制造业；I＝医药制造业；J＝化学纤维制造业；K＝非金属矿物制品业；L＝黑色金属冶炼及压延加工业；M＝有色金属冶炼及压延加工业；N＝金属制品业；O＝通用机械制造业；P＝专用设备制造业；Q＝交通运输设备制造业；R＝电气机械及器材制造业；S＝通信设备、计算机及其他电子设备制造业；T＝仪器仪表及文化、办公用机械制造业；SUM＝制造业从业人员数加总。

表 A2-2　2004年各制造业从业人员数原始数据

单位：万人

地区	A	B	C	D	E	X	U	V	W	F	Y	Z	G	H	I
全国	197.00	111.00	84.00	20.00	588.00	332.00	211.00	77.00	65.00	130.00	64.00	108.00	68.00	326.00	114.00
东部	106.00	63.00	38.00	5.00	437.00	295.00	195.00	43.00	54.00	84.00	45.00	103.00	22.00	167.00	57.00
北京	2.67	3.71	2.29	0.09	3.94	7.83	0.47	0.44	1.49	1.19	4.83	0.88	1.28	5.19	3.49
天津	2.19	2.41	1.26	0.17	7.21	7.30	1.89	0.62	1.82	1.93	1.04	1.35	1.26	8.58	3.53
河北	7.48	6.22	4.00	0.67	21.69	8.07	5.26	1.76	1.35	6.59	2.15	0.66	3.63	16.35	6.77
上海	2.33	5.34	1.52	0.43	18.60	22.84	5.72	2.28	3.88	3.34	4.47	7.14	2.83	11.60	5.21
江苏	10.92	5.70	6.14	0.80	120.30	59.95	12.85	10.16	3.72	9.48	5.09	12.76	2.11	40.14	9.46
浙江	7.62	5.56	4.07	0.31	104.30	52.19	40.23	7.81	8.80	13.08	5.70	12.68	1.15	18.46	7.88
福建	8.11	6.33	2.30	0.41	19.51	29.35	39.74	4.78	4.86	6.24	2.11	5.14	0.34	5.82	1.74
山东	53.10	16.37	11.70	1.03	85.60	27.37	14.37	8.03	4.75	21.70	3.63	8.32	7.10	39.85	10.73
广东	10.38	10.43	4.44	0.83	55.09	80.53	74.18	7.01	23.33	20.62	15.45	53.87	2.23	20.12	7.46
海南	1.60	0.50	0.34	0.05	0.70	0.01	0.05	0.37	0.37	0.30	0.28	—	0.02	0.46	0.58
中部	36.00	25.00	18.00	6.00	86.00	22.00	9.00	13.00	4.00	22.00	8.00	3.00	23.00	73.00	25.00
河南	16.10	10.16	5.74	1.79	28.34	3.27	3.14	3.53	1.73	9.79	2.38	0.16	2.07	16.80	7.92
江西	2.47	1.83	1.50	0.71	8.12	5.00	1.86	2.08	0.50	1.37	1.02	0.46	0.84	5.66	4.12
湖北	5.04	3.71	2.78	1.49	22.41	7.39	0.65	1.27	0.44	3.53	1.94	0.30	1.87	11.32	4.89

续表

地区	A	B	C	D	E	X	U	V	W	F	Y	Z	G	H	I
湖南	5.15	3.87	1.65	1.01	9.62	1.66	1.45	3.20	0.82	4.70	1.18	0.20	2.08	18.98	2.74
山西	2.04	1.69	1.66	0.16	4.52	0.75	0.02	0.06	0.06	0.62	0.55	0.42	15.61	12.61	2.54
安徽	4.96	3.55	4.69	1.15	13.47	3.52	2.02	2.88	0.32	2.12	0.99	1.93	0.77	7.94	2.65
西部	34.00	16.00	20.00	7.00	47.00	4.00	5.00	7.00	3.00	16.00	8.00	0.00	12.00	62.00	21.00
内蒙古	4.26	2.79	1.89	0.25	5.79	1.03	0.16	0.82	0.15	1.04	0.23	—	1.57	4.79	1.36
广西	8.68	1.71	1.28	0.26	3.94	0.32	0.96	2.57	0.19	2.75	0.82	0.08	0.25	6.55	2.93
重庆	1.64	1.35	0.96	0.58	5.03	0.48	0.69	0.20	0.29	0.92	0.64	0.01	0.33	5.68	1.97
四川	7.36	3.48	7.29	0.66	11.53	1.13	2.62	1.22	1.40	4.65	2.05	0.07	1.09	16.73	5.68
贵州	1.12	0.90	2.12	1.63	0.81	0.33	0.01	0.38	0.07	0.42	0.64	0.05	0.72	5.07	2.15
云南	3.57	0.79	1.22	2.66	1.73	0.10	0.08	1.02	0.11	1.20	1.32	—	0.48	7.08	1.43
西藏	0.05	0.02	0.06	—	0.02	—	0.01	0.09	—	—	0.12	—	—	0.02	0.12
陕西	2.54	2.00	2.28	0.69	9.03	0.40	0.15	0.21	0.30	2.58	1.29	0.01	1.77	5.38	3.45
甘肃	2.04	0.80	1.55	0.65	1.88	0.22	0.34	0.19	0.11	0.58	0.53	0.03	2.99	4.65	1.08
青海	0.29	0.09	0.23	—	0.42	0.14	—	—	0.01	0.01	0.10	—	—	1.29	0.30
宁夏	0.37	0.61	0.41	0.04	0.61	0.06	0.03	—	0.03	1.43	0.10	—	0.75	2.63	0.43
新疆	2.08	1.04	0.98	0.06	6.03	0.11	0.08	0.26	0.27	0.85	0.40	—	2.06	2.14	0.20

续表

地区	J	a	b	K	L	M	N	O	P	Q	R	S	T	c	SUM
全国	39.00	81.00	175.00	415.00	277.00	127.00	213.00	344.00	220.00	341.00	349.00	379.00	84.00	124.00	5663.00
东部	27.00	61.00	145.00	214.00	113.00	43.00	172.00	230.00	127.00	170.00	286.00	338.00	67.00	101.00	3805.00
北京	0.08	0.91	2.25	7.67	6.62	0.79	4.28	6.39	5.65	10.96	4.74	10.02	3.00	1.28	104.40
天津	0.25	2.49	4.18	2.76	9.01	1.01	7.14	6.52	4.17	10.54	6.23	12.40	1.71	2.92	113.90
河北	1.28	3.46	4.79	25.82	38.08	2.82	9.22	14.27	9.98	9.72	5.91	2.16	1.03	2.09	223.30
上海	1.17	5.20	11.20	8.84	5.80	3.52	15.91	22.56	12.21	18.79	21.31	23.66	5.51	2.66	255.90
江苏	9.60	8.43	20.84	30.16	21.62	8.32	31.78	58.39	27.91	33.18	44.18	65.36	8.45	6.79	684.60
浙江	8.06	9.24	24.83	21.74	6.70	6.81	28.22	57.02	15.64	33.19	50.59	21.45	11.56	19.99	604.90
福建	1.26	6.91	11.98	21.80	3.43	1.66	4.58	6.07	3.98	6.49	12.12	15.81	4.95	20.07	257.90
山东	3.45	13.48	10.77	52.71	16.26	9.16	17.13	38.32	26.17	24.06	23.14	14.83	3.64	15.50	582.30
广东	1.53	11.21	53.65	41.60	5.46	8.41	53.24	19.92	21.09	21.86	117.20	172.70	26.83	29.41	970.00
海南	0.13	0.03	0.16	0.68	0.13	0.04	0.13	0.07	0.12	0.73	0.18	0.08	0.04	0.06	8.19
中部	6.00	9.00	14.00	98.00	67.00	36.00	19.00	51.00	43.00	63.00	29.00	12.00	6.00	10.00	836.00
河南	2.34	2.82	4.77	34.49	11.42	10.03	4.60	16.76	17.19	11.72	8.57	1.75	2.04	4.22	245.60
江西	0.86	0.66	0.94	9.49	5.69	3.74	1.38	3.43	2.35	6.39	2.93	2.20	1.14	1.53	80.27
湖北	0.92	0.97	2.92	12.28	13.31	3.25	4.48	8.56	3.99	24.84	3.68	2.77	0.94	1.02	153.00
湖南	0.77	1.28	1.58	18.91	9.70	7.41	2.93	6.24	7.46	8.58	4.55	2.36	0.80	1.12	132.00

附录 A 基本数据表

续表

地区	J	a	b	K	L	M	N	O	P	Q	R	S	T	c	SUM
山西	0.15	0.77	0.64	12.77	19.96	8.12	2.98	8.74	7.70	3.85	2.48	0.92	0.24	0.34	113.00
安徽	0.52	2.25	3.04	9.72	7.41	3.22	2.69	7.19	4.33	7.45	6.66	2.24	0.59	1.91	112.20
西部	2.00	6.00	10.00	76.00	60.00	40.00	13.00	33.00	30.00	65.00	20.00	20.00	8.00	10.00	656.00
内蒙古	0.10	0.01	0.26	4.66	9.86	3.29	0.68	1.68	4.13	0.70	0.60	0.43	0.01	0.57	53.11
广西	0.09	0.61	1.11	12.64	4.62	5.10	0.94	2.79	2.59	5.44	1.73	0.89	0.47	2.16	74.47
重庆	0.05	0.87	0.78	8.02	3.12	1.94	1.64	4.64	4.67	23.67	2.05	0.70	2.05	0.28	75.25
四川	1.29	1.40	2.91	21.03	15.17	3.27	3.43	9.33	6.94	13.69	5.38	8.99	0.68	1.00	161.50
贵州	0.04	1.21	0.57	5.84	7.15	3.75	1.43	1.76	1.19	4.76	1.11	1.14	0.31	0.37	47.05
云南	0.03	0.24	0.78	5.47	5.23	7.34	0.65	1.77	1.80	1.86	1.16	0.19	0.71	0.38	50.40
西藏	—	—	—	0.41	—	—	0.01	—	—	0.12	—	—	—	0.06	1.11
陕西	0.03	0.61	0.61	6.88	2.83	2.81	1.71	5.79	5.34	12.78	4.27	5.84	2.26	3.97	87.81
甘肃	0.34	0.05	1.25	5.30	5.96	9.76	0.99	2.55	2.30	1.69	2.75	1.22	0.60	0.94	53.34
青海	—	—	0.02	1.35	1.65	1.05	0.27	0.67	0.07	0.16	0.05	—	0.06	0.39	8.62
宁夏	0.02	0.47	0.32	1.69	1.93	1.69	0.56	1.31	0.53	0.01	0.36	0.08	0.56	0.10	17.13
新疆	0.15	0.26	1.07	3.04	2.07	0.47	0.60	0.62	0.39	0.53	0.53	0.23	0.05	—	26.57

注：X=纺织服装、鞋、帽制造业；U=皮革、毛皮、羽毛（绒）及其制品业；V=木材加工及木、竹、藤、棕、草制品业；
W=家具制造业；Y=印刷业和记录媒介的复制；Z=文教体育用品制造业；a=橡胶制品业；b=塑料制品业；c=工艺品及其他制造业；其他指标同表
A2-1。

表A2-3　2007年各制造业从业人员数原始数据

单位：万人

地区	A	B	C	D	E	O	F	G	H	I	J
全国	265.00	135.00	101.00	19.00	626.00	414.00	138.00	81.00	380.00	137.00	45.00
东部	135.00	74.00	43.00	4.00	474.00	362.00	92.00	26.00	197.00	68.00	31.00
北京	3.10	3.71	2.47	0.08	2.94	7.58	1.14	1.91	4.36	4.16	0.13
天津	1.69	2.36	1.44	0.09	4.48	7.35	1.49	1.58	6.61	3.82	0.16
河北	8.99	6.75	3.82	0.66	21.78	7.95	5.66	4.76	17.18	7.21	1.14
上海	2.51	5.45	1.23	0.40	14.60	22.08	3.69	2.42	11.54	5.70	0.85
江苏	11.91	5.70	6.93	0.63	119.24	70.93	10.54	2.21	48.48	10.85	10.94
浙江	8.39	6.05	5.26	0.32	116.56	71.35	15.10	1.13	22.25	10.69	10.11
福建	11.29	8.20	4.13	0.41	23.81	36.95	8.01	0.48	7.48	1.90	2.07
山东	70.99	21.75	11.11	1.14	107.46	37.90	21.16	8.95	51.92	14.39	3.40
广东	14.02	13.31	6.03	0.64	62.66	100.23	24.96	2.57	27.16	8.25	2.12
海南	1.98	0.53	0.30	0.04	0.70	0.01	0.45	0.07	0.49	0.61	0.08
中部	53.00	32.00	24.00	6.00	90.00	29.00	22.00	26.00	84.00	32.00	6.00
河南	23.16	13.98	7.64	1.55	28.54	4.68	9.66	2.55	18.83	9.28	2.84
江西	4.06	2.62	1.98	0.59	10.80	5.65	1.79	0.90	9.37	6.05	0.91
湖北	8.06	4.23	4.46	0.96	24.79	9.05	2.99	1.02	13.18	5.98	0.72
湖南	7.71	5.81	2.58	1.65	10.00	2.35	4.94	2.35	21.68	3.46	0.68
山西	2.25	1.79	1.96	0.14	2.36	0.68	0.61	18.27	13.12	2.71	0.13
安徽	7.51	3.46	5.16	1.11	13.95	6.32	2.40	0.71	8.26	4.04	0.54
西部	44.00	19.00	26.00	7.00	47.00	6.00	17.00	17.00	72.00	24.00	4.00
内蒙古	5.21	3.91	2.25	0.20	5.18	0.78	1.03	1.47	6.63	1.61	0.05
广西	9.51	2.11	2.07	0.41	4.57	0.92	3.24	0.22	7.66	3.13	0.01
重庆	2.76	1.33	1.25	0.53	4.20	0.89	0.99	0.66	6.18	2.39	0.06
四川	11.95	5.40	10.17	0.59	12.76	1.86	5.11	1.71	18.58	7.21	1.31
贵州	1.13	0.72	2.08	1.22	0.50	0.21	0.29	0.57	5.99	2.28	0.01
云南	4.18	0.97	2.20	2.96	1.31	0.11	1.45	1.68	7.17	1.86	0.03
西藏	0.03	0.03	0.09	—	0.01	—	—	—	0.02	0.14	—
陕西	3.06	2.21	2.37	0.67	8.53	0.52	2.30	2.66	6.72	3.27	0.04
甘肃	3.23	0.81	1.73	0.29	0.95	0.16	0.64	3.52	5.15	1.15	1.80
青海	0.23	0.10	0.21	—	0.29	0.51	0.01	0.07	2.02	0.43	—
宁夏	0.49	0.64	0.41	0.04	0.80	0.06	1.48	0.77	2.58	0.39	0.01
新疆	2.10	1.14	0.92	0.05	8.15	0.09	0.72	3.21	2.96	0.25	0.52

续表

地区	K	L	M	N	O	P	Q	R	S	T	SUM
全国	448.00	304.00	156.00	273.00	421.00	257.00	409.00	449.00	588.00	107.00	5754.00
东部	234.00	134.00	55.00	225.00	290.00	158.00	217.00	374.00	529.00	89.00	3812.00
北京	6.66	5.92	0.76	4.30	6.63	7.25	10.91	5.15	14.50	3.39	97.05
天津	2.89	9.23	0.66	7.32	7.25	4.56	11.44	5.33	14.55	1.46	95.76
河北	25.98	44.52	2.77	10.46	17.29	9.83	11.49	7.49	2.68	1.15	219.56
上海	8.28	4.57	4.19	17.14	26.22	13.07	21.89	25.03	36.98	6.02	233.86
江苏	30.36	27.66	10.13	36.90	67.96	33.03	40.01	56.02	123.92	12.53	736.88
浙江	20.27	9.10	8.81	41.57	73.28	23.02	44.81	70.74	34.95	16.52	610.28
福建	27.77	5.22	2.72	7.98	7.79	5.42	10.61	14.58	22.58	7.73	217.13
山东	59.14	20.41	11.94	20.53	54.21	30.56	31.46	28.33	25.41	5.49	637.65
广东	52.45	7.64	13.23	78.72	29.43	31.18	33.09	160.94	253.30	34.34	956.27
海南	0.57	0.19	0.02	0.14	0.06	0.09	1.04	0.15	0.17	0.02	7.71
中部	107.00	54.00	44.00	23.00	55.00	46.00	69.00	38.00	23.00	8.00	871.00
河南	38.60	12.76	12.88	5.75	17.83	18.19	12.11	8.92	2.45	2.94	255.14
江西	13.27	6.12	6.89	2.32	3.21	2.33	7.62	6.04	4.69	1.33	98.54
湖北	13.42	13.84	3.65	4.85	10.93	4.25	25.69	5.10	4.63	1.39	149.35
湖南	20.28	9.47	9.10	3.56	7.84	9.38	9.16	6.09	2.46	1.02	141.57
山西	10.98	18.27	7.74	1.89	6.33	7.29	3.66	1.36	5.82	0.59	107.95
安徽	10.31	7.74	3.95	4.62	9.16	4.69	10.92	10.01	3.31	0.72	118.89
西部	76.00	63.00	43.00	14.00	36.00	32.00	76.00	21.00	24.00	7.00	674.00
内蒙古	5.32	11.07	4.04	0.79	1.87	4.42	1.14	0.80	0.47	—	58.24
广西	11.57	5.26	5.30	1.18	2.67	3.14	7.11	1.97	1.87	0.46	74.38
重庆	8.96	2.90	2.99	2.27	5.25	3.95	30.84	3.05	1.26	2.06	84.77
四川	23.22	17.69	4.14	4.50	12.76	8.15	13.88	6.02	12.76	0.96	176.59
贵州	5.17	6.44	3.67	1.28	1.46	1.08	4.57	1.02	0.83	0.25	40.77
云南	5.72	5.67	10.31	0.57	1.74	1.48	1.86	1.00	0.22	0.46	52.95
西藏	0.43	—	—	—	—	—	0.03	—	—	—	0.78
陕西	6.16	2.98	4.18	1.54	5.62	6.64	14.40	3.94	5.82	1.87	85.50
甘肃	3.82	4.90	8.60	0.59	1.90	2.02	1.33	2.16	1.00	0.19	45.94
青海	1.32	1.58	1.45	0.23	0.68	0.11	0.22	0.08	—	0.07	9.61
宁夏	1.71	1.87	2.12	0.50	1.21	0.45	0.02	0.33	—	0.23	16.11
新疆	3.08	2.36	0.59	0.61	0.36	0.38	0.28	0.48	0.23	0.03	28.51

注：O = 纺织服装、鞋、帽制造业；其他指标同表 A2 - 1。

表A2-4 2008年各制造业从业人员数原始数据

单位：万人

地区	A	B	C	D	E	X	F	G	H	I	J
全国	315.00	155.00	113.00	20.00	652.00	459.00	152.00	86.00	430.00	151.00	45.00
东部	157.00	83.00	47.00	4.00	501.00	395.00	102.00	28.00	223.00	73.00	32.00
北京	3.30	3.66	2.71	0.08	3.07	7.12	1.25	1.83	4.32	4.56	0.12
天津	1.63	2.85	1.31	0.09	3.64	6.49	1.74	1.72	6.63	3.48	0.17
河北	9.68	6.27	3.73	0.66	22.63	7.43	5.37	5.07	17.57	7.46	1.33
上海	2.86	6.19	1.26	0.39	13.17	23.00	3.95	2.57	12.34	5.23	0.65
江苏	16.78	7.45	8.31	0.59	133.20	90.05	13.11	3.02	58.58	13.98	12.81
浙江	8.78	6.88	5.72	0.31	117.80	71.62	15.63	1.05	23.42	10.69	10.44
福建	12.25	8.97	5.22	0.41	23.97	39.65	9.16	0.55	8.25	2.12	2.09
山东	82.98	23.71	11.51	1.20	111.30	38.36	21.41	9.37	59.57	16.14	2.67
广东	15.94	15.91	6.89	0.69	71.73	111.10	30.09	2.66	31.55	8.87	2.00
海南	2.31	0.62	0.32	0.05	0.13	0.58	0.60	0.07	0.92	0.81	0.10
中部	65.00	37.00	26.00	7.00	93.00	37.00	24.00	26.00	98.00	35.00	5.00
河南	25.60	15.67	8.47	1.67	28.52	6.27	9.89	2.98	20.90	9.56	1.99
江西	5.98	3.97	2.29	0.49	12.39	6.70	2.52	0.96	12.78	7.10	0.58
湖北	10.70	5.57	5.18	0.96	26.04	11.41	3.26	1.07	15.47	6.48	0.77
湖南	10.31	6.20	3.18	2.37	10.07	3.25	5.61	2.06	26.19	4.40	0.63
山西	2.24	1.87	2.06	0.13	1.69	0.73	0.56	18.04	12.37	2.56	0.13
安徽	9.83	4.13	5.22	0.99	14.24	8.69	2.61	0.71	10.04	4.76	0.59
西部	52.00	23.00	29.00	7.00	45.00	8.00	18.00	20.00	79.00	26.00	4.00
内蒙古	6.34	4.28	2.60	0.21	4.98	0.86	0.85	1.62	7.27	1.80	0.01
广西	10.66	2.49	2.60	0.35	4.97	1.10	3.29	0.22	8.09	3.13	0.01
重庆	4.55	2.10	1.54	0.57	4.50	1.30	1.50	0.85	7.26	2.89	0.03
四川	14.58	6.19	12.02	0.77	14.16	2.97	5.77	3.67	21.25	8.15	1.16
贵州	1.08	0.79	2.54	1.55	0.51	0.21	0.33	1.17	5.56	2.27	—
云南	4.55	1.20	2.13	3.09	1.29	0.09	1.38	1.69	7.34	1.89	0.03
西藏	0.05	0.03	0.10	—	0.01	0.01	—	—	0.03	0.11	—
陕西	3.65	2.55	2.56	0.62	7.17	0.56	2.31	3.00	6.87	3.61	0.05
甘肃	3.56	1.22	1.86	0.27	1.05	0.21	0.73	3.47	5.82	1.24	1.66
青海	0.23	0.24	0.20	—	0.56	0.31	0.01	0.13	2.32	0.40	—
宁夏	0.49	0.64	0.41	—	0.79	0.05	1.53	0.93	2.86	0.42	—
新疆	2.22	1.49	0.93	0.05	4.70	0.12	0.62	3.26	3.96	0.26	0.67

续表

地区	K	L	M	N	O	P	Q	R	S	T	SUM
全国	499.00	314.00	185.00	327.00	493.00	308.00	473.00	528.00	677.00	116.00	6498.00
东部	257.00	145.00	67.00	262.00	338.00	193.00	261.00	435.00	608.00	94.00	4306.00
北京	7.30	3.76	0.82	4.51	7.48	8.32	11.13	5.71	14.85	3.59	99.49
天津	3.19	11.09	0.96	8.88	8.70	7.12	13.13	6.41	14.37	1.42	105.00
河北	26.26	48.38	2.84	12.24	17.90	10.86	13.58	9.36	3.74	1.27	233.60
上海	8.50	4.28	3.93	20.90	30.60	15.99	26.44	26.09	38.75	6.74	253.80
江苏	37.89	31.65	16.29	52.31	87.48	46.80	58.90	79.32	165.80	18.54	952.90
浙江	20.90	10.70	9.04	44.84	76.86	24.17	49.46	79.91	32.57	16.88	637.70
福建	32.20	5.39	3.09	8.64	9.68	6.10	12.21	16.08	23.12	6.10	235.30
山东	63.98	20.75	14.15	22.16	64.06	34.11	34.88	32.55	27.48	4.37	696.70
广东	56.04	8.62	15.56	87.86	34.75	39.73	40.79	179.00	286.70	35.41	1082.00
海南	0.80	0.20	0.09	0.13	0.09	0.09	0.91	0.16	0.20	0.02	9.20
中部	123.00	72.00	56.00	31.00	64.00	53.00	79.00	49.00	32.00	11.00	1021.00
河南	44.71	13.05	16.77	8.37	21.52	19.62	14.23	10.27	2.78	3.52	286.40
江西	16.85	6.85	11.31	3.16	3.98	3.78	8.70	9.89	6.21	1.59	128.10
湖北	17.10	16.09	4.18	6.69	11.23	5.52	28.61	8.60	8.22	1.90	195.10
湖南	21.29	10.87	10.57	4.57	9.58	11.40	9.74	6.53	4.20	2.27	165.30
山西	10.23	16.79	8.34	1.88	5.81	7.49	3.32	1.67	6.28	0.46	104.7
安徽	12.39	7.93	4.50	6.10	11.68	5.61	13.90	12.28	4.00	0.97	141.20
西部	83.00	61.00	52.00	18.00	41.00	38.00	83.00	24.00	27.00	7.00	745.00
内蒙古	6.00	10.84	5.04	0.93	2.13	4.16	1.40	0.92	0.39	0.01	62.64
广西	12.01	5.65	6.05	1.52	3.33	3.35	8.39	2.45	3.07	0.50	83.23
重庆	10.31	3.46	3.30	2.80	6.96	4.88	33.94	3.94	1.63	2.30	100.60
四川	26.65	13.88	4.66	6.50	15.78	12.42	15.43	7.32	14.22	1.34	208.90
贵州	5.01	6.23	3.57	1.62	1.18	1.02	4.58	0.90	0.94	0.27	41.33
云南	5.72	6.05	10.65	0.56	1.79	1.58	1.70	1.09	0.24	0.42	54.48
西藏	0.38	—	—	—	—	—	0.01	—	—	—	0.73
陕西	6.65	3.58	6.40	1.49	5.67	7.09	15.72	4.56	5.26	2.01	91.38
甘肃	4.09	5.18	7.92	0.84	1.98	2.36	1.01	1.79	0.95	0.09	47.30
青海	1.29	2.01	1.57	0.23	0.81	0.08	0.05	0.10	—	0.07	10.61
宁夏	1.56	1.54	2.11	0.47	1.22	0.48	0.02	0.37	—	0.21	16.10
新疆	3.39	2.53	0.64	0.73	0.35	0.47	0.25	0.58	0.29	0.08	27.59

表A3 2000～2008年各制造业地区平均集中率比较

年份 地区	2000	2001	2002	2003	2004	2005	2006	2007	2008
东部	0.5068	0.5349	0.5264	0.5465	0.6477	0.5912	0.5990	0.5986	0.5980
北京	0.0250	0.0253	0.0208	0.0198	0.0192	0.0199	0.0186	0.0172	0.0157
天津	0.0233	0.0238	0.0224	0.0207	0.0193	0.0183	0.0163	0.0156	0.0153
河北	0.0464	0.0474	0.0463	0.0456	0.0377	0.0420	0.0417	0.0397	0.0379
上海	0.0429	0.0429	0.0398	0.0408	0.0445	0.0395	0.0378	0.0368	0.0350
江苏	0.0963	0.0986	0.1020	0.1001	0.1050	0.1042	0.1076	0.1096	0.1273
浙江	0.0575	0.0695	0.0695	0.0775	0.1008	0.0912	0.0945	0.0960	0.0901
福建	0.0219	0.0247	0.0227	0.0279	0.0482	0.0328	0.0350	0.0367	0.0353
山东	0.0973	0.0915	0.1000	0.1024	0.1011	0.1083	0.1087	0.1084	0.1039
广东	0.0940	0.1096	0.1001	0.1093	0.1699	0.1331	0.1370	0.1369	0.1358
海南	0.0022	0.0017	0.0029	0.0022	0.0020	0.0018	0.0018	0.0017	0.0019
中部	0.2175	0.2065	0.2030	0.2000	0.1554	0.1837	0.1789	0.1777	0.1825
河南	0.0641	0.0621	0.0625	0.0581	0.0461	0.0567	0.0532	0.0530	0.0521
江西	0.0205	0.0193	0.0181	0.0185	0.0154	0.0177	0.0183	0.0191	0.0213
湖北	0.0453	0.0420	0.0430	0.0384	0.0258	0.0315	0.0299	0.0286	0.0302
湖南	0.0321	0.0306	0.0307	0.0314	0.0240	0.0276	0.0278	0.0296	0.0320
山西	0.0273	0.0249	0.0262	0.0305	0.0227	0.0288	0.0276	0.0264	0.0236
安徽	0.0281	0.0276	0.0225	0.0250	0.0214	0.0215	0.0220	0.0230	0.0233
西部	0.1752	0.1667	0.1755	0.1673	0.1262	0.1505	0.1477	0.1455	0.1454
内蒙古	0.0109	0.0100	0.0131	0.0126	0.0098	0.0122	0.0126	0.0120	0.0116
广西	0.0182	0.0156	0.0174	0.0160	0.0136	0.0146	0.0139	0.0144	0.0139
重庆	0.0163	0.0170	0.0160	0.0156	0.0119	0.0144	0.0140	0.0147	0.0155
四川	0.0380	0.0366	0.0379	0.0378	0.0281	0.0334	0.0339	0.0345	0.0364
贵州	0.0159	0.0156	0.0165	0.0154	0.0111	0.0127	0.0115	0.0107	0.0109
云南	0.0183	0.0171	0.0189	0.0186	0.0137	0.0181	0.0183	0.0186	0.0175
西藏	0.0003	0.0003	0.0072	0.0003	0.0003	0.0002	0.0002	0.0002	0.0001
陕西	0.0247	0.0234	0.0198	0.0216	0.0160	0.0183	0.0181	0.0172	0.0167
甘肃	0.0186	0.0181	0.0149	0.0167	0.0117	0.0150	0.0147	0.0128	0.0116
青海	0.0024	0.0021	0.0025	0.0020	0.0014	0.0017	0.0016	0.0017	0.0017
宁夏	0.0042	0.0047	0.0050	0.0044	0.0035	0.0042	0.0037	0.0037	0.0033
新疆	0.0073	0.0064	0.0064	0.0063	0.0051	0.0057	0.0052	0.0063	0.0061

附录 B 数据分析表

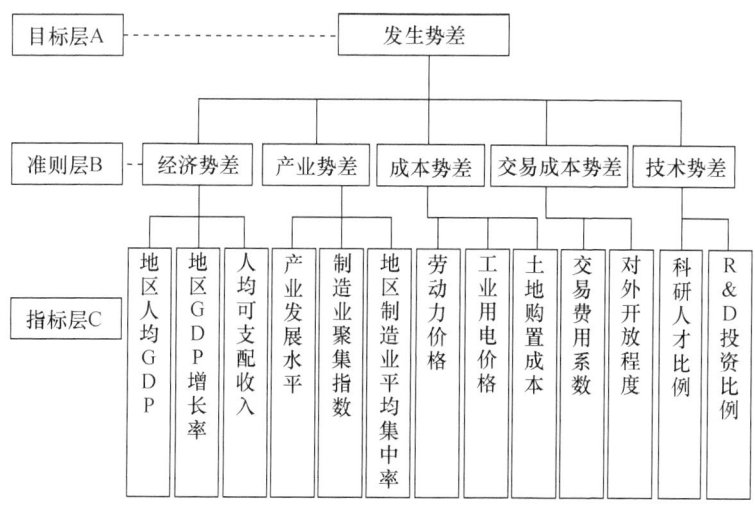

图 B1-1 产业转移发生势差评价递阶层次结构

表 B1 AHP 发生势差综合结果一览表

标度类型：ê(0/5)~ê(8/5)

群决策——专家数据集结方法：各专家判断矩阵加权几何平均

表 B1-1 AHP 赋权最终结果表

备选方案	权重
地区人均 GDP	0.0417
地区 GDP 增长率	0.0313

备选方案	权重
人均可支配收入	0.0366
产业发展水平	0.0892
制造业聚集指数	0.0687
地区制造业平均集中率	0.0674
劳动力价格	0.1506
工业用电价格	0.0953
土地购置成本	0.1039
交易费用系数	0.0906
对外开放程度	0.0797
科研人才比例	0.0828
R&D 投资比例	0.0622

表 B1-2 AHP 群决策——专家数据集结判断矩阵

0.1. 集结后的判断矩阵——发生势差 判断矩阵一致性比例：0.0018；对总目标的权重：1.0000

发生势差	经济势差	产业势差	成本势差	交易成本势差	技术势差	W_i
经济势差	1.0000	0.4493	0.3012	0.6703	0.8187	0.1096
产业势差	2.2255	1.0000	0.6703	1.2214	1.4918	0.2253
成本势差	3.3201	1.4918	1.0000	2.2255	2.2255	0.3498
交易成本势差	1.4918	0.8187	0.4493	1.0000	1.2214	0.1702
技术势差	1.2214	0.6703	0.4493	0.8187	1.0000	0.1451

0.2. 集结后的判断矩阵——经济势差 判断矩阵一致性比例：0.0002；对总目标的权重：0.1096

经济势差	地区人均 GDP	地区 GDP 增长率	人均可支配收入	W_i
地区人均 GDP	1.0000	1.3118	1.1536	0.3801
地区 GDP 增长率	0.7623	1.0000	0.8425	0.2856
人均可支配收入	0.8669	1.1870	1.0000	0.3342

0.3. 集结后的判断矩阵——产业势差 判断矩阵一致性比例：0.0001；对总目标的权重：0.2253

产业势差	产业发展水平	制造业聚集指数	地区制造业平均集中率	W_i
产业发展水平	1.0000	1.3118	1.3118	0.3961
制造业聚集指数	0.7623	1.0000	1.0290	0.3048
地区制造业平均集中率	0.7623	0.9718	1.0000	0.2991

0.4. 集结后的判断矩阵——成本势差　判断矩阵一致性比例：0.0008；对总目标的权重：0.3498

成本势差	劳动力价格	工业用电价格	土地购置成本	W_i
劳动力价格	1.0000	1.5351	1.4918	0.4305
工业用电价格	0.6514	1.0000	0.8920	0.2726
土地购置成本	0.6703	1.1211	1.0000	0.2969

0.5. 集结后的判断矩阵——交易成本势差　判断矩阵一致性比例：0.0000；对总目标的权重：0.1702

交易成本势差	交易费用系数	对外开放程度	W_i
交易费用系数	1.0000	1.1372	0.5321
对外开放程度	0.8794	1.0000	0.4679

0.6. 集结后的判断矩阵——技术势差　判断矩阵一致性比例：0.0000；对总目标的权重：0.1451

技术势差	科研人才比例	R&D投资比例	W_i
科研人才比例	1.0000	1.3307	0.5709
R&D投资比例	0.7515	1.0000	0.4291

表 B2　2008 年转出区综合结果检验主成分分析数据分析一览表

表 B2-1　转出区因子提取结果——解释的总方差

成分	初始特征值			提取平方和载入			旋转平方和载入		
	合计	方差的百分比	累积百分比	合计	方差的百分比	累积百分比	合计	方差的百分比	累积百分比
1	8.643	66.486	66.486	8.643	66.486	66.486	8.266	63.586	63.586
2	1.702	13.095	79.581	1.702	13.095	79.581	1.804	13.877	77.463
3	1.435	11.037	90.618	1.435	11.037	90.618	1.710	13.155	90.618
4	0.610	4.695	95.313						
5	0.399	3.067	98.380						
6	0.116	0.896	99.276						
7	0.063	0.485	99.760						
8	0.024	0.181	99.941						
9	0.008	0.059	100.000						

续表

成分	初始特征值			提取平方和载入			旋转平方和载入		
	合计	方差的百分比	累积百分比	合计	方差的百分比	累积百分比	合计	方差的百分比	累积百分比
10	4.551E−16	3.501E−15	100.000						
11	6.833E−17	5.256E−16	100.000						
12	−1.527E−16	−1.174E−15	100.000						
13	−3.955E−16	−3.042E−15	100.000						

注：提取方法：主成分分析法。

表 B2−2　旋转后因子附载矩阵

项目	因子		
	1	2	3
地区人均 GDP	0.958	−0.071	0.208
地区 GDP 增长率	−0.038	−0.940	0.106
人均可支配收入	0.890	0.154	0.320
产业发展水平	0.950	0.206	0.035
制造业聚集指数（区位熵）	0.471	−0.251	0.805
地区制造业平均集中率	−0.256	0.147	0.844
劳动力价格	0.979	0.099	0.050
工业用电价格	0.449	0.632	0.270
土地购置成本	0.919	0.265	−0.046
交易费用系数	0.871	0.437	−0.149
对外开放程度	0.891	0.292	0.262
科研人才比例	0.978	−0.047	−0.092
R&D 投资比例	0.923	0.082	−0.118

注：提取方法：主成分分析法。旋转法：具有 Kaiser 标准化的正交旋转法。旋转在5次迭代后收敛。

表 B2−3　成分转换矩阵

成分	1	2	3
1	0.973	0.205	0.101
2	0.014	−0.494	0.870
3	−0.228	0.845	0.483

注：提取方法：主成分分析法。旋转法：具有 Kaiser 标准化的正交旋转法。

附录 B 数据分析表

表 B2－4 成分得分系数矩阵

项目	成分		
	1	2	3
地区人均 GDP	0.136	-0.149	0.068
地区 GDP 增长率	0.097	-0.599	0.034
人均可支配收入	0.094	0.008	0.148
产业发展水平	0.113	0.024	-0.027
制造业聚集指数（区位熵）	0.051	-0.188	0.453
地区制造业平均集中率	-0.104	0.154	0.534
劳动力价格	0.129	-0.047	-0.023
工业用电价格	-0.023	0.366	0.160
土地购置成本	0.106	0.064	-0.072
交易费用系数	0.085	0.176	-0.126
对外开放程度	0.081	0.095	0.118
科研人才比例	0.154	-0.147	-0.115
R&D 投资比例	0.132	-0.058	-0.123

注：提取方法：主成分分析法。旋转法：具有 Kaiser 标准化的正交旋转法。

表 B2－5 成分得分协方差矩阵

成分	1	2	3
1	1.000	0.000	0.000
2	0.000	1.000	0.000
3	0.000	0.000	1.000

注：提取方法：主成分分析法。旋转法：具有 Kaiser 标准化的正交旋转法。

表 B3 2008 年转入区综合结果检验主成分分析数据分析一览表

表 B3－1 转入区因子提取结果——解释的总方差

成分	初始特征值			提取平方和载入			旋转平方和载入		
	合计	方差的百分比	累积百分比	合计	方差的百分比	累积百分比	合计	方差的百分比	累积百分比
1	4.110	31.616	31.616	4.110	31.616	31.616	2.844	21.874	21.874
2	3.029	23.302	54.918	3.029	23.302	54.918	2.828	21.756	43.630
3	2.316	17.816	72.734	2.316	17.816	72.734	2.672	20.557	64.187

续表

成分	初始特征值			提取平方和载入			旋转平方和载入		
	合计	方差的百分比	累积百分比	合计	方差的百分比	累积百分比	合计	方差的百分比	累积百分比
4	1.503	11.562	84.295	1.503	11.562	84.295	1.859	14.298	78.485
5	1.054	8.107	92.402	1.054	8.107	92.402	1.809	13.917	92.402
6	0.599	4.610	97.013						
7	0.209	1.607	98.620						
8	0.122	0.940	99.559						
9	0.057	0.441	100.000						
10	2.459E−16	1.891E−15	100.000						
11	9.408E−17	7.237E−16	100.000						
12	−1.002E−16	−7.707E−16	100.000						
13	−1.614E−16	−1.242E−15	100.000						

注：提取方法：主成分分析法。

表 B3-2　旋转后因子附载矩阵

项目	因子				
	1	2	3	4	5
地区人均 GDP	0.551	0.559	0.486	−0.154	0.221
地区 GDP 增长率	0.943	0.051	−0.099	0.048	−0.018
人均可支配收入	0.819	0.197	−0.061	−0.422	−0.194
产业发展水平	0.147	−0.199	0.758	−0.420	−0.378
制造业聚集指数（区位熵）	0.070	0.020	0.916	0.351	0.057
地区制造业平均集中率	−0.421	−0.061	−0.073	0.176	0.810
劳动力价格	−0.103	−0.139	0.009	0.948	0.086
工业用电价格	0.151	0.860	0.168	−0.387	0.138
土地购置成本	0.490	0.486	0.054	0.385	−0.347
交易费用系数	−0.306	0.732	−0.097	0.322	0.429
对外开放程度	−0.452	−0.372	0.110	0.079	−0.754
科研人才比例	−0.320	−0.021	0.924	−0.116	−0.091
R&D 投资比例	−0.321	−0.872	0.312	0.068	0.112

注：提取方法：主成分分析法。旋转法：具有 Kaiser 标准化的正交旋转法。旋转在 7 次迭代后收敛。

附录 B 数据分析表

表 B3-3 成分转换矩阵

成分	1	2	3	4	5
1	0.705	0.665	-0.033	-0.243	0.003
2	0.197	-0.288	0.728	-0.325	-0.493
3	-0.311	0.447	0.669	0.235	0.447
4	0.400	-0.098	0.093	0.878	-0.225
5	0.456	-0.514	0.114	-0.094	0.712

注：提取方法：主成分分析法。旋转法：具有 Kaiser 标准化的正交旋转法。

表 B3-4 成分得分系数矩阵

项目	成分				
	1	2	3	4	5
地区人均 GDP	0.176	0.099	0.209	-0.027	0.176
地区 GDP 增长率	0.440	-0.171	-0.014	0.121	0.113
人均可支配收入	0.277	-0.052	-0.034	-0.149	-0.007
产业发展水平	0.032	-0.068	0.255	-0.176	-0.098
制造业聚集指数（区位熵）	0.096	-0.014	0.372	0.244	0.078
地区制造业平均集中率	-0.047	-0.096	0.027	-0.020	0.476
劳动力价格	0.087	-0.037	0.042	0.542	-0.021
工业用电价格	-0.123	0.341	0.059	-0.200	-0.004
土地购置成本	0.116	0.207	0.018	0.325	-0.290
交易费用系数	-0.206	0.340	-0.007	0.135	0.060
对外开放程度	-0.244	0.069	-0.019	0.070	-0.509
科研人才比例	-0.151	0.067	0.338	-0.059	-0.028
R&D 投资比例	0.064	-0.372	0.129	-0.013	0.216

注：提取方法：主成分分析法。旋转法：具有 Kaiser 标准化的正交旋转法。

表 B3-5 成分得分协方差矩阵

成分	1	2	3	4	5
1	1.000	0.000	0.000	0.000	0.000
2	0.000	1.000	0.000	0.000	0.000
3	0.000	0.000	1.000	0.000	0.000
4	0.000	0.000	0.000	1.000	0.000
5	0.000	0.000	0.000	0.000	1.000

注：提取方法：主成分分析法。旋转法：具有 Kaiser 标准化的正交旋转法。

附录 C 综合结果分析表

表 C1 东部 10 省市产业发展势能综合评分结果表

表 C1-1 2000 年东部 10 省市产业发展势能综合评分结果

地区	经济势能评分	产业势能评分	成本势能评分	交易成本势能评分	技术势能评分	产业发展势能综合评分	排名
北京	0.0862	0.1358	0.2230	0.2227	0.1450	0.8126	2
天津	0.0671	0.1311	0.1331	0.1138	0.0478	0.4929	4
河北	0.0303	0.0652	0.0775	0.0179	0.0067	0.1976	9
上海	0.1075	0.1771	0.3260	0.1554	0.0700	0.8360	1
江苏	0.0509	0.1359	0.1543	0.0615	0.0213	0.4239	6
浙江	0.0693	0.1166	0.1811	0.0557	0.0104	0.4330	5
福建	0.0447	0.0763	0.1222	0.0679	0.0086	0.3196	7
山东	0.0453	0.1176	0.0974	0.0398	0.0117	0.3117	8
广东	0.0694	0.1534	0.2350	0.1487	0.0185	0.6251	3
海南	0.0219	0.0042	0.0994	0.0610	0.0001	0.1866	10

表 C1-2 2001 年东部 10 省市产业发展势能综合评分结果

地区	经济势能评分	产业势能评分	成本势能评分	交易成本势能评分	技术势能评分	产业发展势能综合评分	排名
北京	0.0812	0.1447	0.2235	0.2101	0.1450	0.8045	2
天津	0.0661	0.1428	0.1260	0.1129	0.0482	0.4961	4
河北	0.0210	0.0652	0.0711	0.0168	0.0070	0.1810	10
上海	0.0967	0.1700	0.3254	0.1694	0.0713	0.8327	1
江苏	0.0406	0.1278	0.1533	0.0664	0.0246	0.4128	6

附录 C 综合结果分析表

续表

地区	经济势能评分	产业势能评分	成本势能评分	交易成本势能评分	技术势能评分	产业发展势能综合评分	排名
浙江	0.0591	0.1091	0.1899	0.0678	0.0129	0.4388	5
福建	0.0385	0.0615	0.1169	0.0713	0.0105	0.2987	7
山东	0.0356	0.1052	0.0947	0.0442	0.0132	0.2929	8
广东	0.0533	0.1384	0.2299	0.1559	0.0222	0.5997	3
海南	0.0197	0.0038	0.0959	0.0728	0.0001	0.1923	9

表 C1-3　2002 年东部 10 省市产业发展势能综合评分结果

地区	经济势能评分	产业势能评分	成本势能评分	交易成本势能评分	技术势能评分	产业发展势能综合评分	排名
北京	0.0758	0.1354	0.2206	0.1984	0.1450	0.7752	2
天津	0.0671	0.1462	0.1275	0.1180	0.0565	0.5153	4
河北	0.0201	0.0704	0.0716	0.0161	0.0091	0.1873	9
上海	0.0966	0.1668	0.3127	0.1668	0.0784	0.8212	1
江苏	0.0465	0.1393	0.1478	0.0715	0.0306	0.4356	6
浙江	0.0728	0.1187	0.1852	0.0712	0.0172	0.4652	5
福建	0.0434	0.0634	0.1070	0.0717	0.0107	0.2962	8
山东	0.0406	0.1234	0.0859	0.0436	0.0168	0.3104	7
广东	0.0627	0.1428	0.2289	0.1671	0.0257	0.6272	3
海南	0.0174	0.0050	0.0892	0.0624	0.0000	0.1741	10

表 C1-4　2003 年东部 10 省市产业发展势能综合评分结果

地区	经济势能评分	产业势能评分	成本势能评分	交易成本势能评分	技术势能评分	产业发展势能综合评分	排名
北京	0.0677	0.1288	0.2890	0.2140	0.1450	0.8445	1
天津	0.0624	0.1387	0.1326	0.1240	0.0616	0.5193	4
河北	0.0213	0.0677	0.0749	0.0144	0.0096	0.1879	9
上海	0.0907	0.1637	0.2971	0.1906	0.0763	0.8183	2
江苏	0.0439	0.1386	0.1648	0.0859	0.0316	0.4647	6
浙江	0.0673	0.1278	0.2053	0.0763	0.0202	0.4969	5
福建	0.0378	0.0705	0.1191	0.0748	0.0132	0.3154	7
山东	0.0376	0.1199	0.0813	0.0413	0.0178	0.2980	8

续表

地区	经济势能评分	产业势能评分	成本势能评分	交易成本势能评分	技术势能评分	产业发展势能综合评分	排名
广东	0.0606	0.1450	0.2358	0.1726	0.0259	0.6399	3
海南	0.0150	0.0044	0.0887	0.0627	0.0001	0.1709	10

表 C1-5 2004 年东部 10 省市产业发展势能综合评分结果

地区	经济势能评分	产业势能评分	成本势能评分	交易成本势能评分	技术势能评分	产业发展势能综合评分	排名
北京	0.0790	0.1210	0.2984	0.1693	0.1450	0.8127	2
天津	0.0580	0.1264	0.1606	0.1457	0.0664	0.5571	4
河北	0.0177	0.0490	0.0691	0.0342	0.0092	0.1793	9
上海	0.0890	0.1575	0.2959	0.2214	0.0753	0.8390	1
江苏	0.0410	0.1194	0.1608	0.1218	0.0350	0.4779	6
浙江	0.0602	0.1290	0.2096	0.1000	0.0239	0.5228	5
福建	0.0307	0.0861	0.1154	0.1129	0.0155	0.3606	7
山东	0.0350	0.0939	0.0775	0.0610	0.0205	0.2878	8
广东	0.0556	0.1586	0.1962	0.1490	0.0256	0.5850	3
海南	0.0074	0.0038	0.0743	0.0832	0.0016	0.1703	10

表 C1-6 2005 年东部 10 省市产业发展势能综合评分结果

地区	经济势能评分	产业势能评分	成本势能评分	交易成本势能评分	技术势能评分	产业发展势能综合评分	排名
北京	0.0754	0.1268	0.3186	0.2096	0.1450	0.8754	1
天津	0.0556	0.1161	0.1761	0.1283	0.0655	0.5416	4
河北	0.0219	0.0517	0.0665	0.0191	0.0099	0.1692	9
上海	0.0827	0.1507	0.3098	0.1881	0.0702	0.8015	2
江苏	0.0440	0.1232	0.1621	0.1024	0.0339	0.4657	6
浙江	0.0569	0.1266	0.2049	0.0845	0.0273	0.5002	5
福建	0.0326	0.0671	0.1151	0.0791	0.0149	0.3088	7
山东	0.0361	0.1037	0.0862	0.0359	0.0194	0.2813	8
广东	0.0509	0.1550	0.1898	0.1606	0.0230	0.5792	3
海南	0.0082	0.0045	0.0722	0.0448	0.0024	0.1322	10

附录 C 综合结果分析表

表 C1-7 2006年东部10省市产业发展势能综合评分结果

地区	经济势能评分	产业势能评分	成本势能评分	交易成本势能评分	技术势能评分	产业发展势能综合评分	排名
北京	0.0750	0.1226	0.2900	0.2182	0.1450	0.8508	1
天津	0.0618	0.1082	0.1614	0.1272	0.0728	0.5314	4
河北	0.0241	0.0541	0.0607	0.0195	0.0106	0.1691	9
上海	0.0822	0.1480	0.3141	0.1969	0.0767	0.8179	2
江苏	0.0517	0.1279	0.1716	0.1084	0.0347	0.4943	6
浙江	0.0597	0.1286	0.2396	0.0896	0.0319	0.5493	5
福建	0.0438	0.0720	0.1387	0.0803	0.0167	0.3515	7
山东	0.0418	0.1059	0.0874	0.0386	0.0194	0.2931	8
广东	0.0526	0.1562	0.1901	0.1667	0.0253	0.5909	3
海南	0.0152	0.0044	0.1019	0.0364	0.0020	0.1599	10

表 C1-8 2007年东部10省市产业发展势能综合评分结果

地区	经济势能评分	产业势能评分	成本势能评分	交易成本势能评分	技术势能评分	产业发展势能综合评分	排名
北京	0.0732	0.1192	0.2749	0.2157	0.1450	0.8279	2
天津	0.0582	0.1048	0.1398	0.1164	0.0832	0.5023	4
河北	0.0163	0.0486	0.0534	0.0214	0.0105	0.1502	10
上海	0.0878	0.1473	0.3394	0.1975	0.0861	0.8581	1
江苏	0.0483	0.1272	0.1236	0.1075	0.0386	0.4452	6
浙江	0.0611	0.1263	0.1645	0.0898	0.0345	0.4763	5
福建	0.0417	0.0720	0.0908	0.0770	0.0176	0.2992	7
山东	0.0356	0.1025	0.0767	0.0410	0.0229	0.2788	8
广东	0.0504	0.1532	0.1602	0.1610	0.0294	0.5542	3
海南	0.0198	0.0043	0.0850	0.0411	0.0011	0.1514	9

表 C1-9 2008年东部10省市产业发展势能综合评分结果

地区	经济势能评分	产业势能评分	成本势能评分	交易成本势能评分	技术势能评分	产业发展势能综合评分	排名
北京	0.0697	0.1167	0.3353	0.2340	0.1450	0.9006	1
天津	0.0788	0.0950	0.1716	0.0974	0.0833	0.5260	4

续表

地区	经济势能评分	产业势能评分	成本势能评分	交易成本势能评分	技术势能评分	产业发展势能综合评分	排名
河北	0.0214	0.0484	0.0613	0.0242	0.0108	0.1662	9
上海	0.0832	0.1475	0.3296	0.1882	0.0860	0.8346	2
江苏	0.0520	0.1459	0.1329	0.0997	0.0451	0.4757	5
浙江	0.0554	0.1232	0.1655	0.0895	0.0401	0.4737	6
福建	0.0466	0.0707	0.1010	0.0715	0.0199	0.3098	7
山东	0.0415	0.1019	0.0874	0.0428	0.0268	0.3005	8
广东	0.0454	0.1542	0.1695	0.1435	0.0339	0.5465	3
海南	0.0145	0.0052	0.0845	0.0425	0.0020	0.1488	10

表 C2 中西部 18 省市产业发展势能综合评分结果表

表 C2-1 2000 年中西部 18 个省（市、区）产业发展势能综合评分结果

地区	经济势能评分	产业势能评分	成本势能评分	交易成本势能评分	技术势能评分	产业发展势能综合评分	排名
河南	0.0225	0.0568	0.0637	0.0000	0.0056	0.1486	4
江西	0.0118	0.0417	0.0627	0.0377	0.0056	0.1595	10
湖北	0.0273	0.0675	0.0491	0.0206	0.0175	0.1819	12
湖南	0.0266	0.0514	0.0825	0.0309	0.0065	0.1980	15
山西	0.0085	0.0733	0.0323	0.0317	0.0121	0.1579	9
安徽	0.0150	0.0322	0.0275	0.0183	0.0077	0.1007	2
内蒙古	0.0266	0.0257	0.0640	0.0186	0.0050	0.1400	7
广西	0.0092	0.0279	0.0171	0.0264	0.0031	0.0837	1
重庆	0.0223	0.0510	0.0603	0.0411	0.0095	0.1842	14
四川	0.0239	0.0420	0.0786	0.0172	0.0147	0.1764	11
贵州	0.0144	0.0170	0.0564	0.0142	0.0026	0.1046	3
云南	0.0110	0.0288	0.0674	0.0187	0.0033	0.1292	5
西藏	0.0349	0.0188	0.1513	0.0635	0.0018	0.2704	18
陕西	0.0198	0.0561	0.0643	0.0242	0.0435	0.2079	17
甘肃	0.0153	0.0399	0.0563	0.0206	0.0145	0.1465	8
青海	0.0202	0.0475	0.0651	0.0397	0.0090	0.1815	16
宁夏	0.0249	0.0406	0.0536	0.0275	0.0101	0.1568	13
新疆	0.0199	0.0289	0.0493	0.0225	0.0053	0.1258	6

附录C 综合结果分析表

表C2-2 2001年中西部18个省（市、区）产业发展势能综合评分结果

地区	经济势能评分	产业势能评分	成本势能评分	交易成本势能评分	技术势能评分	产业发展势能综合评分	排名
河南	0.0163	0.0547	0.0572	0.0000	0.0064	0.1346	5
江西	0.0154	0.0407	0.0613	0.0328	0.0060	0.1562	10
湖北	0.0217	0.0709	0.0594	0.0239	0.0182	0.1940	14
湖南	0.0235	0.0500	0.0851	0.0151	0.0083	0.1819	13
山西	0.0131	0.0747	0.0291	0.0229	0.0131	0.1529	8
安徽	0.0153	0.0338	0.0484	0.0246	0.0081	0.1303	3
内蒙古	0.0208	0.0287	0.1034	0.0153	0.0055	0.1736	12
广西	0.0175	0.0295	0.0627	0.0266	0.0034	0.1397	6
重庆	0.0227	0.0543	0.0732	0.0380	0.0097	0.1979	17
四川	0.0215	0.0487	0.0803	0.0283	0.0177	0.1965	16
贵州	0.0125	0.0236	0.0523	0.0073	0.0043	0.1000	1
云南	0.0097	0.0294	0.0703	0.0198	0.0051	0.1343	4
西藏	0.0467	0.0296	0.1836	0.0153	0.0012	0.2765	18
陕西	0.0165	0.0599	0.0619	0.0128	0.0429	0.1940	15
甘肃	0.0163	0.0435	0.0521	0.0249	0.0170	0.1538	9
青海	0.0337	0.0475	0.0671	0.0109	0.0087	0.1680	5
宁夏	0.0222	0.0446	0.0475	0.0215	0.0099	0.1456	11
新疆	0.0194	0.0359	0.0440	0.0132	0.0056	0.1182	2

表C2-3 2002年中西部18个省（市、区）产业发展势能综合评分结果

地区	经济势能评分	产业势能评分	成本势能评分	交易成本势能评分	技术势能评分	产业发展势能综合评分	排名
河南	0.0143	0.0620	0.0538	0.0000	0.0067	0.1367	6
江西	0.0206	0.0416	0.0554	0.0259	0.0074	0.1509	8
湖北	0.0165	0.0764	0.0580	0.0242	0.0249	0.2000	16
湖南	0.0147	0.0550	0.0784	0.0137	0.0089	0.1707	11
山西	0.0283	0.0797	0.0215	0.0126	0.0162	0.1584	10
安徽	0.0086	0.0349	0.0479	0.0232	0.0090	0.1235	3
内蒙古	0.0312	0.0338	0.1001	0.0131	0.0069	0.1851	14
广西	0.0247	0.0349	0.0660	0.0270	0.0038	0.1564	9
重庆	0.0244	0.0549	0.0672	0.0330	0.0113	0.1908	15

续表

地区	经济势能评分	产业势能评分	成本势能评分	交易成本势能评分	技术势能评分	产业发展势能综合评分	排名
四川	0.0225	0.0542	0.0830	0.0263	0.0179	0.2039	17
贵州	0.0065	0.0277	0.0404	0.0079	0.0043	0.0869	1
云南	0.0094	0.0334	0.0629	0.0183	0.0055	0.1296	5
西藏	0.0453	0.0446	0.2069	0.0285	0.0036	0.3288	18
陕西	0.0150	0.0580	0.0541	0.0100	0.0425	0.1796	13
甘肃	0.0110	0.0439	0.0427	0.0219	0.0189	0.1383	7
青海	0.0328	0.0469	0.0757	0.0083	0.0152	0.1789	12
宁夏	0.0173	0.0434	0.0422	0.0132	0.0127	0.1287	4
新疆	0.0106	0.0388	0.0362	0.0136	0.0068	0.1060	2

表 C2-4　2003 年中西部 18 个省（市、区）产业发展势能综合评分结果

地区	经济势能评分	产业势能评分	成本势能评分	交易成本势能评分	技术势能评分	产业发展势能综合评分	排名
河南	0.0138	0.0629	0.0632	0.0047	0.0072	0.1519	10
江西	0.0214	0.0411	0.0592	0.0183	0.0099	0.1500	8
湖北	0.0118	0.0721	0.0665	0.0268	0.0255	0.2026	16
湖南	0.0127	0.0588	0.0757	0.0235	0.0090	0.1797	12
山西	0.0260	0.0751	0.0340	0.0028	0.0160	0.1539	11
安徽	0.0061	0.0449	0.0441	0.0255	0.0099	0.1306	5
内蒙古	0.0386	0.0396	0.1019	0.0026	0.0076	0.1903	14
广西	0.0138	0.0336	0.0744	0.0251	0.0042	0.1510	9
重庆	0.0214	0.0574	0.0694	0.0297	0.0133	0.1912	17
四川	0.0171	0.0533	0.1200	0.0261	0.0194	0.2360	15
贵州	0.0059	0.0291	0.0292	0.0041	0.0050	0.0732	1
云南	0.0069	0.0348	0.0591	0.0152	0.0055	0.1214	4
西藏	0.0263	0.0426	0.1978	0.0261	0.0031	0.2959	18
陕西	0.0128	0.0612	0.0600	0.0124	0.0408	0.1872	13
甘肃	0.0077	0.0430	0.0333	0.0183	0.0170	0.1193	3
青海	0.0177	0.0495	0.0557	0.0058	0.0109	0.1397	6
宁夏	0.0167	0.0440	0.0617	0.0082	0.0108	0.1414	7
新疆	0.0171	0.0279	0.0313	0.0104	0.0070	0.0937	2

附录 C 综合结果分析表

表 C2-5 2004 年中西部 18 个省（市、区）产业发展势能综合评分结果

地区	经济势能评分	产业势能评分	成本势能评分	交易成本势能评分	技术势能评分	产业发展势能综合评分	排名
河南	0.0156	0.0403	0.0500	0.0175	0.0071	0.1304	5
江西	0.0127	0.0307	0.0545	0.0373	0.0102	0.1455	9
湖北	0.0097	0.0499	0.0690	0.0662	0.0216	0.2164	16
湖南	0.0138	0.0428	0.0752	0.0504	0.0100	0.1921	14
山西	0.0228	0.0585	0.0270	0.0031	0.0186	0.1300	4
安徽	0.0122	0.0356	0.0530	0.0465	0.0106	0.1579	10
内蒙古	0.0432	0.0312	0.0945	0.0042	0.0064	0.1795	13
广西	0.0118	0.0253	0.0618	0.0418	0.0037	0.1442	8
重庆	0.0166	0.0462	0.0749	0.0518	0.0152	0.2048	15
四川	0.0110	0.0395	0.1174	0.0525	0.0196	0.2400	17
贵州	0.0026	0.0242	0.0353	0.0226	0.0043	0.0889	1
云南	0.0109	0.0277	0.0580	0.0330	0.0045	0.1342	6
西藏	0.0153	0.0472	0.1996	0.0897	0.0015	0.3534	18
陕西	0.0121	0.0485	0.0468	0.0224	0.0448	0.1746	12
甘肃	0.0052	0.0321	0.0254	0.0276	0.0149	0.1052	3
青海	0.0096	0.0444	0.0558	0.0406	0.0110	0.1614	11
宁夏	0.0063	0.0398	0.0664	0.0132	0.0102	0.1359	7
新疆	0.0102	0.0258	0.0216	0.0337	0.0064	0.0977	2

表 C2-6 2005 年中西部 18 个省（市、区）产业发展势能综合评分结果

地区	经济势能评分	产业势能评分	成本势能评分	交易成本势能评分	技术势能评分	产业发展势能综合评分	排名
河南	0.0190	0.0447	0.0610	0.0001	0.0075	0.1322	5
江西	0.0141	0.0305	0.0574	0.0149	0.0105	0.1274	4
湖北	0.0150	0.0535	0.0726	0.0257	0.0218	0.1886	15
湖南	0.0156	0.0408	0.0720	0.0238	0.0105	0.1627	9
山西	0.0175	0.0676	0.0465	0.0167	0.0190	0.1672	10
安徽	0.0104	0.0386	0.0844	0.0276	0.0109	0.1718	11
内蒙古	0.0454	0.0428	0.0996	0.0198	0.0069	0.2145	16
广西	0.0167	0.0274	0.0644	0.0277	0.0040	0.1402	7
重庆	0.0184	0.0482	0.1188	0.0361	0.0161	0.2374	17

续表

地区	经济势能评分	产业势能评分	成本势能评分	交易成本势能评分	技术势能评分	产业发展势能综合评分	排名
四川	0.0126	0.0398	0.0900	0.0200	0.0192	0.1816	12
贵州	0.0061	0.0293	0.0519	0.0227	0.0048	0.1147	3
云南	0.0069	0.0308	0.0668	0.0273	0.0068	0.1386	6
西藏	0.0152	0.0424	0.1589	0.0455	0.0023	0.2643	18
陕西	0.0129	0.0463	0.0663	0.0187	0.0401	0.1842	14
甘肃	0.0084	0.0406	0.0185	0.0229	0.0154	0.1058	2
青海	0.0115	0.0363	0.0643	0.0206	0.0100	0.1427	8
宁夏	0.0090	0.0478	0.0848	0.0316	0.0090	0.1822	13
新疆	0.0113	0.0216	0.0219	0.0209	0.0062	0.0819	1

表 C2-7 2006 年中西部 18 个省（市、区）产业发展势能综合评分结果

地区	经济势能评分	产业势能评分	成本势能评分	交易成本势能评分	技术势能评分	产业发展势能综合评分	排名
河南	0.0246	0.0448	0.0576	0.0003	0.0090	0.1362	7
江西	0.0135	0.0317	0.0672	0.0103	0.0114	0.1342	6
湖北	0.0197	0.0550	0.0906	0.0279	0.0233	0.2165	14
湖南	0.0163	0.0443	0.0723	0.0199	0.0107	0.1635	11
山西	0.0148	0.0648	0.0600	0.0139	0.0218	0.1753	13
安徽	0.0152	0.0404	0.0834	0.0235	0.0119	0.1744	12
内蒙古	0.0508	0.0435	0.0423	0.0164	0.0070	0.1600	10
广西	0.0212	0.0276	0.0705	0.0235	0.0037	0.1466	8
重庆	0.0180	0.0531	0.1061	0.0359	0.0166	0.2297	13
四川	0.0167	0.0418	0.1336	0.0191	0.0185	0.2297	16
贵州	0.0042	0.0308	0.0428	0.0217	0.0055	0.1050	2
云南	0.0114	0.0304	0.0468	0.0245	0.0053	0.1185	4
西藏	0.0163	0.0433	0.1530	0.0356	0.0028	0.2509	17
陕西	0.0165	0.0440	0.1433	0.0161	0.0380	0.2579	18
甘肃	0.0043	0.0405	0.0495	0.0187	0.0164	0.1296	5
青海	0.0111	0.0352	0.0447	0.0157	0.0093	0.1160	3
宁夏	0.0161	0.0440	0.0573	0.0291	0.0124	0.1589	9
新疆	0.0085	0.0232	0.0460	0.0207	0.0060	0.1044	1

附录 C 综合结果分析表

表 C2-8　2007 年中西部 18 个省（市、区）产业发展势能综合评分结果

地区	经济势能评分	产业势能评分	成本势能评分	交易成本势能评分	技术势能评分	产业发展势能综合评分	排名
河南	0.0212	0.0424	0.0457	0.0003	0.0095	0.1191	7
江西	0.0115	0.0261	0.0540	0.0106	0.0120	0.1141	6
湖北	0.0209	0.0508	0.0644	0.0300	0.0230	0.1891	16
湖南	0.0219	0.0394	0.0678	0.0210	0.0118	0.1619	14
山西	0.0212	0.0588	0.0431	0.0150	0.0236	0.1617	13
安徽	0.0152	0.0358	0.0683	0.0246	0.0127	0.1566	11
内蒙古	0.0506	0.0365	0.0228	0.0129	0.0075	0.1304	9
广西	0.0230	0.0223	0.0539	0.0229	0.0037	0.1258	8
重庆	0.0278	0.0474	0.0723	0.0325	0.0183	0.1982	17
四川	0.0162	0.0342	0.0792	0.0163	0.0198	0.1657	15
贵州	0.0086	0.0299	0.0277	0.0245	0.0036	0.0943	1
云南	0.0079	0.0283	0.0314	0.0259	0.0053	0.0988	4
西藏	0.0148	0.0418	0.1985	0.0396	0.0015	0.2962	18
陕西	0.0183	0.0380	0.0506	0.0148	0.0387	0.1604	12
甘肃	0.0029	0.0329	0.0306	0.0197	0.0142	0.1002	5
青海	0.0072	0.0298	0.0397	0.0129	0.0090	0.0985	3
宁夏	0.0100	0.0379	0.0570	0.0230	0.0147	0.1427	10
新疆	0.0079	0.0206	0.0388	0.0241	0.0059	0.0973	2

表 C2-9　2008 年中西部 18 个省（市、区）产业发展势能综合评分结果

地区	经济势能评分	产业势能评分	成本势能评分	交易成本势能评分	技术势能评分	产业发展势能综合评分	排名
河南	0.0256	0.0426	0.0548	0.0007	0.0098	0.1335	6
江西	0.0234	0.0298	0.0634	0.0124	0.0135	0.1425	9
湖北	0.0302	0.0516	0.0722	0.0289	0.0249	0.2077	16
湖南	0.0281	0.0392	0.0724	0.0200	0.0149	0.1747	12
山西	0.0125	0.0550	0.0542	0.0156	0.0247	0.1620	11
安徽	0.0239	0.0362	0.0867	0.0240	0.0168	0.1876	14
内蒙古	0.0545	0.0350	0.0327	0.0108	0.0090	0.1421	8
广西	0.0272	0.0230	0.0594	0.0242	0.0045	0.1383	7
重庆	0.0350	0.0481	0.0930	0.0319	0.0193	0.2272	17

· 199 ·

续表

地区	经济势能评分	产业势能评分	成本势能评分	交易成本势能评分	技术势能评分	产业发展势能综合评分	排名
四川	0.0123	0.0357	0.0978	0.0168	0.0199	0.1826	13
贵州	0.0085	0.0298	0.0371	0.0256	0.0042	0.1052	1
云南	0.0173	0.0284	0.0376	0.0272	0.0055	0.1159	4
西藏	0.0131	0.0432	0.1618	0.0513	0.0022	0.2717	18
陕西	0.0362	0.0355	0.0690	0.0136	0.0374	0.1917	15
甘肃	0.0085	0.0336	0.0330	0.0222	0.0149	0.1121	2
青海	0.0226	0.0276	0.0470	0.0120	0.0076	0.1168	5
宁夏	0.0242	0.0352	0.0628	0.0210	0.0133	0.1566	10
新疆	0.0178	0.0207	0.0416	0.0271	0.0079	0.1151	3

表 C3 各发达地区至各欠发达地区的发生势差综合评分结果

表 C3-1 2000 年各发达地区至各欠发达地区的发生势差综合评分结果

综合评分	北京	天津	河北	上海	江苏	浙江	福建	山东	广东	海南	D
河南	0.6912	0.3727	0.0445	0.7021	0.2753	0.2890	0.2003	0.1404	0.4765	0.0967	0.3289
江西	0.4163	0.1887	0.0344	0.4683	0.1351	0.1773	0.0936	0.0702	0.2589	0.0551	0.1898
湖北	0.6448	0.3263	0.0384	0.6557	0.2332	0.2477	0.1552	0.1334	0.4451	0.0907	0.2970
湖南	0.4645	0.1882	0.0138	0.4963	0.1554	0.1628	0.0620	0.0839	0.2724	0.0315	0.1931
山西	0.6563	0.3378	0.0845	0.6781	0.2749	0.2851	0.1762	0.1757	0.4672	0.1098	0.3246
安徽	0.6892	0.3499	0.0826	0.6710	0.2937	0.2981	0.2018	0.1741	0.4840	0.1215	0.3366
A	0.5937	0.2939	0.0497	0.6119	0.2279	0.2433	0.1482	0.1296	0.4007	0.0842	0.2783
内蒙古	0.5229	0.3016	0.0205	0.6088	0.2083	0.2553	0.1685	0.0867	0.4139	0.0778	0.2664
广西	0.5567	0.3146	0.0860	0.6033	0.2375	0.2786	0.1819	0.1334	0.4322	0.1295	0.2954
重庆	0.5442	0.2744	0.0327	0.5827	0.1841	0.2283	0.1373	0.0912	0.3779	0.0590	0.2512
四川	0.6209	0.2714	0.0181	0.5959	0.2213	0.2276	0.1385	0.1060	0.4090	0.0646	0.2673
贵州	0.4013	0.2223	0.0370	0.5007	0.1792	0.2249	0.1455	0.0790	0.2928	0.0818	0.2165
云南	0.5101	0.2680	0.0343	0.5567	0.1695	0.2320	0.1376	0.0854	0.3856	0.0852	0.2464
西藏	0.3525	0.1446	0.0041	0.3991	0.0513	0.0919	0.0427	0.0269	0.2563	0.0137	0.1383
陕西	0.6048	0.3000	0.0451	0.6419	0.2347	0.2530	0.1462	0.1390	0.4305	0.0740	0.2869
甘肃	0.5302	0.2747	0.0399	0.5938	0.1740	0.2171	0.1278	0.0863	0.3106	0.0743	0.2429
青海	0.4008	0.1731	0.0225	0.4725	0.1286	0.1659	0.0815	0.0589	0.2223	0.0415	0.1768
宁夏	0.5839	0.3139	0.0315	0.6421	0.1935	0.2309	0.1459	0.0916	0.3854	0.0793	0.2698
新疆	0.5110	0.3135	0.0451	0.6207	0.2032	0.2485	0.1645	0.1066	0.4258	0.0906	0.2730
B	0.5116	0.2643	0.0347	0.5682	0.1821	0.2212	0.1348	0.0909	0.3619	0.0726	0.2442
C	0.5390	0.2742	0.0397	0.5828	0.1974	0.2286	0.1393	0.1038	0.3748	0.0765	0.2449

表C3-2 2001年各发达地区至各欠发达地区的发生势差综合评分结果

综合评分	北京	天津	河北	上海	江苏	浙江	福建	山东	广东	海南	D
河南	0.6925	0.3851	0.0412	0.7099	0.2781	0.3042	0.1872	0.1361	0.4651	0.1148	0.3314
江西	0.4745	0.2390	0.0213	0.5370	0.1665	0.2073	0.1300	0.0729	0.3534	0.0788	0.2281
湖北	0.5025	0.2494	0.0150	0.5588	0.1759	0.2064	0.0879	0.0828	0.2988	0.0655	0.2243
湖南	0.5938	0.2615	0.0164	0.5902	0.1950	0.2218	0.1060	0.0933	0.3987	0.0685	0.2545
山西	0.5942	0.3358	0.0678	0.6674	0.2622	0.2880	0.1616	0.1525	0.4396	0.1232	0.3092
安徽	0.6427	0.3103	0.0454	0.6408	0.2569	0.2883	0.1648	0.1306	0.4493	0.1000	0.3029
A	0.5834	0.2969	0.0345	0.6174	0.2224	0.2527	0.1396	0.1114	0.4008	0.0918	0.2751
内蒙古	0.4818	0.2712	0.0088	0.5730	0.1653	0.2210	0.0909	0.0547	0.3479	0.0576	0.2272
广西	0.3646	0.1834	0.0119	0.4654	0.1194	0.2036	0.0862	0.0501	0.2535	0.0619	0.1800
重庆	0.4661	0.2555	0.0093	0.5572	0.1532	0.1999	0.0959	0.0624	0.3322	0.0575	0.2189
四川	0.5836	0.2512	0.0125	0.5762	0.1790	0.2307	0.0976	0.0841	0.3848	0.0601	0.2460
贵州	0.4040	0.2228	0.0304	0.5049	0.1788	0.2131	0.1439	0.0826	0.2930	0.0956	0.2169
云南	0.4896	0.2541	0.0167	0.5521	0.1606	0.2413	0.1269	0.0747	0.3685	0.0886	0.2373
西藏	0.2100	0.0864	0.0000	0.3109	0.0163	0.0399	0.0217	0.0094	0.0990	0.0372	0.0831
陕西	0.6104	0.3173	0.0350	0.6496	0.2364	0.2687	0.1370	0.1332	0.4263	0.0971	0.2911
甘肃	0.6462	0.3388	0.0312	0.6636	0.1936	0.2374	0.1334	0.0883	0.3897	0.0950	0.2817
青海	0.4123	0.2400	0.0112	0.5445	0.1479	0.1949	0.0863	0.0576	0.2474	0.0704	0.2012
宁夏	0.5878	0.3297	0.0261	0.6501	0.1978	0.2413	0.1360	0.0922	0.3812	0.0997	0.2742
新疆	0.5046	0.3246	0.0383	0.6263	0.2069	0.2583	0.1543	0.1092	0.4013	0.1117	0.2735
B	0.4801	0.2562	0.0193	0.5562	0.1629	0.2125	0.1092	0.0749	0.3271	0.0777	0.2276
C	0.5145	0.2698	0.0244	0.5766	0.1828	0.2259	0.1193	0.0870	0.3516	0.0824	0.2434

表 C3-3 2002年各发达地区至各欠发达地区的发生势差综合评分结果

综合评分	北京	天津	河北	上海	江苏	浙江	福建	山东	广东	海南	D
河南	0.7723	0.4784	0.0543	0.7867	0.3425	0.3640	0.2261	0.1949	0.6144	0.1213	0.3955
江西	0.4598	0.2517	0.0162	0.5254	0.1789	0.2493	0.1332	0.0683	0.3802	0.0704	0.2333
湖北	0.6941	0.4001	0.0267	0.7086	0.2709	0.2932	0.1623	0.1371	0.5372	0.0896	0.3320
湖南	0.7166	0.4226	0.0337	0.7385	0.2986	0.3132	0.1639	0.1566	0.5622	0.0820	0.3488
山西	0.6723	0.4282	0.0659	0.7362	0.3143	0.3327	0.1970	0.1754	0.5757	0.1351	0.3633
安徽	0.7315	0.4001	0.0589	0.7237	0.3237	0.3512	0.2041	0.1713	0.6015	0.1069	0.3673
A	0.6744	0.3969	0.0426	0.7032	0.2882	0.3173	0.1811	0.1506	0.5452	0.1009	0.3400
内蒙古	0.5468	0.3414	0.0113	0.6278	0.2058	0.2623	0.1178	0.0716	0.4815	0.0659	0.2732
广西	0.5517	0.3091	0.0107	0.5980	0.1896	0.2688	0.1423	0.0716	0.4882	0.0769	0.2707
重庆	0.4455	0.2745	0.0101	0.5457	0.1673	0.2250	0.1021	0.0606	0.3544	0.0514	0.2237
四川	0.6636	0.3325	0.0116	0.6461	0.2321	0.2788	0.1286	0.1038	0.5239	0.0610	0.2982
贵州	0.5147	0.3066	0.0530	0.5803	0.2338	0.3042	0.1881	0.1153	0.4351	0.1142	0.2845
云南	0.5803	0.3378	0.0245	0.6267	0.2352	0.2975	0.1694	0.0987	0.5168	0.0967	0.2984
西藏	0.2603	0.1315	0.0000	0.3258	0.0442	0.0703	0.0433	0.0151	0.1781	0.0339	0.1103
陕西	0.6984	0.4182	0.0367	0.7217	0.2572	0.3010	0.1827	0.1223	0.5189	0.1078	0.3365
甘肃	0.7386	0.4446	0.0474	0.7530	0.2682	0.3285	0.1835	0.1263	0.5540	0.1129	0.3557
青海	0.4986	0.2518	0.0078	0.5425	0.1597	0.2137	0.1017	0.0529	0.3457	0.0677	0.2242
宁夏	0.7372	0.4432	0.0412	0.7516	0.2738	0.3101	0.1858	0.1309	0.5364	0.1132	0.3523
新疆	0.6226	0.4171	0.0554	0.7036	0.2702	0.3197	0.2014	0.1410	0.5573	0.1239	0.3412
B	0.5715	0.3340	0.0258	0.6186	0.2114	0.2650	0.1455	0.0925	0.4575	0.0855	0.2807
C	0.6058	0.3550	0.0314	0.6468	0.2370	0.2824	0.1574	0.1119	0.4868	0.0906	0.3005

表 C3-4 2003年各发达地区至各欠发达地区的发生势差综合评分结果

综合评分	北京	天津	河北	上海	江苏	浙江	福建	山东	广东	海南	D
河南	0.7163	0.3905	0.0372	0.6771	0.3128	0.3449	0.1822	0.1328	0.4880	0.0846	0.3366
江西	0.4167	0.1831	0.0325	0.4237	0.2040	0.2681	0.1091	0.0904	0.3113	0.0523	0.2091
湖北	0.6534	0.3276	0.0296	0.6157	0.2539	0.2847	0.1267	0.1111	0.4272	0.0614	0.2891
湖南	0.6524	0.2898	0.0268	0.5779	0.2477	0.2767	0.1240	0.1063	0.4222	0.0545	0.2778
山西	0.6394	0.3623	0.0618	0.6515	0.3028	0.3319	0.1689	0.1476	0.4727	0.1145	0.3253
安徽	0.6955	0.3329	0.0660	0.6250	0.2869	0.3380	0.1620	0.1448	0.4809	0.0906	0.3223
A	0.6289	0.3144	0.0423	0.5952	0.2680	0.3074	0.1455	0.1222	0.4337	0.0763	0.2934
内蒙古	0.3915	0.1935	0.0092	0.4259	0.1387	0.2133	0.0526	0.0312	0.2368	0.0403	0.1733
广西	0.5274	0.2482	0.0144	0.5158	0.2010	0.2621	0.1185	0.0525	0.3797	0.0532	0.2373
重庆	0.6507	0.3249	0.0168	0.6116	0.2232	0.2589	0.1185	0.0696	0.3847	0.0523	0.2711
四川	0.6003	0.2377	0.0159	0.5218	0.1842	0.2407	0.0638	0.0866	0.3790	0.0366	0.2367
贵州	0.4818	0.2468	0.0633	0.4750	0.2186	0.2967	0.1482	0.0976	0.3202	0.1051	0.2453
云南	0.5588	0.2796	0.0369	0.5472	0.2324	0.2935	0.1505	0.0790	0.4112	0.0852	0.2674
西藏	0.2445	0.0748	0.0000	0.2377	0.0180	0.0563	0.0165	0.0112	0.0823	0.0150	0.0756
陕西	0.6584	0.3434	0.0484	0.6382	0.2896	0.3208	0.1562	0.1392	0.4606	0.0812	0.3136
甘肃	0.6013	0.3198	0.0598	0.5669	0.2180	0.2998	0.1359	0.0958	0.3274	0.0861	0.2711
青海	0.4169	0.1819	0.0238	0.4101	0.1559	0.2273	0.1088	0.0581	0.2533	0.0683	0.1904
宁夏	0.5593	0.3170	0.0268	0.5889	0.2331	0.2839	0.1499	0.0869	0.4040	0.0815	0.2731
新疆	0.5848	0.3055	0.0517	0.5732	0.2584	0.3195	0.1729	0.1014	0.4371	0.1096	0.2914
B	0.5230	0.2561	0.0306	0.5094	0.1976	0.2561	0.1160	0.0758	0.3397	0.0679	0.2372
C	0.5583	0.2755	0.0345	0.5380	0.2211	0.2732	0.1258	0.0912	0.3710	0.0707	0.2559

表 C3－5　2004年各发达地区至各欠发达地区的发生势差综合评分结果

综合评分	北京	天津	河北	上海	江苏	浙江	福建	山东	广东	海南	D
河南	0.6930	0.4374	0.0449	0.7093	0.3474	0.3923	0.2302	0.1422	0.4546	0.0900	0.3541
江西	0.4117	0.2142	0.0195	0.4255	0.1655	0.2474	0.1205	0.0452	0.2096	0.0386	0.1898
湖北	0.5990	0.3512	0.0230	0.6227	0.2693	0.3192	0.1475	0.1017	0.4089	0.0316	0.2874
湖南	0.6046	0.3147	0.0200	0.5846	0.2443	0.2951	0.1348	0.0906	0.3763	0.0328	0.2698
山西	0.6279	0.4153	0.0793	0.6911	0.3344	0.3759	0.2309	0.1610	0.4493	0.1274	0.3493
安徽	0.6369	0.3470	0.0376	0.6179	0.2695	0.3284	0.1630	0.1125	0.4033	0.0580	0.2974
A	0.5955	0.3466	0.0374	0.6085	0.2717	0.3264	0.1711	0.1089	0.3837	0.0630	0.2913
内蒙古	0.3899	0.2266	0.0244	0.4481	0.1609	0.2432	0.1168	0.0468	0.1998	0.0528	0.1909
广西	0.5051	0.3479	0.0302	0.6109	0.2659	0.3236	0.1908	0.0837	0.3724	0.0539	0.2784
重庆	0.6050	0.3494	0.0135	0.6213	0.2336	0.2690	0.1387	0.0665	0.3330	0.0314	0.2661
四川	0.4565	0.1803	0.0105	0.4070	0.1192	0.2028	0.0361	0.0573	0.2074	0.0039	0.1681
贵州	0.4562	0.2587	0.0506	0.4700	0.2100	0.2919	0.1650	0.0869	0.2419	0.0769	0.2308
云南	0.4134	0.2158	0.0179	0.4272	0.1672	0.2491	0.1046	0.0467	0.2062	0.0402	0.1888
西藏	0.2044	0.0426	0.0024	0.1954	0.0256	0.0548	0.0154	0.0197	0.0403	0.0000	0.0601
陕西	0.5367	0.3060	0.0436	0.5415	0.2398	0.3089	0.1590	0.1169	0.2972	0.0617	0.2611
甘肃	0.6027	0.3610	0.0618	0.5912	0.2436	0.3351	0.1716	0.1127	0.2955	0.0797	0.2855
青海	0.3904	0.1929	0.0214	0.4042	0.1443	0.2175	0.1006	0.0471	0.1864	0.0349	0.1740
宁夏	0.5358	0.3587	0.0369	0.6218	0.2659	0.3345	0.1920	0.1011	0.3523	0.0789	0.2878
新疆	0.5527	0.3413	0.0581	0.5943	0.2786	0.3337	0.2129	0.1080	0.3625	0.1021	0.2944
B	0.4707	0.2651	0.0309	0.4944	0.1962	0.2637	0.1336	0.0744	0.2579	0.0514	0.2238
C	0.5123	0.2923	0.0331	0.5324	0.2214	0.2846	0.1461	0.0859	0.2998	0.0553	0.2463

表 C3-6 2005年各发达地区至各欠发达地区的发生势差综合评分结果

综合评分	北京	天津	河北	上海	江苏	浙江	福建	山东	广东	海南	D
河南	0.7618	0.4288	0.0349	0.6780	0.3334	0.3679	0.1887	0.1351	0.4470	0.0559	0.3432
江西	0.4755	0.2131	0.0169	0.4117	0.1578	0.2336	0.0875	0.0508	0.2204	0.0273	0.1895
湖北	0.6927	0.3597	0.0207	0.6129	0.2734	0.3116	0.1241	0.1126	0.3913	0.0191	0.2918
湖南	0.6968	0.3299	0.0237	0.5780	0.2612	0.3026	0.1224	0.1107	0.3792	0.0212	0.2826
山西	0.6561	0.3532	0.0391	0.6154	0.2942	0.3227	0.1537	0.1335	0.4079	0.0538	0.3030
安徽	0.6828	0.3159	0.0304	0.5671	0.2536	0.2917	0.1147	0.1031	0.3683	0.0172	0.2745
A	0.6610	0.3334	0.0276	0.5772	0.2623	0.3050	0.1318	0.1076	0.3690	0.0324	0.2807
内蒙古	0.5189	0.2654	0.0109	0.5099	0.1742	0.2252	0.0865	0.0414	0.2873	0.0249	0.2145
广西	0.5691	0.2817	0.0154	0.5190	0.2041	0.2604	0.1184	0.0660	0.3200	0.0249	0.2379
重庆	0.6352	0.3022	0.0163	0.5514	0.1970	0.2179	0.0812	0.0643	0.2700	0.0158	0.2351
四川	0.6808	0.3139	0.0226	0.5591	0.2366	0.2848	0.1056	0.0902	0.3628	0.0247	0.2681
贵州	0.4739	0.2115	0.0304	0.4101	0.1482	0.2135	0.0921	0.0643	0.2189	0.0260	0.1889
云南	0.5738	0.2865	0.0227	0.5237	0.2111	0.2651	0.1258	0.0730	0.3247	0.0243	0.2431
西藏	0.3122	0.0576	0.0067	0.2484	0.0321	0.0878	0.0174	0.0209	0.0666	0.0000	0.0850
陕西	0.5734	0.2709	0.0138	0.4779	0.1676	0.2318	0.0906	0.0615	0.2309	0.0156	0.2134
甘肃	0.7477	0.3808	0.0692	0.6228	0.2773	0.3084	0.1788	0.1238	0.3766	0.0756	0.3161
青海	0.5264	0.2257	0.0126	0.4254	0.1443	0.2075	0.0783	0.0500	0.2006	0.0137	0.1884
宁夏	0.6070	0.2993	0.0222	0.5604	0.2293	0.2581	0.1157	0.0737	0.3141	0.0150	0.2495
新疆	0.6268	0.3395	0.0561	0.5768	0.2714	0.3182	0.1727	0.1067	0.3777	0.0742	0.2920
B	0.5704	0.2696	0.0249	0.4987	0.1911	0.2399	0.1053	0.0696	0.2792	0.0279	0.2277
C	0.6006	0.2909	0.0258	0.5249	0.2148	0.2616	0.1141	0.0823	0.3091	0.0294	0.2454

表 C3-7 2006年各发达地区至各欠发达地区的发生势差综合评分结果

综合评分	北京	天津	河北	上海	江苏	浙江	福建	山东	广东	海南	D
河南	0.7317	0.4134	0.0296	0.6893	0.3581	0.4131	0.2243	0.1433	0.4547	0.0805	0.3538
江西	0.5125	0.2613	0.0298	0.5010	0.2651	0.3480	0.1630	0.1200	0.3219	0.0477	0.2570
湖北	0.6399	0.3216	0.0185	0.6014	0.2727	0.3205	0.1391	0.1011	0.3750	0.0253	0.2815
湖南	0.6753	0.3245	0.0242	0.5935	0.2865	0.3501	0.1638	0.1155	0.3885	0.0461	0.2968
山西	0.6248	0.3353	0.0245	0.6224	0.3113	0.3612	0.1860	0.1313	0.4034	0.0648	0.3065
安徽	0.6600	0.3092	0.0262	0.5811	0.2746	0.3378	0.1528	0.1034	0.3762	0.0314	0.2853
A	0.6407	0.3275	0.0255	0.5981	0.2947	0.3551	0.1715	0.1191	0.3866	0.0493	0.2968
内蒙古	0.4243	0.2119	0.0208	0.4383	0.1713	0.2699	0.1231	0.0621	0.2255	0.0645	0.2012
广西	0.5413	0.2627	0.0105	0.5229	0.2321	0.2964	0.1476	0.0623	0.3205	0.0461	0.2443
重庆	0.6188	0.2935	0.0184	0.5764	0.2310	0.2776	0.1257	0.0708	0.2947	0.0140	0.2521
四川	0.6122	0.2614	0.0192	0.5274	0.2290	0.2840	0.0964	0.0903	0.3231	0.0173	0.2460
贵州	0.4540	0.2091	0.0378	0.4238	0.1797	0.2639	0.1418	0.0822	0.2330	0.0701	0.2095
云南	0.5717	0.2930	0.0451	0.5628	0.2930	0.3642	0.1883	0.1397	0.4093	0.0729	0.2940
西藏	0.2982	0.0540	0.0079	0.2679	0.0541	0.1300	0.0275	0.0255	0.0783	0.0000	0.0944
陕西	0.4669	0.1828	0.0125	0.4125	0.1115	0.2088	0.0566	0.0448	0.1611	0.0049	0.1662
甘肃	0.7032	0.3524	0.0374	0.6165	0.2774	0.3317	0.1905	0.1020	0.3627	0.0810	0.3055
青海	0.4467	0.2018	0.0291	0.4164	0.1781	0.2624	0.1402	0.0734	0.2257	0.0660	0.2040
宁夏	0.6286	0.3360	0.0201	0.6212	0.2726	0.3289	0.1766	0.0991	0.3487	0.0569	0.2889
新疆	0.5826	0.3040	0.0319	0.5642	0.2566	0.3377	0.2018	0.0935	0.3618	0.0783	0.2812
B	0.5291	0.2469	0.0242	0.4959	0.2072	0.2796	0.1347	0.0788	0.2787	0.0477	0.2323
C	0.5663	0.2738	0.0246	0.5299	0.2364	0.3048	0.1469	0.0922	0.3147	0.0482	0.2538

表 C3-8 2007年各发达地区至各欠发达地区的发生势差综合评分结果

综合评分	北京	天津	河北	上海	江苏	浙江	福建	山东	广东	海南	D
河南	0.7265	0.4017	0.0345	0.7471	0.3261	0.3572	0.1882	0.1472	0.4351	0.0802	0.3444
江西	0.6357	0.3352	0.0301	0.6894	0.3138	0.3470	0.1794	0.1451	0.4276	0.0698	0.3173
湖北	0.6445	0.3031	0.0158	0.6691	0.2533	0.2750	0.1125	0.1096	0.3651	0.0351	0.2783
湖南	0.6592	0.2992	0.0157	0.6362	0.2348	0.2801	0.1081	0.1003	0.3548	0.0373	0.2726
山西	0.6707	0.3345	0.0237	0.6964	0.2839	0.3075	0.1459	0.1321	0.3925	0.0680	0.3055
安徽	0.6599	0.3000	0.0157	0.6402	0.2398	0.2841	0.1141	0.1048	0.3588	0.0378	0.2755
A	0.6661	0.3290	0.0226	0.6797	0.2753	0.3085	0.1414	0.1232	0.3890	0.0547	0.2989
内蒙古	0.4342	0.2105	0.0326	0.4980	0.1468	0.2222	0.0994	0.0729	0.2186	0.0748	0.2010
广西	0.5435	0.2453	0.0085	0.5759	0.1985	0.2422	0.1097	0.0613	0.3019	0.0493	0.2336
重庆	0.6285	0.2923	0.0114	0.6491	0.2044	0.2310	0.0960	0.0612	0.2851	0.0265	0.2485
四川	0.6575	0.2975	0.0119	0.6321	0.2430	0.2760	0.1020	0.0870	0.3510	0.0342	0.2692
贵州	0.4459	0.1870	0.0333	0.4626	0.1364	0.1978	0.1000	0.0760	0.2056	0.0685	0.1913
云南	0.5725	0.2743	0.0482	0.6138	0.2590	0.3093	0.1532	0.1420	0.3891	0.0807	0.2842
西藏	0.2345	0.0434	0.0015	0.2512	0.0335	0.0463	0.0269	0.0208	0.0356	0.0050	0.0699
陕西	0.5442	0.2587	0.0072	0.5492	0.1561	0.2305	0.0956	0.0636	0.2239	0.0465	0.2175
甘肃	0.6338	0.2981	0.0430	0.6316	0.2348	0.2858	0.1556	0.1060	0.3430	0.0928	0.2825
青海	0.4469	0.1880	0.0228	0.4637	0.1373	0.1987	0.1009	0.0655	0.2067	0.0687	0.1899
宁夏	0.6786	0.3372	0.0166	0.6992	0.2456	0.2759	0.1372	0.0967	0.3300	0.0559	0.2873
新疆	0.5726	0.2744	0.0232	0.6049	0.2086	0.2712	0.1387	0.0832	0.3309	0.0751	0.2583
B	0.5327	0.2422	0.0217	0.5526	0.1837	0.2322	0.1096	0.0780	0.2685	0.0565	**0.2278**
C	0.5772	0.2711	0.0220	0.5950	0.2142	0.2577	0.1202	0.0931	0.3086	0.0559	**0.2515**

表 C3-9 2008年各发达地区至各欠发达地区的发生势差综合评分结果

综合评分	北京	天津	河北	上海	江苏	浙江	福建	山东	广东	海南	D
河南	0.7284	0.3887	0.0345	0.6857	0.3266	0.3286	0.1812	0.1442	0.4037	0.0715	0.3293
江西	0.6825	0.3351	0.0217	0.6397	0.3133	0.3125	0.1609	0.1367	0.3890	0.0513	0.3043
湖北	0.7002	0.3096	0.0135	0.6269	0.2588	0.2501	0.1016	0.1052	0.3388	0.0260	0.2731
湖南	0.7340	0.3596	0.0200	0.6599	0.2846	0.2990	0.1232	0.1243	0.3718	0.0346	0.3011
山西	0.7425	0.3592	0.0320	0.6726	0.3116	0.3029	0.1542	0.1512	0.3844	0.0592	0.3170
安徽	0.7056	0.3007	0.0155	0.5868	0.2301	0.2532	0.0957	0.0916	0.3199	0.0185	0.2618
A	0.7155	0.3421	0.0228	0.6453	0.2875	0.2910	0.1361	0.1255	0.3679	0.0435	0.2977
内蒙古	0.5549	0.2885	0.0320	0.5254	0.1763	0.2252	0.1055	0.0838	0.2350	0.0677	0.2294
广西	0.6074	0.2641	0.0114	0.5418	0.1942	0.2267	0.1083	0.0669	0.2769	0.0434	0.2341
重庆	0.6734	0.2908	0.0118	0.5977	0.1909	0.2005	0.0774	0.0572	0.2484	0.0135	0.2362
四川	0.7284	0.3539	0.0249	0.6527	0.2931	0.2912	0.1137	0.1171	0.3639	0.0279	0.2967
贵州	0.4933	0.2074	0.0371	0.4410	0.1428	0.1858	0.1055	0.0833	0.2000	0.0541	0.1950
云南	0.4899	0.2200	0.0279	0.4376	0.1341	0.1982	0.0967	0.0741	0.1966	0.0481	0.1923
西藏	0.4587	0.1416	0.0176	0.3931	0.1067	0.0966	0.0730	0.0528	0.1424	0.0147	0.1497
陕西	0.5676	0.2665	0.0042	0.5052	0.1477	0.1987	0.0748	0.0467	0.1994	0.0288	0.2040
甘肃	0.6965	0.3020	0.0506	0.5981	0.2324	0.2543	0.1555	0.1167	0.3185	0.0779	0.2802
青海	0.4847	0.1961	0.0142	0.4324	0.1314	0.1744	0.0941	0.0619	0.1914	0.0508	0.1831
宁夏	0.5411	0.2593	0.0027	0.5116	0.1653	0.1961	0.0891	0.0656	0.1946	0.0291	0.2055
新疆	0.6312	0.2879	0.0221	0.5656	0.2179	0.2240	0.1326	0.0852	0.3007	0.0583	0.2525
B	0.5772	0.2565	0.0214	0.5169	0.1777	0.2060	0.1022	0.0759	0.2390	0.0428	0.2216
C	0.6233	0.2851	0.0219	0.5597	0.2143	0.2343	0.1135	0.0925	0.2820	0.0431	0.2470

表C4 中国各地区产业转移发生势差的梯队划分结果

表C4-1 2000年中国各地区产业转移发生势差的梯队划分结果

梯队划分	发达区域—欠发达区域	两区域发生势差综合评分	排序	梯队划分	发达区域—欠发达区域	两区域发生势差综合评分	排序	梯队划分	发达区域—欠发达区域	两区域发生势差综合评分	排序
第一梯队	上海—河南	0.7021	1	第一梯队	北京—新疆	0.5110	25	第二梯队	北京—西藏	0.3525	49
	北京—河南	0.6912	2		北京—云南	0.5101	26		天津—安徽	0.3499	50
	北京—安徽	0.6892	3		上海—贵州	0.5007	27		天津—山西	0.3378	51
	上海—山西	0.6781	4		上海—湖南	0.4963	28		天津—湖北	0.3263	52
	上海—安徽	0.6710	5		广东—安徽	0.4840	29		天津—广西	0.3146	53
	北京—山西	0.6563	6		广东—河南	0.4765	30		天津—宁夏	0.3139	54
	上海—湖北	0.6557	7		上海—青海	0.4725	31		天津—新疆	0.3135	55
	北京—湖北	0.6448	8		上海—江西	0.4683	32		广东—甘肃	0.3106	56
	上海—宁夏	0.6421	9		广东—山西	0.4672	33		天津—内蒙古	0.3016	57
	上海—陕西	0.6419	10		北京—湖南	0.4645	34		天津—陕西	0.3000	58
	北京—四川	0.6209	11		广东—湖北	0.4451	35		浙江—安徽	0.2981	59
	上海—新疆	0.6207	12		广东—广西	0.4322	36		江苏—安徽	0.2937	60
	上海—内蒙古	0.6088	13	第二梯队	广东—陕西	0.4305	37		广东—贵州	0.2928	61
	北京—陕西	0.6048	14		广东—新疆	0.4258	38		浙江—河南	0.2890	62
	上海—广西	0.6033	15		北京—江西	0.4163	39		浙江—山西	0.2851	63
	上海—四川	0.5959	16		广东—内蒙古	0.4139	40		浙江—广西	0.2786	64
	上海—甘肃	0.5938	17		广东—四川	0.4090	41	第三梯队	江苏—河南	0.2753	65
	北京—宁夏	0.5839	18		北京—贵州	0.4013	42		江苏—山西	0.2749	66
	上海—重庆	0.5827	19		北京—青海	0.4008	43		天津—甘肃	0.2747	67
	上海—云南	0.5567	20		上海—西藏	0.3991	44		天津—重庆	0.2744	68
	北京—广西	0.5567	21		广东—云南	0.3856	45		广东—湖南	0.2724	69
	北京—重庆	0.5442	22		广东—宁夏	0.3854	46		天津—四川	0.2714	70
	北京—甘肃	0.5302	23		广东—重庆	0.3779	47		天津—云南	0.2680	71
	北京—内蒙古	0.5229	24		天津—河南	0.3727	48		广东—江西	0.2589	72

续表

梯队划分	发达区域—欠发达区域	两区域发生势差综合评分	排序	梯队划分	发达区域—欠发达区域	两区域发生势差综合评分	排序	梯队划分	发达区域—欠发达区域	两区域发生势差综合评分	排序
第三梯队	广东—西藏	0.2563	73	第四梯队	山东—山西	0.1757	102	第四梯队	山东—四川	0.1060	131
	浙江—内蒙古	0.2553	74		山东—安徽	0.1741	103		海南—河南	0.0967	132
	浙江—陕西	0.2530	75		江苏—甘肃	0.1740	104		福建—江西	0.0936	133
	浙江—新疆	0.2485	76		天津—青海	0.1731	105		浙江—西藏	0.0919	134
	浙江—湖北	0.2477	77		江苏—云南	0.1695	106		山东—宁夏	0.0916	135
	江苏—广西	0.2375	78		福建—内蒙古	0.1685	107		山东—重庆	0.0912	136
	江苏—陕西	0.2347	79		浙江—青海	0.1659	108		海南—湖北	0.0907	137
	江苏—湖北	0.2332	80		福建—新疆	0.1645	109		海南—新疆	0.0906	138
	浙江—云南	0.2320	81		浙江—湖南	0.1628	110		山东—内蒙古	0.0867	139
	浙江—宁夏	0.2309	82		江苏—湖南	0.1554	111		山东—甘肃	0.0863	140
	浙江—重庆	0.2283	83		福建—湖北	0.1552	112		河北—广西	0.0860	141
	浙江—四川	0.2276	84		福建—陕西	0.1462	113		山东—云南	0.0854	142
	浙江—贵州	0.2249	85		福建—宁夏	0.1459	114		海南—云南	0.0852	143
	广东—青海	0.2223	86	第四梯队	福建—贵州	0.1455	115	第五梯队	河北—山西	0.0845	144
	天津—贵州	0.2223	87		天津—西藏	0.1446	116		山东—湖南	0.0839	145
	江苏—四川	0.2213	88		山东—河南	0.1404	117		河北—安徽	0.0826	146
	浙江—甘肃	0.2171	89		山东—陕西	0.1390	118		海南—贵州	0.0818	147
	江苏—内蒙古	0.2083	90		福建—四川	0.1385	119		福建—青海	0.0815	148
	江苏—新疆	0.2032	91		福建—云南	0.1376	120		海南—宁夏	0.0793	149
	福建—安徽	0.2018	92		福建—重庆	0.1373	121		山东—贵州	0.0790	150
	福建—河南	0.2003	93		江苏—江西	0.1351	122		海南—内蒙古	0.0778	151
第四梯队	江苏—宁夏	0.1935	94		山东—湖北	0.1334	123		海南—甘肃	0.0743	152
	天津—江西	0.1887	95		山东—广西	0.1334	124		海南—陕西	0.0740	153
	天津—湖南	0.1882	96		海南—广西	0.1295	125		山东—江西	0.0702	154
	江苏—重庆	0.1841	97		江苏—青海	0.1286	126		海南—四川	0.0646	155
	福建—广西	0.1819	98		福建—甘肃	0.1278	127		福建—湖南	0.0620	156
	江苏—贵州	0.1792	99		海南—安徽	0.1215	128		海南—重庆	0.0590	157
	浙江—江西	0.1773	100		海南—山西	0.1098	129		山东—青海	0.0589	158
	福建—山西	0.1762	101		山东—新疆	0.1066	130				

续表

梯队划分	发达区域—欠发达区域	两区域发生势差综合评分	排序	梯队划分	发达区域—欠发达区域	两区域发生势差综合评分	排序	梯队划分	发达区域—欠发达区域	两区域发生势差综合评分	排序
第五梯队	海南—江西	0.0551	159	第五梯队	河北—湖北	0.0384	167	第五梯队	河北—青海	0.0225	175
	江苏—西藏	0.0513	160		河北—贵州	0.0370	168		河北—内蒙古	0.0205	176
	河北—陕西	0.0451	161		河北—江西	0.0344	169		河北—四川	0.0181	177
	河北—新疆	0.0451	162		河北—云南	0.0343	170		河北—湖南	0.0138	178
	河北—河南	0.0445	163		河北—重庆	0.0327	171		海南—西藏	0.0137	179
	福建—西藏	0.0427	164		河北—宁夏	0.0315	172		河北—西藏	0.0041	180
	海南—青海	0.0415	165		海南—湖南	0.0315	173				
	河北—甘肃	0.0399	166		山东—西藏	0.0269	174				

注：第一梯队，发生势差大于 0.5 以上，表示劳动力密集型制造业到了非转不可的地步，而且其转出的条件和转入的势能都已经达到相当成熟的条件。第二梯队，发生势差在 0.3~0.5，表示劳动力密集型制造业达到了转移的状态，而且其转出的条件和转入的势能都已经达到比较成熟的条件。第三梯队，发生势差在 0.2~0.3，表示劳动力密集型制造业达到了可以转移的状态，而且其转出的条件和转入的势能都基本达到条件，在某些行业某些地区确实有转移的必要。第四梯队，发生势差在 0.1~0.2，表示劳动力密集型制造业在某些情况下可以达到转移的状态，其转出的条件和转入的势能未到相应条件，但在某些行业或某些地区在有条件的或有特殊需要时可以有转移的必要。第五梯队，发生势差在 0~0.1，表示劳动力密集型制造业尚未达到转移的状态，其转出的条件和转入的势能均未能达到转移的相应条件，但在某些特殊行业或某些特殊需要时可以考虑有转移的可能。

表 C4－2 2001 年中国各地区产业转移发生势差的梯队划分结果

梯队划分	发达区域—欠发达区域	两区域发生势差综合评分	排序	梯队划分	发达区域—欠发达区域	两区域发生势差综合评分	排序	梯队划分	发达区域—欠发达区域	两区域发生势差综合评分	排序
第一梯队	上海—河南	0.7099	1	第一梯队	上海—安徽	0.6408	9	第一梯队	上海—四川	0.5762	17
	北京—河南	0.6925	2		上海—新疆	0.6263	10		上海—内蒙古	0.5730	18
	上海—山西	0.6674	3		北京—陕西	0.6104	11		上海—湖北	0.5588	19
	上海—甘肃	0.6636	4		北京—山西	0.5942	12		上海—重庆	0.5572	20
	上海—宁夏	0.6501	5		北京—湖南	0.5938	13		上海—云南	0.5521	21
	上海—陕西	0.6496	6		上海—湖南	0.5902	14		上海—青海	0.5445	22
	北京—甘肃	0.6462	7		北京—宁夏	0.5878	15		上海—江西	0.5370	23
	北京—安徽	0.6427	8		北京—四川	0.5836	16		上海—贵州	0.5049	24

附录C 综合结果分析表

续表

梯队划分	发达区域—欠发达区域	两区域发生势差综合评分	排序	梯队划分	发达区域—欠发达区域	两区域发生势差综合评分	排序	梯队划分	发达区域—欠发达区域	两区域发生势差综合评分	排序
第一梯队	北京—新疆	0.5046	25	第二梯队	上海—西藏	0.3109	54	第三梯队	浙江—内蒙古	0.2210	83
	北京—湖北	0.5025	26		天津—安徽	0.3103	55		浙江—贵州	0.2131	84
	北京—云南	0.4896	27		浙江—河南	0.3042	56		北京—西藏	0.2100	85
	北京—内蒙古	0.4818	28		广东—湖北	0.2988	57		浙江—江西	0.2073	86
	北京—江西	0.4745	29		广东—贵州	0.2930	58		江苏—新疆	0.2069	87
	北京—重庆	0.4661	30		浙江—安徽	0.2883	59		浙江—湖北	0.2064	88
	上海—广西	0.4654	31		浙江—山西	0.2880	60		浙江—广西	0.2036	89
	广东—河南	0.4651	32		江苏—河南	0.2781	61		浙江—重庆	0.1999	90
	广东—安徽	0.4493	33		天津—内蒙古	0.2712	62		江苏—宁夏	0.1978	91
	广东—山西	0.4396	34		浙江—陕西	0.2687	63		江苏—湖南	0.1950	92
	广东—陕西	0.4263	35		江苏—山西	0.2622	64		浙江—青海	0.1949	93
	北京—青海	0.4123	36		天津—湖南	0.2615	65		江苏—甘肃	0.1936	94
	北京—贵州	0.4040	37		浙江—新疆	0.2583	66		福建—河南	0.1872	95
	广东—新疆	0.4013	38		江苏—安徽	0.2569	67		天津—广西	0.1834	96
第二梯队	广东—湖南	0.3987	39		天津—重庆	0.2555	68		江苏—四川	0.1790	97
	广东—甘肃	0.3897	40		天津—云南	0.2541	69		江苏—贵州	0.1788	98
	天津—河南	0.3851	41	第三梯队	广东—广西	0.2535	70		江苏—湖北	0.1759	99
	广东—四川	0.3848	42		天津—四川	0.2512	71	第四梯队	江苏—江西	0.1665	100
	广东—宁夏	0.3812	43		天津—湖北	0.2494	72		江苏—内蒙古	0.1653	101
	广东—云南	0.3685	44		广东—青海	0.2474	73		福建—安徽	0.1648	102
	北京—广西	0.3646	45		浙江—宁夏	0.2413	74		福建—山西	0.1616	103
	广东—江西	0.3534	46		浙江—云南	0.2413	75		江苏—云南	0.1606	104
	广东—内蒙古	0.3479	47		天津—青海	0.2400	76		福建—新疆	0.1543	105
	天津—甘肃	0.3388	48		天津—江西	0.2390	77		江苏—重庆	0.1532	106
	天津—山西	0.3358	49		浙江—甘肃	0.2374	78		山东—山西	0.1525	107
	广东—重庆	0.3322	50		江苏—陕西	0.2364	79		江苏—青海	0.1479	108
	天津—宁夏	0.3297	51		浙江—四川	0.2307	80		福建—贵州	0.1439	109
	天津—新疆	0.3246	52		天津—贵州	0.2228	81		福建—陕西	0.1370	110
	天津—陕西	0.3173	53		浙江—湖南	0.2218	82		山东—河南	0.1361	111

续表

梯队划分	发达区域—欠发达区域	两区域发生势差综合评分	排序	梯队划分	发达区域—欠发达区域	两区域发生势差综合评分	排序	梯队划分	发达区域—欠发达区域	两区域发生势差综合评分	排序
第四梯队	福建—宁夏	0.1360	112		海南—云南	0.0886	135		山东—广西	0.0501	158
	福建—甘肃	0.1334	113		山东—甘肃	0.0883	136		河北—安徽	0.0454	159
	山东—陕西	0.1332	114		福建—湖北	0.0879	137		河北—河南	0.0412	160
	山东—安徽	0.1306	115		天津—西藏	0.0864	138		浙江—西藏	0.0399	161
	福建—江西	0.1300	116		福建—青海	0.0863	139		河北—新疆	0.0383	162
	福建—云南	0.1269	117		福建—广西	0.0862	140		海南—西藏	0.0372	163
	海南—山西	0.1232	118		山东—四川	0.0841	141		河北—陕西	0.0350	164
	江苏—广西	0.1194	119		山东—湖北	0.0828	142		河北—甘肃	0.0312	165
	海南—河南	0.1148	120		山东—贵州	0.0826	143		河北—贵州	0.0304	166
	海南—新疆	0.1117	121		海南—江西	0.0788	144		河北—宁夏	0.0261	167
	山东—新疆	0.1092	122	第五梯队	山东—云南	0.0747	145	第五梯队	福建—西藏	0.0217	168
	福建—湖南	0.1060	123		山东—江西	0.0729	146		河北—江西	0.0213	169
	海南—安徽	0.1000	124		海南—青海	0.0704	147		河北—云南	0.0167	170
第五梯队	海南—宁夏	0.0997	125		海南—湖南	0.0685	148		河北—湖南	0.0164	171
	广东—西藏	0.0990	126		河北—山西	0.0678	149		江苏—西藏	0.0163	172
	福建—四川	0.0976	127		海南—湖北	0.0655	150		河北—湖北	0.0150	173
	海南—陕西	0.0971	128		山东—重庆	0.0624	151		河北—四川	0.0125	174
	福建—重庆	0.0959	129		海南—广西	0.0619	152		河北—广西	0.0119	175
	海南—贵州	0.0956	130		海南—四川	0.0601	153		河北—青海	0.0112	176
	海南—甘肃	0.0950	131		山东—青海	0.0576	154		山东—西藏	0.0094	177
	山东—湖南	0.0933	132		海南—内蒙古	0.0576	155		河北—重庆	0.0093	178
	山东—宁夏	0.0922	133		海南—重庆	0.0575	156		河北—内蒙古	0.0088	179
	福建—内蒙古	0.0909	134		山东—内蒙古	0.0547	157		河北—西藏	0.0000	180

表 C4-3　2002年中国各地区产业转移发生势差的梯队划分结果

梯队划分	发达区域—欠发达区域	两区域发生势差综合评分	排序	梯队划分	发达区域—欠发达区域	两区域发生势差综合评分	排序	梯队划分	发达区域—欠发达区域	两区域发生势差综合评分	排序
第一梯队	上海—河南	0.7867	1		广东—新疆	0.5573	30		浙江—河南	0.3640	59
	北京—河南	0.7723	2		广东—甘肃	0.5540	31		广东—重庆	0.3544	60
	上海—甘肃	0.7530	3		北京—广西	0.5517	32		浙江—安徽	0.3512	61
	上海—宁夏	0.7516	4		北京—内蒙古	0.5468	33		广东—青海	0.3457	62
	北京—甘肃	0.7386	5		上海—重庆	0.5457	34		江苏—河南	0.3425	63
	上海—湖南	0.7385	6		上海—青海	0.5425	35		天津—内蒙古	0.3414	64
	北京—宁夏	0.7372	7	第一梯队	广东—湖北	0.5372	36		天津—云南	0.3378	65
	上海—山西	0.7362	8		广东—宁夏	0.5364	37		浙江—山西	0.3327	66
	北京—安徽	0.7315	9		上海—江西	0.5254	38		天津—四川	0.3325	67
	上海—安徽	0.7237	10		广东—四川	0.5239	39	第二梯队	浙江—甘肃	0.3285	68
	上海—陕西	0.7217	11		广东—陕西	0.5189	40		上海—西藏	0.3258	69
	北京—湖南	0.7166	12		广东—云南	0.5168	41		江苏—安徽	0.3237	70
	上海—湖北	0.7086	13		北京—贵州	0.5147	42		浙江—新疆	0.3197	71
	上海—新疆	0.7036	14		北京—青海	0.4986	43		江苏—山西	0.3143	72
	北京—陕西	0.6984	15		广东—广西	0.4882	44		浙江—湖南	0.3132	73
	北京—湖北	0.6941	16		广东—内蒙古	0.4815	45		浙江—宁夏	0.3101	74
	北京—山西	0.6723	17		天津—河南	0.4784	46		天津—广西	0.3091	75
	北京—四川	0.6636	18		北京—江西	0.4598	47		天津—贵州	0.3066	76
	上海—四川	0.6461	19		北京—重庆	0.4455	48		浙江—贵州	0.3042	77
	上海—内蒙古	0.6278	20		天津—甘肃	0.4446	49		浙江—陕西	0.3010	78
	上海—云南	0.6267	21		天津—宁夏	0.4432	50		江苏—湖南	0.2986	79
	北京—新疆	0.6226	22	第二梯队	广东—贵州	0.4351	51		浙江—云南	0.2975	80
	广东—河南	0.6144	23		天津—山西	0.4282	52		浙江—湖北	0.2932	81
	广东—安徽	0.6015	24		天津—湖南	0.4226	53	第三梯队	浙江—四川	0.2788	82
	上海—广西	0.5980	25		天津—陕西	0.4182	54		天津—重庆	0.2745	83
	北京—云南	0.5803	26		天津—新疆	0.4171	55		江苏—宁夏	0.2738	84
	上海—贵州	0.5803	27		天津—湖北	0.4001	56		江苏—湖北	0.2709	85
	广东—山西	0.5757	28		天津—安徽	0.4001	57		江苏—新疆	0.2702	86
	广东—湖南	0.5622	29		广东—江西	0.3802	58		浙江—广西	0.2688	87

续表

梯队划分	发达区域—欠发达区域	两区域发生势差综合评分	排序	梯队划分	发达区域—欠发达区域	两区域发生势差综合评分	排序	梯队划分	发达区域—欠发达区域	两区域发生势差综合评分	排序
第三梯队	江苏—甘肃	0.2682	88	第四梯队	江苏—青海	0.1597	119	第五梯队	海南—江西	0.0704	150
	浙江—内蒙古	0.2623	89		山东—湖南	0.1566	120		浙江—西藏	0.0703	151
	北京—西藏	0.2603	90		福建—广西	0.1423	121		山东—江西	0.0683	152
	江苏—陕西	0.2572	91		山东—新疆	0.1410	122		海南—青海	0.0677	153
	天津—青海	0.2518	92		山东—湖北	0.1371	123		河北—山西	0.0659	154
	天津—江西	0.2517	93		海南—山西	0.1351	124		海南—内蒙古	0.0659	155
	浙江—江西	0.2493	94		福建—江西	0.1332	125		海南—四川	0.0610	156
	江苏—云南	0.2352	95		天津—西藏	0.1315	126		山东—重庆	0.0606	157
	江苏—贵州	0.2338	96		山东—宁夏	0.1309	127		河北—安徽	0.0589	158
	江苏—四川	0.2321	97		福建—四川	0.1286	128		河北—新疆	0.0554	159
	福建—河南	0.2261	98		山东—甘肃	0.1263	129		河北—河南	0.0543	160
	浙江—重庆	0.2250	99		海南—新疆	0.1239	130		河北—贵州	0.0530	161
	浙江—青海	0.2137	100		山东—陕西	0.1223	131		山东—青海	0.0529	162
	江苏—内蒙古	0.2058	101		海南—河南	0.1213	132		海南—重庆	0.0514	163
	福建—安徽	0.2041	102		福建—内蒙古	0.1178	133		河北—甘肃	0.0474	164
	福建—新疆	0.2014	103		山东—贵州	0.1153	134		江苏—西藏	0.0442	165
第四梯队	福建—山西	0.1970	104		海南—贵州	0.1142	135		福建—西藏	0.0433	166
	山东—河南	0.1949	105		海南—宁夏	0.1132	136		河北—宁夏	0.0412	167
	江苏—广西	0.1896	106		海南—甘肃	0.1129	137		河北—陕西	0.0367	168
	福建—贵州	0.1881	107		海南—陕西	0.1078	138		海南—西藏	0.0339	169
	福建—宁夏	0.1858	108		海南—安徽	0.1069	139		河北—湖南	0.0337	170
	福建—甘肃	0.1835	109		山东—四川	0.1038	140		河北—湖北	0.0267	171
	福建—陕西	0.1827	110		福建—重庆	0.1021	141		河北—云南	0.0245	172
	江苏—江西	0.1789	111		福建—青海	0.1017	142		河北—江西	0.0162	173
	广东—西藏	0.1781	112		山东—云南	0.0987	143		山东—西藏	0.0151	174
	山东—山西	0.1754	113		海南—云南	0.0967	144		河北—四川	0.0116	175
	山东—安徽	0.1713	114	第五梯队	海南—湖北	0.0896	145		河北—内蒙古	0.0113	176
	福建—云南	0.1694	115		海南—湖南	0.0820	146		河北—广西	0.0107	177
	江苏—重庆	0.1673	116		海南—广西	0.0769	147		河北—重庆	0.0101	178
	福建—湖南	0.1639	117		山东—广西	0.0716	148		河北—青海	0.0078	179
	福建—湖北	0.1623	118		山东—内蒙古	0.0716	149		河北—西藏	0.0000	180

附录C 综合结果分析表

表 C4-4 2003 年中国各地区产业转移发生势差的梯队划分结果

梯队划分	发达区域—欠发达区域	两区域发生势差综合评分	排序	梯队划分	发达区域—欠发达区域	两区域发生势差综合评分	排序	梯队划分	发达区域—欠发达区域	两区域发生势差综合评分	排序
第一梯队	北京—河南	0.7163	1		上海—贵州	0.4750	30		天津—甘肃	0.3198	59
	北京—安徽	0.6955	2		广东—山西	0.4727	31		浙江—新疆	0.3195	60
	上海—河南	0.6771	3		广东—陕西	0.4606	32	第二梯队	天津—宁夏	0.3170	61
	北京—陕西	0.6584	4		广东—新疆	0.4371	33		江苏—河南	0.3128	62
	北京—湖北	0.6534	5		广东—湖北	0.4272	34		广东—江西	0.3113	63
	北京—湖南	0.6524	6		上海—内蒙古	0.4259	35		天津—新疆	0.3055	64
	上海—山西	0.6515	7		上海—江西	0.4237	36		江苏—山西	0.3028	65
	北京—重庆	0.6507	8		广东—湖南	0.4222	37		浙江—甘肃	0.2998	66
	北京—山西	0.6394	9		北京—青海	0.4169	38		浙江—贵州	0.2967	67
	上海—陕西	0.6382	10		北京—江西	0.4167	39		浙江—云南	0.2935	68
	上海—安徽	0.6250	11		广东—云南	0.4112	40		天津—湖南	0.2898	69
	上海—湖北	0.6157	12		上海—青海	0.4101	41		江苏—陕西	0.2896	70
	上海—重庆	0.6116	13		广东—宁夏	0.4040	42		江苏—安徽	0.2869	71
	北京—甘肃	0.6013	14	第二梯队	北京—内蒙古	0.3915	43		浙江—湖北	0.2847	72
	北京—四川	0.6003	15		天津—河南	0.3905	44		浙江—宁夏	0.2839	73
	上海—宁夏	0.5889	16		广东—重庆	0.3847	45		天津—云南	0.2796	74
	北京—新疆	0.5848	17		广东—广西	0.3797	46		浙江—湖南	0.2767	75
	上海—湖南	0.5779	18		广东—四川	0.3790	47	第三梯队	浙江—江西	0.2681	76
	上海—新疆	0.5732	19		天津—山西	0.3623	48		浙江—广西	0.2621	77
	上海—甘肃	0.5669	20		浙江—河南	0.3449	49		浙江—重庆	0.2589	78
	北京—宁夏	0.5593	21		天津—陕西	0.3434	50		江苏—新疆	0.2584	79
	北京—云南	0.5588	22		浙江—安徽	0.3380	51		江苏—湖北	0.2539	80
	上海—云南	0.5472	23		天津—安徽	0.3329	52		广东—青海	0.2533	81
	北京—广西	0.5274	24		浙江—山西	0.3319	53		天津—广西	0.2482	82
	上海—四川	0.5218	25		天津—湖北	0.3276	54		江苏—湖南	0.2477	83
	上海—广西	0.5158	26		广东—甘肃	0.3274	55		天津—贵州	0.2468	84
第二梯队	广东—河南	0.4880	27		天津—重庆	0.3249	56		北京—西藏	0.2445	85
	北京—贵州	0.4818	28		浙江—陕西	0.3208	57		浙江—四川	0.2407	86
	广东—安徽	0.4809	29		广东—贵州	0.3202	58		上海—西藏	0.2377	87

· 217 ·

续表

梯队划分	发达区域—欠发达区域	两区域发生势差综合评分	排序	梯队划分	发达区域—欠发达区域	两区域发生势差综合评分	排序	梯队划分	发达区域—欠发达区域	两区域发生势差综合评分	排序
第三梯队	天津—四川	0.2377	88	第四梯队	福建—湖南	0.1240	119	第五梯队	海南—湖北	0.0614	150
	广东—内蒙古	0.2368	89		福建—广西	0.1185	120		河北—甘肃	0.0598	151
	江苏—宁夏	0.2331	90		福建—重庆	0.1185	121		山东—青海	0.0581	152
	江苏—云南	0.2324	91		海南—山西	0.1145	122		浙江—西藏	0.0563	153
	浙江—青海	0.2273	92		山东—湖北	0.1111	123		海南—湖南	0.0545	154
	江苏—重庆	0.2232	93		海南—新疆	0.1096	124		海南—广西	0.0532	155
	江苏—贵州	0.2186	94		福建—江西	0.1091	125		福建—内蒙古	0.0526	156
	江苏—甘肃	0.2180	95		福建—青海	0.1088	126		山东—广西	0.0525	157
	浙江—内蒙古	0.2133	96		山东—湖南	0.1063	127		海南—江西	0.0523	158
	江苏—江西	0.2040	97		海南—贵州	0.1051	128		海南—重庆	0.0523	159
	江苏—广西	0.2010	98		山东—新疆	0.1014	129		河北—新疆	0.0517	160
第四梯队	天津—内蒙古	0.1935	99		山东—贵州	0.0976	130		河北—陕西	0.0484	161
	江苏—四川	0.1842	100		山东—甘肃	0.0958	131		海南—内蒙古	0.0403	162
	天津—江西	0.1831	101		海南—安徽	0.0906	132		河北—河南	0.0372	163
	福建—河南	0.1822	102		山东—江西	0.0904	133		河北—云南	0.0369	164
	天津—青海	0.1819	103		山东—宁夏	0.0869	134		海南—四川	0.0366	165
	福建—新疆	0.1729	104		山东—四川	0.0866	135		河北—江西	0.0325	166
	福建—山西	0.1689	105		海南—甘肃	0.0861	136		山东—内蒙古	0.0312	167
	福建—安徽	0.1620	106		海南—云南	0.0852	137		河北—湖北	0.0296	168
	福建—陕西	0.1562	107		海南—河南	0.0846	138		河北—湖南	0.0268	169
	江苏—青海	0.1559	108	第五梯队	广东—西藏	0.0823	139		河北—宁夏	0.0268	170
	福建—云南	0.1505	109		海南—宁夏	0.0815	140		河北—青海	0.0238	171
	福建—宁夏	0.1499	110		海南—陕西	0.0812	141		江苏—西藏	0.0180	172
	福建—贵州	0.1482	111		山东—云南	0.0790	142		河北—重庆	0.0168	173
	山东—山西	0.1476	112		天津—西藏	0.0748	143		福建—西藏	0.0165	174
	山东—安徽	0.1448	113		山东—重庆	0.0696	144		河北—四川	0.0159	175
	山东—陕西	0.1392	114		海南—青海	0.0683	145		海南—西藏	0.0150	176
	江苏—内蒙古	0.1387	115		河北—安徽	0.0660	146		河北—广西	0.0144	177
	福建—甘肃	0.1359	116		福建—四川	0.0638	147		山东—西藏	0.0112	178
	山东—河南	0.1328	117		河北—贵州	0.0633	148		河北—内蒙古	0.0092	179
	福建—湖北	0.1267	118		河北—山西	0.0618	149		河北—西藏	0.0000	180

表 C4－5 2004年中国各地区产业转移发生势差的梯队划分结果

梯队划分	发达区域—欠发达区域	两区域发生势差综合评分	排序	梯队划分	发达区域—欠发达区域	两区域发生势差综合评分	排序	梯队划分	发达区域—欠发达区域	两区域发生势差综合评分	排序
第一梯队	上海—河南	0.7093	1	第二梯队	上海—云南	0.4272	30	第三梯队	广东—重庆	0.3330	59
	北京—河南	0.6930	2		上海—江西	0.4255	31		浙江—安徽	0.3284	60
	上海—山西	0.6911	3		天津—山西	0.4153	32		浙江—广西	0.3236	61
	北京—安徽	0.6369	4		北京—云南	0.4134	33		浙江—湖北	0.3192	62
	北京—山西	0.6279	5		北京—江西	0.4117	34		天津—湖南	0.3147	63
	上海—湖北	0.6227	6		广东—湖北	0.4089	35		浙江—陕西	0.3089	64
	上海—宁夏	0.6218	7		上海—四川	0.4070	36		天津—陕西	0.3060	65
	上海—重庆	0.6213	8		上海—青海	0.4042	37		广东—陕西	0.2972	66
	上海—安徽	0.6179	9		广东—安徽	0.4033	38		广东—甘肃	0.2955	67
	上海—广西	0.6109	10		浙江—河南	0.3923	39		浙江—湖南	0.2951	68
	北京—重庆	0.6050	11		北京—青海	0.3904	40		浙江—贵州	0.2919	69
	北京—湖南	0.6046	12		北京—内蒙古	0.3899	41		江苏—新疆	0.2786	70
	北京—甘肃	0.6027	13		广东—湖南	0.3763	42		江苏—安徽	0.2695	71
	北京—湖北	0.5990	14		浙江—山西	0.3759	43		江苏—湖北	0.2693	72
	上海—新疆	0.5943	15		广东—广西	0.3724	44		浙江—重庆	0.2690	73
	上海—甘肃	0.5912	16		广东—新疆	0.3625	45		江苏—广西	0.2659	74
	上海—湖南	0.5846	17		天津—甘肃	0.3610	46		江苏—宁夏	0.2659	75
	北京—新疆	0.5527	18		天津—宁夏	0.3587	47		天津—贵州	0.2587	76
	上海—陕西	0.5415	19		广东—宁夏	0.3523	48		浙江—云南	0.2491	77
	北京—陕西	0.5367	20		天津—湖北	0.3512	49		浙江—江西	0.2474	78
	北京—宁夏	0.5358	21		天津—重庆	0.3494	50		江苏—湖南	0.2443	79
	北京—广西	0.5051	22		天津—广西	0.3479	51		江苏—甘肃	0.2436	80
第二梯队	上海—贵州	0.4700	23		江苏—河南	0.3474	52		浙江—内蒙古	0.2432	81
	北京—四川	0.4565	24		天津—安徽	0.3470	53		广东—贵州	0.2419	82
	北京—贵州	0.4562	25		天津—新疆	0.3413	54		江苏—陕西	0.2398	83
	广东—河南	0.4546	26		浙江—甘肃	0.3351	55		江苏—重庆	0.2336	84
	广东—山西	0.4493	27		浙江—宁夏	0.3345	56		福建—山西	0.2309	85
	上海—内蒙古	0.4481	28		江苏—山西	0.3344	57		福建—河南	0.2302	86
	天津—河南	0.4374	29		浙江—新疆	0.3337	58		天津—内蒙古	0.2266	87

续表

梯队划分	发达区域—欠发达区域	两区域发生势差综合评分	排序	梯队划分	发达区域—欠发达区域	两区域发生势差综合评分	排序	梯队划分	发达区域—欠发达区域	两区域发生势差综合评分	排序
第三梯队	浙江—青海	0.2175	88	第四梯队	福建—江西	0.1205	119	第五梯队	山东—内蒙古	0.0468	150
	天津—云南	0.2158	89		江苏—四川	0.1192	120		山东—云南	0.0467	151
	天津—江西	0.2142	90		山东—陕西	0.1169	121		山东—江西	0.0452	152
	福建—新疆	0.2129	91		福建—内蒙古	0.1168	122		河北—河南	0.0449	153
	江苏—贵州	0.2100	92		山东—甘肃	0.1127	123		河北—陕西	0.0436	154
	广东—江西	0.2096	93		山东—安徽	0.1125	124		天津—西藏	0.0426	155
	广东—四川	0.2074	94		山东—新疆	0.1080	125		广东—西藏	0.0403	156
	广东—云南	0.2062	95		福建—云南	0.1046	126		海南—云南	0.0402	157
	北京—西藏	0.2044	96		海南—新疆	0.1021	127		海南—江西	0.0386	158
	浙江—四川	0.2028	97		山东—湖北	0.1017	128		河北—安徽	0.0376	159
第四梯队	广东—内蒙古	0.1998	98		山东—宁夏	0.1011	129		河北—宁夏	0.0369	160
	上海—西藏	0.1954	99		福建—青海	0.1006	130		福建—四川	0.0361	161
	天津—青海	0.1929	100		山东—湖南	0.0906	131		海南—青海	0.0349	162
	福建—宁夏	0.1920	101		海南—河南	0.0900	132		海南—湖南	0.0328	163
	福建—广西	0.1908	102		山东—贵州	0.0869	133		海南—湖北	0.0316	164
	广东—青海	0.1864	103		山东—广西	0.0837	134		海南—重庆	0.0314	165
	天津—四川	0.1803	104		海南—甘肃	0.0797	135		河北—广西	0.0302	166
	福建—甘肃	0.1716	105		河北—山西	0.0793	136		江苏—西藏	0.0256	167
	江苏—云南	0.1672	106		海南—宁夏	0.0789	137		河北—内蒙古	0.0244	168
	江苏—江西	0.1655	107		海南—贵州	0.0769	138		河北—湖北	0.0230	169
	福建—贵州	0.1650	108	第五梯队	山东—重庆	0.0665	139		河北—青海	0.0214	170
	福建—安徽	0.1630	109		河北—甘肃	0.0618	140		河北—湖南	0.0200	171
	山东—山西	0.1610	110		海南—陕西	0.0617	141		山东—西藏	0.0197	172
	江苏—内蒙古	0.1609	111		河北—新疆	0.0581	142		河北—江西	0.0195	173
	福建—陕西	0.1590	112		海南—安徽	0.0580	143		河北—云南	0.0179	174
	福建—湖北	0.1475	113		山东—四川	0.0573	144		福建—西藏	0.0154	175
	江苏—青海	0.1443	114		浙江—西藏	0.0548	145		河北—重庆	0.0135	176
	山东—河南	0.1422	115		海南—广西	0.0539	146		河北—四川	0.0105	177
	福建—重庆	0.1387	116		海南—内蒙古	0.0528	147		海南—四川	0.0039	178
	福建—湖南	0.1348	117		河北—贵州	0.0506	148		河北—西藏	0.0024	179
	海南—山西	0.1274	118		山东—青海	0.0471	149		海南—西藏	0.0000	180

附录 C 综合结果分析表

表 C4-6 2005年中国各地区产业转移发生势差的梯队划分结果

梯队划分	发达区域—欠发达区域	两区域发生势差综合评分	排序	梯队划分	发达区域—欠发达区域	两区域发生势差综合评分	排序	梯队划分	发达区域—欠发达区域	两区域发生势差综合评分	排序
第一梯队	北京—河南	0.7618	1		北京—江西	0.4755	30	第二梯队	浙江—湖北	0.3116	59
	北京—甘肃	0.7477	2		北京—贵州	0.4739	31		浙江—甘肃	0.3084	60
	北京—湖南	0.6968	3		广东—河南	0.4470	32		浙江—湖南	0.3026	61
	北京—湖北	0.6927	4		天津—河南	0.4288	33		天津—重庆	0.3022	62
	北京—安徽	0.6828	5		上海—青海	0.4254	34		天津—宁夏	0.2993	63
	北京—四川	0.6808	6		上海—江西	0.4117	35		江苏—山西	0.2942	64
	上海—河南	0.6780	7		上海—贵州	0.4101	36		浙江—安徽	0.2917	65
	北京—山西	0.6561	8		广东—山西	0.4079	37		广东—内蒙古	0.2873	66
	北京—重庆	0.6352	9		广东—湖北	0.3913	38		天津—云南	0.2865	67
	北京—新疆	0.6268	10		天津—甘肃	0.3808	39		浙江—四川	0.2848	68
	上海—甘肃	0.6228	11		广东—湖南	0.3792	40		天津—广西	0.2817	69
	上海—山西	0.6154	12		广东—新疆	0.3777	41		江苏—甘肃	0.2773	70
	上海—湖北	0.6129	13		广东—甘肃	0.3766	42		江苏—湖北	0.2734	71
	北京—宁夏	0.6070	14		广东—安徽	0.3683	43		江苏—新疆	0.2714	72
	上海—湖南	0.5780	15	第二梯队	浙江—河南	0.3679	44		天津—陕西	0.2709	73
	上海—新疆	0.5768	16		广东—四川	0.3628	45		广东—重庆	0.2700	74
	北京—云南	0.5738	17		天津—湖北	0.3597	46	第三梯队	天津—内蒙古	0.2654	75
	北京—陕西	0.5734	18		天津—山西	0.3532	47		浙江—云南	0.2651	76
	北京—广西	0.5691	19		天津—新疆	0.3395	48		江苏—湖南	0.2612	77
	上海—安徽	0.5671	20		江苏—河南	0.3334	49		浙江—广西	0.2604	78
	上海—宁夏	0.5604	21		天津—湖南	0.3299	50		浙江—宁夏	0.2581	79
	上海—四川	0.5591	22		广东—云南	0.3247	51		江苏—安徽	0.2536	80
	上海—重庆	0.5514	23		浙江—山西	0.3227	52		上海—西藏	0.2484	81
	北京—青海	0.5264	24		广东—广西	0.3200	53		江苏—四川	0.2366	82
	上海—云南	0.5237	25		浙江—新疆	0.3182	54		浙江—江西	0.2336	83
	上海—广西	0.5190	26		天津—安徽	0.3159	55		浙江—陕西	0.2318	84
	北京—内蒙古	0.5189	27		广东—宁夏	0.3141	56		广东—陕西	0.2309	85
	上海—内蒙古	0.5099	28		天津—四川	0.3139	57		江苏—宁夏	0.2293	86
第二梯队	上海—陕西	0.4779	29		北京—西藏	0.3122	58		天津—青海	0.2257	87

续表

梯队划分	发达区域—欠发达区域	两区域发生势差综合评分	排序	梯队划分	发达区域—欠发达区域	两区域发生势差综合评分	排序	梯队划分	发达区域—欠发达区域	两区域发生势差综合评分	排序
第三梯队	浙江—内蒙古	0.2252	88	第四梯队	山东—湖南	0.1107	119		江苏—西藏	0.0321	150
	广东—江西	0.2204	89		山东—新疆	0.1067	120		河北—贵州	0.0304	151
	广东—贵州	0.2189	90		福建—四川	0.1056	121		河北—安徽	0.0304	152
	浙江—重庆	0.2179	91		山东—安徽	0.1031	122		海南—江西	0.0273	153
	浙江—贵州	0.2135	92		福建—贵州	0.0921	123		海南—贵州	0.0260	154
	天津—江西	0.2131	93		福建—陕西	0.0906	124		海南—内蒙古	0.0249	155
	天津—贵州	0.2115	94		山东—四川	0.0902	125		海南—广西	0.0249	156
	江苏—云南	0.2111	95		浙江—西藏	0.0878	126		海南—四川	0.0247	157
	浙江—青海	0.2075	96		福建—江西	0.0875	127		海南—云南	0.0243	158
	江苏—广西	0.2041	97		福建—内蒙古	0.0865	128		河北—湖南	0.0237	159
	广东—青海	0.2006	98		福建—重庆	0.0812	129		河北—云南	0.0227	160
第四梯队	江苏—重庆	0.1970	99		福建—青海	0.0783	130		河北—四川	0.0226	161
	福建—河南	0.1887	100		海南—甘肃	0.0756	131		河北—宁夏	0.0222	162
	福建—甘肃	0.1788	101		海南—新疆	0.0742	132		海南—湖南	0.0212	163
	江苏—内蒙古	0.1742	102		山东—宁夏	0.0737	133	第五梯队	山东—西藏	0.0209	164
	福建—新疆	0.1727	103		山东—云南	0.0730	134		河北—湖北	0.0207	165
	江苏—陕西	0.1676	104		河北—甘肃	0.0692	135		海南—湖北	0.0191	166
	江苏—江西	0.1578	105	第五梯队	广东—西藏	0.0666	136		福建—西藏	0.0174	167
	福建—山西	0.1537	106		山东—广西	0.0660	137		海南—安徽	0.0172	168
	江苏—贵州	0.1482	107		山东—贵州	0.0643	138		河北—江西	0.0169	169
	江苏—青海	0.1443	108		山东—重庆	0.0643	139		河北—重庆	0.0163	170
	山东—河南	0.1351	109		山东—陕西	0.0615	140		海南—重庆	0.0158	171
	山东—山西	0.1335	110		天津—西藏	0.0576	141		海南—陕西	0.0156	172
	福建—云南	0.1258	111		河北—新疆	0.0561	142		河北—广西	0.0154	173
	福建—湖北	0.1241	112		海南—河南	0.0559	143		海南—宁夏	0.0150	174
	山东—甘肃	0.1238	113		海南—山西	0.0538	144		河北—陕西	0.0138	175
	福建—湖南	0.1224	114		山东—江西	0.0508	145		海南—青海	0.0137	176
	福建—广西	0.1184	115		山东—青海	0.0500	146		河北—青海	0.0126	177
	福建—宁夏	0.1157	116		山东—内蒙古	0.0414	147		河北—内蒙古	0.0109	178
	福建—安徽	0.1147	117		河北—山西	0.0391	148		河北—西藏	0.0067	179
	山东—湖北	0.1126	118		河北—河南	0.0349	149		海南—西藏	0.0000	180

表 C4-7　2006年中国各地区产业转移发生势差的梯队划分结果

梯队划分	发达区域—欠发达区域	两区域发生势差综合评分	排序	梯队划分	发达区域—欠发达区域	两区域发生势差综合评分	排序	梯队划分	发达区域—欠发达区域	两区域发生势差综合评分	排序
第一梯队	北京—河南	0.7317	1	第二梯队	北京—青海	0.4467	30	第二梯队	广东—四川	0.3231	59
	北京—甘肃	0.7032	2		上海—内蒙古	0.4383	31		广东—江西	0.3219	60
	上海—河南	0.6893	3		北京—内蒙古	0.4243	32		天津—湖北	0.3216	61
	北京—湖南	0.6753	4		上海—贵州	0.4238	33		广东—广西	0.3205	62
	北京—安徽	0.6600	5		上海—青海	0.4164	34		浙江—湖北	0.3205	63
	北京—湖北	0.6399	6		天津—河南	0.4134	35		江苏—山西	0.3113	64
	北京—宁夏	0.6286	7		浙江—河南	0.4131	36		天津—安徽	0.3092	65
	北京—山西	0.6248	8		上海—陕西	0.4125	37		天津—新疆	0.3040	66
	上海—山西	0.6224	9		广东—云南	0.4093	38		北京—西藏	0.2982	67
	上海—宁夏	0.6212	10		广东—山西	0.4034	39		浙江—广西	0.2964	68
	北京—重庆	0.6188	11		广东—湖南	0.3885	40		广东—重庆	0.2947	69
	上海—甘肃	0.6165	12		广东—安徽	0.3762	41		天津—重庆	0.2935	70
	北京—四川	0.6122	13		广东—湖北	0.3750	42		天津—云南	0.2930	71
	上海—湖北	0.6014	14		浙江—云南	0.3642	43		江苏—云南	0.2930	72
	上海—湖南	0.5935	15		广东—甘肃	0.3627	44		江苏—湖南	0.2865	73
	北京—新疆	0.5826	16		广东—新疆	0.3618	45		浙江—四川	0.2840	74
	上海—安徽	0.5811	17		浙江—山西	0.3612	46		浙江—重庆	0.2776	75
	上海—重庆	0.5764	18		江苏—河南	0.3581	47	第三梯队	江苏—甘肃	0.2774	76
	北京—云南	0.5717	19		天津—甘肃	0.3524	48		江苏—安徽	0.2746	77
	上海—新疆	0.5642	20		浙江—湖南	0.3501	49		江苏—湖北	0.2727	78
	上海—云南	0.5628	21		广东—宁夏	0.3487	50		江苏—宁夏	0.2726	79
	北京—广西	0.5413	22		浙江—江西	0.3480	51		浙江—内蒙古	0.2699	80
	上海—四川	0.5274	23		浙江—安徽	0.3378	52		上海—西藏	0.2679	81
	上海—广西	0.5229	24		浙江—新疆	0.3377	53		江苏—江西	0.2651	82
	北京—江西	0.5125	25		天津—宁夏	0.3360	54		浙江—贵州	0.2639	83
	上海—江西	0.5010	26		天津—山西	0.3353	55		天津—广西	0.2627	84
第二梯队	北京—陕西	0.4669	27		浙江—甘肃	0.3317	56		浙江—青海	0.2624	85
	广东—河南	0.4547	28		浙江—宁夏	0.3289	57		天津—四川	0.2614	86
	北京—贵州	0.4540	29		天津—湖南	0.3245	58		天津—江西	0.2613	87

续表

梯队划分	发达区域—欠发达区域	两区域发生势差综合评分	排序	梯队划分	发达区域—欠发达区域	两区域发生势差综合评分	排序	梯队划分	发达区域—欠发达区域	两区域发生势差综合评分	排序
第三梯队	江苏—新疆	0.2566	88	第四梯队	山东—山西	0.1313	119	第五梯队	天津—西藏	0.0540	150
	广东—贵州	0.2330	89		浙江—西藏	0.1300	120		海南—江西	0.0477	151
	江苏—广西	0.2321	90		福建—重庆	0.1257	121		海南—湖南	0.0461	152
	江苏—重庆	0.2310	91		福建—内蒙古	0.1231	122		海南—广西	0.0461	153
	江苏—四川	0.2290	92		山东—江西	0.1200	123		河北—云南	0.0451	154
	广东—青海	0.2257	93		山东—湖南	0.1155	124		山东—陕西	0.0448	155
	广东—内蒙古	0.2255	94		江苏—陕西	0.1115	125		河北—贵州	0.0378	156
	福建—河南	0.2243	95		山东—安徽	0.1034	126		河北—甘肃	0.0374	157
	天津—内蒙古	0.2119	96		山东—甘肃	0.1020	127		河北—新疆	0.0319	158
	天津—贵州	0.2091	97		山东—湖北	0.1011	128		海南—安徽	0.0314	159
	浙江—陕西	0.2088	98		山东—宁夏	0.0991	129		河北—江西	0.0298	160
	天津—青海	0.2018	99		福建—四川	0.0964	130		河北—河南	0.0296	161
	福建—新疆	0.2018	100		山东—新疆	0.0935	131		河北—青海	0.0291	162
第四梯队	福建—甘肃	0.1905	101		山东—四川	0.0903	132		福建—西藏	0.0275	163
	福建—云南	0.1883	102		山东—贵州	0.0822	133		河北—安徽	0.0262	164
	福建—山西	0.1860	103		海南—甘肃	0.0810	134		山东—西藏	0.0255	165
	天津—陕西	0.1828	104		海南—河南	0.0805	135		海南—湖北	0.0253	166
	江苏—贵州	0.1797	105		海南—新疆	0.0783	136		河北—山西	0.0245	167
	江苏—青海	0.1781	106		广东—西藏	0.0783	137		河北—湖南	0.0242	168
	福建—宁夏	0.1766	107	第五梯队	山东—青海	0.0734	138		河北—内蒙古	0.0208	169
	江苏—内蒙古	0.1713	108		海南—云南	0.0729	139		河北—宁夏	0.0201	170
	福建—湖南	0.1638	109		山东—重庆	0.0708	140		河北—四川	0.0192	171
	福建—江西	0.1630	110		海南—贵州	0.0701	141		河北—湖北	0.0185	172
	广东—陕西	0.1611	111		海南—青海	0.0660	142		河北—重庆	0.0184	173
	福建—安徽	0.1528	112		海南—山西	0.0648	143		海南—四川	0.0173	174
	福建—广西	0.1476	113		海南—内蒙古	0.0645	144		海南—重庆	0.0140	175
	山东—河南	0.1433	114		山东—广西	0.0623	145		河北—陕西	0.0125	176
	福建—贵州	0.1418	115		山东—内蒙古	0.0621	146		河北—广西	0.0105	177
	福建—青海	0.1402	116		海南—宁夏	0.0569	147		河北—西藏	0.0079	178
	山东—云南	0.1397	117		福建—陕西	0.0566	148		海南—陕西	0.0049	179
	福建—湖北	0.1391	118		江苏—西藏	0.0541	149		海南—西藏	0.0000	180

表 C4-8 2007年中国各地区产业转移发生势差的梯队划分结果

梯队划分	发达区域—欠发达区域	两区域发生势差综合评分	排序	梯队划分	发达区域—欠发达区域	两区域发生势差综合评分	排序	梯队划分	发达区域—欠发达区域	两区域发生势差综合评分	排序
第一梯队	上海—河南	0.7471	1	第二梯队	上海—青海	0.4637	30	第三梯队	天津—湖南	0.2992	59
	北京—河南	0.7265	2		上海—贵州	0.4626	31		天津—甘肃	0.2981	60
	上海—宁夏	0.6992	3		北京—青海	0.4469	32		天津—四川	0.2975	61
	上海—山西	0.6964	4		北京—贵州	0.4459	33		天津—重庆	0.2923	62
	上海—江西	0.6894	5		广东—河南	0.4351	34		浙江—甘肃	0.2858	63
	北京—宁夏	0.6786	6		北京—内蒙古	0.4342	35		广东—重庆	0.2851	64
	北京—山西	0.6707	7		广东—江西	0.4276	36		浙江—安徽	0.2841	65
	上海—湖北	0.6691	8		天津—河南	0.4017	37		江苏—山西	0.2839	66
	北京—安徽	0.6599	9		广东—山西	0.3925	38		浙江—湖南	0.2801	67
	北京—湖南	0.6592	10		广东—云南	0.3891	39		浙江—四川	0.2760	68
	北京—四川	0.6575	11		广东—湖北	0.3651	40		浙江—宁夏	0.2759	69
	上海—重庆	0.6491	12		广东—安徽	0.3588	41		浙江—湖北	0.2750	70
	北京—湖北	0.6445	13		浙江—河南	0.3572	42		天津—新疆	0.2744	71
	上海—安徽	0.6402	14		广东—湖南	0.3548	43		天津—云南	0.2743	72
	上海—湖南	0.6362	15		广东—四川	0.3510	44		浙江—新疆	0.2712	73
	北京—江西	0.6357	16		浙江—江西	0.3470	45		江苏—云南	0.2590	74
	北京—甘肃	0.6338	17		广东—甘肃	0.3430	46		天津—陕西	0.2587	75
	上海—四川	0.6321	18		天津—宁夏	0.3372	47		江苏—湖北	0.2533	76
	上海—甘肃	0.6316	19		天津—江西	0.3352	48		上海—西藏	0.2512	77
	北京—重庆	0.6285	20		天津—山西	0.3345	49		江苏—宁夏	0.2456	78
	上海—云南	0.6138	21		广东—新疆	0.3309	50		天津—广西	0.2453	79
	上海—新疆	0.6049	22		广东—宁夏	0.3300	51		江苏—四川	0.2430	80
	上海—广西	0.5759	23		江苏—河南	0.3261	52		浙江—广西	0.2422	81
	北京—新疆	0.5726	24		江苏—江西	0.3138	53		江苏—安徽	0.2398	82
	北京—云南	0.5725	25		浙江—云南	0.3093	54		江苏—湖南	0.2348	83
	上海—陕西	0.5492	26		浙江—山西	0.3075	55		江苏—甘肃	0.2348	84
	北京—陕西	0.5442	27		天津—湖北	0.3031	56		北京—西藏	0.2345	85
	北京—广西	0.5435	28		广东—广西	0.3019	57		浙江—重庆	0.2310	86
第二梯队	上海—内蒙古	0.4980	29	第三梯队	天津—安徽	0.3000	58		浙江—陕西	0.2305	87

续表

梯队划分	发达区域—欠发达区域	两区域发生势差综合评分	排序	梯队划分	发达区域—欠发达区域	两区域发生势差综合评分	排序	梯队划分	发达区域—欠发达区域	两区域发生势差综合评分	排序
第三梯队	广东—陕西	0.2239	88	第四梯队	山东—湖北	0.1096	119		河北—云南	0.0482	150
	浙江—内蒙古	0.2222	89		福建—湖南	0.1081	120		海南—陕西	0.0465	151
	广东—内蒙古	0.2186	90		山东—甘肃	0.1060	121		浙江—西藏	0.0463	152
	天津—内蒙古	0.2105	91		山东—安徽	0.1048	122		天津—西藏	0.0434	153
	江苏—新疆	0.2086	92		福建—四川	0.1020	123		河北—甘肃	0.0430	154
	广东—青海	0.2067	93		福建—青海	0.1009	124		海南—安徽	0.0378	155
	广东—贵州	0.2056	94		山东—湖南	0.1003	125		海南—湖南	0.0373	156
	江苏—重庆	0.2044	95		福建—贵州	0.1000	126		广东—西藏	0.0356	157
第四梯队	浙江—青海	0.1987	96	第五梯队	福建—内蒙古	0.0994	127		海南—湖北	0.0351	158
	江苏—广西	0.1985	97		山东—宁夏	0.0967	128		河北—河南	0.0345	159
	浙江—贵州	0.1978	98		福建—重庆	0.0960	129		海南—四川	0.0342	160
	福建—河南	0.1882	99		福建—陕西	0.0956	130		江苏—西藏	0.0335	161
	天津—青海	0.1880	100		海南—甘肃	0.0928	131		河北—贵州	0.0333	162
	天津—贵州	0.1870	101		山东—四川	0.0870	132		河北—内蒙古	0.0326	163
	福建—江西	0.1794	102		山东—新疆	0.0832	133	第五梯队	河北—江西	0.0301	164
	江苏—陕西	0.1561	103		海南—云南	0.0807	134		福建—西藏	0.0269	165
	福建—甘肃	0.1556	104		海南—河南	0.0802	135		海南—重庆	0.0265	166
	福建—云南	0.1532	105		山东—贵州	0.0760	136		河北—山西	0.0237	167
	山东—河南	0.1472	106		海南—新疆	0.0751	137		河北—新疆	0.0232	168
	江苏—内蒙古	0.1468	107		海南—内蒙古	0.0748	138		河北—青海	0.0228	169
	福建—山西	0.1459	108		山东—内蒙古	0.0729	139		山东—西藏	0.0208	170
	山东—江西	0.1451	109		海南—江西	0.0698	140		河北—宁夏	0.0166	171
	山东—云南	0.1420	110		海南—青海	0.0687	141		河北—湖北	0.0158	172
	福建—新疆	0.1387	111		海南—贵州	0.0685	142		河北—湖南	0.0157	173
	江苏—青海	0.1373	112		海南—山西	0.0680	143		河北—安徽	0.0157	174
	福建—宁夏	0.1372	113		山东—青海	0.0655	144		河北—四川	0.0119	175
	江苏—贵州	0.1364	114		山东—陕西	0.0636	145		河北—重庆	0.0114	176
	山东—山西	0.1321	115		山东—广西	0.0613	146		河北—广西	0.0085	177
	福建—安徽	0.1141	116		山东—重庆	0.0612	147		河北—陕西	0.0072	178
	福建—湖北	0.1125	117		海南—宁夏	0.0559	148		海南—西藏	0.0050	179
	福建—广西	0.1097	118		海南—广西	0.0493	149		河北—西藏	0.0015	180

附录 C 综合结果分析表

表 C4-9 2008年中国各地区产业转移发生势差的梯队划分结果

梯队划分	发达区域—欠发达区域	两区域发生势差综合评分	排序	梯队划分	发达区域—欠发达区域	两区域发生势差综合评分	排序	梯队划分	发达区域—欠发达区域	两区域发生势差综合评分	排序
第一梯队	北京—山西	0.7425	1		北京—青海	0.4847	31		江苏—四川	0.2931	61
	北京—湖南	0.7340	2		北京—西藏	0.4587	32		浙江—四川	0.2912	62
	北京—河南	0.7284	3		上海—贵州	0.4410	33		天津—重庆	0.2908	63
	北京—四川	0.7284	4		上海—云南	0.4376	34		天津—内蒙古	0.2885	64
	北京—安徽	0.7056	5		上海—青海	0.4324	35		天津—新疆	0.2879	65
	北京—湖北	0.7002	6		广东—河南	0.4037	36		江苏—湖南	0.2846	66
	北京—甘肃	0.6965	7		上海—西藏	0.3931	37		广东—广西	0.2769	67
	上海—河南	0.6857	8		广东—江西	0.3890	38		天津—陕西	0.2665	68
	北京—江西	0.6825	9		天津—河南	0.3887	39		天津—广西	0.2641	69
	北京—重庆	0.6734	10		广东—山西	0.3844	40		天津—宁夏	0.2593	70
	上海—山西	0.6726	11		广东—湖南	0.3718	41		江苏—湖北	0.2588	71
	上海—湖南	0.6599	12		广东—四川	0.3639	42	第三梯队	浙江—甘肃	0.2543	72
	上海—四川	0.6527	13		天津—湖南	0.3596	43		浙江—安徽	0.2532	73
	上海—江西	0.6397	14	第二梯队	天津—山西	0.3592	44		浙江—湖北	0.2501	74
	北京—新疆	0.6312	15		天津—四川	0.3539	45		广东—重庆	0.2484	75
	上海—湖北	0.6269	16		广东—湖北	0.3388	46		广东—内蒙古	0.2350	76
	北京—广西	0.6074	17		天津—江西	0.3351	47		江苏—甘肃	0.2324	77
	上海—甘肃	0.5981	18		浙江—河南	0.3286	48		江苏—安徽	0.2301	78
	上海—重庆	0.5977	19		江苏—河南	0.3266	49		浙江—广西	0.2267	79
	上海—安徽	0.5868	20		广东—安徽	0.3199	50		浙江—内蒙古	0.2252	80
	北京—陕西	0.5676	21		广东—甘肃	0.3185	51		浙江—新疆	0.2240	81
	上海—新疆	0.5656	22		江苏—江西	0.3133	52		天津—云南	0.2200	82
	北京—内蒙古	0.5549	23		浙江—江西	0.3125	53		江苏—新疆	0.2179	83
	上海—广西	0.5418	24		江苏—山西	0.3116	54		天津—贵州	0.2074	84
	北京—宁夏	0.5411	25		天津—湖北	0.3096	55		浙江—重庆	0.2005	85
	上海—内蒙古	0.5254	26		浙江—山西	0.3029	56		广东—贵州	0.2000	86
	上海—宁夏	0.5116	27		天津—甘肃	0.3020	57		广东—陕西	0.1994	87
	上海—陕西	0.5052	28		广东—新疆	0.3007	58	第四梯队	浙江—陕西	0.1987	88
第二梯队	北京—贵州	0.4933	29		天津—安徽	0.3007	59		浙江—云南	0.1982	89
	北京—云南	0.4899	30	第三梯队	浙江—湖南	0.2990	60		广东—云南	0.1966	90

· 227 ·

续表

梯队划分	发达区域—欠发达区域	两区域发生势差综合评分	排序	梯队划分	发达区域—欠发达区域	两区域发生势差综合评分	排序	梯队划分	发达区域—欠发达区域	两区域发生势差综合评分	排序
第四梯队	浙江—宁夏	0.1961	91	第四梯队	江苏—西藏	0.1067	121	第五梯队	海南—青海	0.0508	151
	天津—青海	0.1961	92		福建—内蒙古	0.1055	122		河北—甘肃	0.0506	152
	广东—宁夏	0.1946	93		福建—贵州	0.1055	123		海南—云南	0.0481	153
	江苏—广西	0.1942	94		山东—湖北	0.1052	124		山东—陕西	0.0467	154
	广东—青海	0.1914	95		福建—湖北	0.1016	125		海南—广西	0.0434	155
	江苏—重庆	0.1909	96		福建—云南	0.0967	126		河北—贵州	0.0371	156
	浙江—贵州	0.1858	97		浙江—西藏	0.0966	127		海南—湖南	0.0346	157
	福建—河南	0.1812	98		福建—安徽	0.0957	128		河北—河南	0.0345	158
	江苏—内蒙古	0.1763	99		福建—青海	0.0941	129		河北—山西	0.0320	159
	浙江—青海	0.1744	100		山东—安徽	0.0916	130		河北—内蒙古	0.0320	160
	江苏—宁夏	0.1653	101		福建—宁夏	0.0891	131		海南—宁夏	0.0291	161
	福建—江西	0.1609	102		山东—新疆	0.0852	132		海南—陕西	0.0288	162
	福建—甘肃	0.1555	103		山东—内蒙古	0.0838	133		河北—云南	0.0279	163
	福建—山西	0.1542	104		山东—贵州	0.0833	134		海南—四川	0.0279	164
	山东—山西	0.1512	105		海南—甘肃	0.0779	135		海南—湖北	0.0260	165
	江苏—陕西	0.1477	106		福建—重庆	0.0774	136		河北—四川	0.0249	166
	山东—河南	0.1442	107		福建—陕西	0.0748	137		河北—新疆	0.0221	167
	江苏—贵州	0.1428	108	第五梯队	山东—云南	0.0741	138		河北—江西	0.0217	168
	广东—西藏	0.1424	109		福建—西藏	0.0730	139		河北—湖南	0.0200	169
	天津—西藏	0.1416	110		海南—河南	0.0715	140		海南—安徽	0.0185	170
	山东—江西	0.1367	111		海南—内蒙古	0.0677	141		河北—西藏	0.0176	171
	江苏—云南	0.1341	112		山东—广西	0.0669	142		河北—安徽	0.0155	172
	福建—新疆	0.1326	113		山东—宁夏	0.0656	143		海南—西藏	0.0147	173
	江苏—青海	0.1314	114		山东—青海	0.0619	144		河北—青海	0.0142	174
	山东—湖南	0.1243	115		海南—山西	0.0592	145		海南—重庆	0.0135	175
	福建—湖南	0.1232	116		海南—新疆	0.0583	146		河北—湖北	0.0135	176
	山东—四川	0.1171	117		山东—重庆	0.0572	147		河北—重庆	0.0118	177
	山东—甘肃	0.1167	118		海南—贵州	0.0541	148		河北—广西	0.0114	178
	福建—四川	0.1137	119		山东—西藏	0.0528	149		河北—陕西	0.0042	179
	福建—广西	0.1083	120		海南—江西	0.0513	150		河北—宁夏	0.0027	180

附录 D 产业转移发生势差

综合评价指标重要性比对评估调研问卷

尊敬的专家：

您好！

我正在进行一项关于产业转移发生势差综合评价的研究，现已建立产业转移发生势差综合评价指标体系如附录表 D-1。首先，简单介绍一下这个产业转移势差的含义。为了能更好地研究产业转移的内在规律，我们借鉴了物理学中势差的概念与原理，对产业转移的过程进行详细剖析，从转出区、转入区和两者的对接三大模块来寻找产业转移的内在规律。从转出区的势能与转入区的势能之间的势差中寻找到一定的临界值，当临界值到达某一状态时，即表示产业转移具有了发生的条件与状态。我们将对产业转移的发生势差进行量化，也就是将影响产业转移的某些重要的普遍因素进行量化处理，将影响产业转移的因素从转出区和转入区两方面进行量化，形成各区域的势能。产业转移发生势差就是指这种从转出区产业发展势能减去转入区产业发展势能的差额，这个差额越大，则产业转移发生转移的倾向就越大。为了更好的研究产业转移的发生势差，我们根据产业转移的影响因素建立了一套产业转移发生势差的综合评价指标，需要对各指标进行一个权重的赋值。烦请您根据对产业转移影响的程度对各指标进行重要性比对评价。

表 D-1 产业转移发生势差的综合评价指标体系

一级指标	代号	二级指标	代号	二级指标解释或计算
经济势差	B1	地区人均 GDP	C1	衡量各地区经济发展的一个重要标准
		地区 GDP 增长率	C2	衡量各地区经济增长速度的一个重要指标
		人均可支配收入	C3	衡量各地区经济实力和人民富裕程度的重要指标
产业势差	B2	产业发展水平	C4	（第二产业比重 – 第一产业比重）+（第三产业比重 – 第二产业比重）
		制造业聚集指数（区位熵）	C5	各地区制造业人口占全国份额与各地区就业人口占全国份额之比
		地区制造业平均集中率	C6	衡量该地区制造业在该国的平均占有率
成本势差	B3	劳动力价格	C7	各地区在岗职工年平均工资水平
		工业用电价格	C8	衡量各地区基础能源的成本水平
		土地购置成本	C9	衡量企业在不同地区的土地使用或租赁价格
交易成本势差	B4	交易费用系数	C10	采用各地的相对交易费用系数指标来比较
		制度势差：对外开放程度	C11	衡量外向型经济发展的程度，采用进出口总额占 GDP 的比重来表示
技术势差	B5	科研人才比例	C12	各地区科研人才占从业人员的比重
		R&D 投资比例	C13	地区 R&D 投资占国内生产总值的比例

注：交易费用系数 = 交易费用绝对值/GDP；交易费用绝对值 = 农、林、牧、渔业服务业增加值 + 金融及保险业增加值 + 房地产业增加值 + 社会服务业增加值 + 教育、文化艺术和广播电视业增加值 + 国家机关、党政机关和社会团体增加值 + 批发零售贸易业和餐饮业增加值×0.5 + 交通运输仓储和邮电通信业增加值×0.5 + 其他行业增加值×0.5。

现需要参考专家意见，考察各指标对产业转移发生势差影响程度的大小，特烦请您根据自己的判断，对影响产业转移发生的各评价指标的重要性进行比较，比较结果请用数字1~9及它们的倒数进行标度，规则如下：

表 D-2 1~9 标度规则

标度	含义
1	表示两个指标相比，具有同等重要性
3	表示两个指标相比，前者比后者稍重要
5	表示两个指标相比，前者比后者明显重要
7	表示两个指标相比，前者比后者强烈重要
9	表示两个指标相比，前者比后者极端重要

附录 D 产业转移发生势差

续表

标度	含义
2、4、6、8	表示上述相邻判断的中间值
1～9数字的倒数	若指标 i 与指标 j 重要性比较结果为 a_{ij}，那么指标 j 与指标 i 的重要性比较结果为 $a_{ji} = \dfrac{1}{a_{ij}}$（即如果 B1 指标与 B2 指标的重要性比较为3，则 B2 指标与 B1 指标的重要性比较则为 1/3）

注：按照这条规则，下面的判断矩阵其实只要完成半个矩阵就行，即上三角或下三角。

请您用上述规则对表 D-3～表 D-8 中的指标进行比较，并填写比较结果：
A-B 层次判断（一个表格）：

表 D-3 A-B 层次判断矩阵

A	B1	B2	B3	B4	B5
B1	1	1/5	1/7	1/3	1/2
B2	5	1	1/3	2	3
B3	7	3	1	5	5
B4	3	1/2	1/5	1	2
B5	2	1/3	1/5	1/2	1

注：如第二行中第二列的5代表 B2 与 B1 的重要性比较为5，其他依此类推。

B-C 层次判断（五个表格）：

表 D-4 B1-C 层次判断矩阵

B1	C1	C2	C3
C1	1		
C2		1	
C3			1

表 D-5 B2-C 层次判断矩阵

B2	C4	C5	C6
C4	1		
C5		1	
C6			1

表 D-6　B3-C 层次判断矩阵

B3	C7	C8	C9
C7	1		
C8		1	
C9			1

表 D-7　B4-C 层次判断矩阵

B4	C10	C11
C10	1	
C13		1

表 D-8　B5-C 层次判断矩阵

B5	C12	C13
C12	1	
C13		1

感谢谢您在百忙之中给出的宝贵意见！

参考文献

[1] Webber A. Theory of the Location of Industries [M]. Chicago: University of Chicago Press, 1929.

[2] Isard W. Methode of Regional Analysis: An Introduction to Regional Sciecnce [M]. New York: Wiley and Technology Press, 1960.

[3] Vernon R. International Investment and International Trade in the Product Cycle [J]. Quarterly Journal of Economics, 1966 (80).

[4] Tan Z. A. Product Cycle Theory and Telecommunications Industry – foreign Direct Investment, Government Policy, and Indigenous Manufacturing in China [J]. Telecommunications Policy, 2002 (26).

[5] J. H. Thompson. Some Theoretical Consideration for Manufacturing Geography [J]. Economic Geography, 1966 (3).

[6] Pennings E., Sleuwaegen L. International Relocation: Firm and Industry Determinants [J]. Economics Letters, 2000 (67).

[7] Paul Krugman. Increasing Returns and Economic Geography [N]. NBER Working Paper, 1990.

[8] Donald Davis & David E. Weinstein. Economic Geography and Structure: An Empirical Inves – tigation Regional Production [N]. NBER Working Paper, 1997.

[9] Dunning J. H. International Production and the Multinational Enterprise [J]. George Allen and Unwin, 1981.

[10] H. D. Watts. The Large Industrial Enterprise [M]. London, Croom Helm, 1980.

[11] M. J. Taylor. Organizational Growth, Spatial Interaction and Location Decision – making [J]. Regional Studies, 1975 (9).

[12] L. Hakanson. Towards a Theory of Location and Corporate Growth, In Hamilton, F. E. eds. Spatial Analysis, Industry and the industrial Evoiroment, Vol I: In-

dustrial System [M]. Chichester: Wiley, 1979.

[13] P. Dicken. Global – Local Tensions: Firm and States in the Global Space – economy [J]. Economic Geography, 1994, 70 (2).

[14] P. Dicken and P. Lloyd. Location in Space: Theoretical Perspectives in Economic Geography. 3d. ed [M]. New York: Harper Collins, 1990.

[15] D. M. Smith. Industrial Location: An Economic Analysis [M]. New York: John Wiley & Sons, 1971.

[16] Moore B. and Rhodes J. Regional Economic Policy and the Movement of Manufacturing Industry to Development Areas' [J]. Economica, 1976 (43).

[17] Ashcroft B. and Taylor. The Movement of Manufacturing Industry and the Effect of Regional Policy [J]. Oxford Economic Papers, 1997 (29).

[18] Twomey J. and Taylor J. Regional Policy and the Interregional Movement of Manufacturing Industry in Great Britain [J]. Scottish Journal of Political Economy, 1985 (32).

[19] Munday M. Japanese Manufacturing Investment in Wales [M]. Cardiff: University of Wales Press, 1990.

[20] Satty T. L. The Analytic Hierarchy Process [M]. New York: Mc Graw – Hill, 1980.

[21] Zhang Xin – zhi Chen Fei Kang sung. The Empirical Analysis of Industrial Parks Development and Industrialization Process for Less Developed Regions [C]. Proceedings of the 2009 International Conference on Public Economics and Management, 2009 – 11 – 28.

[22] Simon. A Behaveioral Model of Rational Choice [J]. Quarterly Journal of Economics, 1959 (1).

[23] Pred A. R. Behavior and Locateon: Foundations for a Geographic and Dynamoic Location Theory: Part I [J]. University of Lund, Land Studies in Geography B, 1967 (27).

[24] Schmenner R. W. Making Business Location Decisions [M]. Englewood Cliffs Nj: Prentics Hall, 1982.

[25] Pellenbarg P. H. et. Firm Migrateon in P. Mocann (ed), Industrial Location Economics [M]. Cheltenham: Edward Elgar Publishing, 2002.

[26] 白金兰. 区际产业转移态势与路径研究 [D]. 四川省社会科学院研究生院博士论文, 2008.

[27] 石茗露. 泛珠三角区域合作背景下西部地区承接产业转移分析 [J].

市场论坛，2006（8）．

[28] 李亚彪，张和平．我国区域经济合作开始向纵深发展［N］．中国信息报，2007-12-21．

[29] 陈建军．中国现阶段的产业区域转移及其动力机制［J］．中国工业经济，2002（8）．

[30] 郑燕伟．产业转移理论初探［J］．中共浙江省委党校学报，2000（3）．

[31] 陈刚，陈红儿．区际产业转移理论探微［J］．贵州社会科学，2001（4）．

[32] 张可云．区域大战与区域经济关系［M］．北京：民主与建设出版社，2001．

[33] 魏后凯．产业转移发展趋势及其对竞争力的影响［J］．福建论坛（经济社会版），2003（4）．

[34] 王楠．东北经济区产业转移研究［D］．东北师范大学博士论文，2009．

[35] 邹积亮．产业转移理论及其发展趋向分析［J］．中南财经政法大学学报，2007（6）．

[36] 马子红．中国区际产业转移与地方政府的政策选择［M］．北京：人民出版社，2009．

[37] 卢根鑫．国际产业转移论［M］．上海：上海人民出版社，1997．

[38] 马子红，于干千，胡洪斌．产业转移与产业集聚的实证分析：以昆明为例［J］．经济问题探索，2010（6）．

[39] 梁琦．新经济地理学综述［J］．经济学季刊，2005（4）．

[40] 安占然．产业转移的动因与模式：研究进展与前瞻［D］．兰州商学院学报，2010（10）．

[41] 陈刚，刘珊珊．产业转移理论研究：现状与展望［J］．当代财经，2007（1）．

[42] 付保宗．中国产业区域转移机制问题研究［M］．北京：中国市场出版社，2008．

[43] 马子红．区际产业转移：理论述评［J］．经济问题探索，2008（5）．

[44] 胡宇振．产业集群的相关理论分析［M］．上海：上海人民出版社，1997．

[45] 夏禹农，冯文浚．梯度理论与建议［J］．研究与建议，1982（8）．

[46] 何钟秀．论国内技术的梯度转移［N］．人民日报，1983-02-06．

[47] 周起业, 刘再兴, 祝诚, 张可云. 区域经济学 [M]. 北京: 中国人民大学出版社, 1989.

[48] 陈建军, 葛宝琴. 区域协调发展内生机制的理论研究——以要素流动和产业转移为基点 [J]. 中国矿业大学学报 (社会科学版), 2008 (4).

[49] 卢根鑫. 试论国际产业转移的经济动因及其效应 [J]. 学术季刊, 1994 (4).

[50] 陈计旺. 区际产业转移与要素流动的比较研究 [J]. 生产力研究, 1999 (1).

[51] 聂华林, 赵超. 我国区际产业转移对西部产业发展的影响 [J]. 兰州大学学报 (社会科学版), 2000 (5).

[52] 陈刚. 接受产业转移, 促进经济发展——对欠发达地区经济发展战略的一点思考 [J]. 思考与运用, 2001 (10).

[53] 潘伟志. 产业转移内涵、机制探析 [J]. 生产力研究, 2004 (10).

[54] 吴晓军, 赵海东. 产业转移与欠发达地区经济发展 [J]. 当代财经, 2004 (6).

[55] 王全春. 产业转移与中部地区产业结构研究 [M]. 北京: 人民出版社, 2008.

[56] 张洪增. 论移植型产业成长模式及其缺陷——兼论对我国产业成长模式的借鉴 [J]. 中共浙江省委党校学报, 1999 (3).

[57] 郭丽. 产业区域转移及其对后发区域经济发展的影响 [J]. 当代经济研究, 2008 (10).

[58] 安增军, 刘琳. 中国产业梯度转移与区域产业结构 [J]. 华东经济管理, 2009 (12).

[59] 张可云. 论我国区域经济政策的几个基本问题 [J]. 开发研究, 1997 (5).

[60] 毛广雄. 产业集群与区域产业转移耦合机理及协调发展研究 [J]. 统计与决策, 2009 (10).

[61] 陈建军. 中国现阶段产业区域转移的实证研究——结合浙江105家企业的问卷调查报告的分析 [J]. 管理世界, 2002 (6).

[62] 陈建军. "东扩西进"与浙江区域转移的战略选择 [J]. 浙江社会科学, 2002 (1).

[63] 彭连清. 我国产业区域转移的路径选择、产业定位与政府作用 [J]. 山东社会科学, 2007 (11).

[64] 靖学青. 长三角区域产业转移研究 [J]. 南通大学学报, 2009, 25 (5).

[65] 何奕，童牧．产业转移与产业集聚的动态与路径选择［J］．宏观经济研究，2008（7）．

[66] 罗云毅，周汉麒．工业重心东移与"十二五"期间的区域产业转移和承接［J］．宏观经济研究，2010（1）．

[67] 熊必琳，陈蕊，杨善林．基于改进梯度系数的区域产业转移特征分析［J］．经济理论与经济管理，2007（7）．

[68] 赵祥．广东省内产业转移的影响因素分析［J］．经济地理，2010（1）．

[69] 商务部和社科院联合课题组．我国外商投资梯度转移问题研究［J］．中国工业经济，2004（4）．

[70] 马子红．区际产业转移的影响因素及对策分析［J］．改革与战略，2009（6）．

[71] 魏玮，毕超．区际产业转移中企业区位决策实证分析［J］．产业经济研究，2010（2）．

[72] 白小明．我国产业区域转移粘性问题研究［J］．北方论丛，2007（1）．

[73] 陈计旺．影响东部地区产业转移的主要因素分析［J］．生产力研究，2007（5）．

[74] 刘嗣明，童欢，徐慧．中国区际产业转移的困境寻源与对策探究［J］．经济评论，2007（6）．

[75] 惠调艳，胡新，马莉．陕西软件的产业转移承接能力研究［J］．中国科技论坛，2010（4）．

[76] 展宝卫．产业转移承接力建设概论［M］．济南：泰山出版社，2006．

[77] 刘君．重庆承接产业转移问题研究［D］．重庆工商大学博士论文，2008．

[78] 孙雅娜，边恕．辽宁承接国际产业转移的能力与对策［J］．辽宁经济，2007（1）．

[79] 周江洪，陈矗．论区际产业转移力构成要素与形成机理［J］．中央财经大学学报，2009（2）．

[80] 陈红儿．区际产业转移的内涵、机制、效应［J］．内蒙古社会科学（汉文版），2002（1）．

[81] 王忠平，刘延平．比较优势驱动生态模式——区际产业转移形成机理的一种新框架［J］．物流技术，2008（12）．

[82] 刘满平．"泛珠江"区域产业梯度分析及产业转移机制构建［J］．经

济理论与经济管理，2004（11）.

［83］李泽民. 基于中国国情的产业转移动力机制探究——兼论我国欠发达地区积极承接产业转移的基本对策［J］. 学术论坛，2007（11）.

［84］江霈. 中国区域产业转移动力机制及影响因素分析［D］. 东南大学博士论文，2009.

［85］陈建军. 要素流动、产业转移和区域经济一体化［M］. 杭州：浙江大学出版社，2009.

［86］潘伟志. 产业转移内涵、机制探析［J］. 生产力研究，2004（10）.

［87］张弨，李松志. 产业区域转移形成的影响因素及模型探讨［J］. 经济问题探索，2008（1）.

［88］陈秀山，张可云. 区域经济理论［M］. 北京：商务印书馆，2009.

［89］吴宗汉. 文科物理十五讲［M］. 北京：北京大学出版社，2004.

［90］肖周燕. 中国人口迁移势能研究［M］. 北京：中国劳动社会保障出版社，2009.

［91］孔翔. 势差——廊道模型与中国技术流通网络的构建［J］. 科技管理研究，2003（1）.

［92］马涛，李东，杨建华，翟相如. 地区分工差距的度量：产业转移承接能力评价的视角［J］. 管理世界，2009（9）.

［93］郭丽. 后发区域承接产业转移的制度基础——一个实证分析［J］. 辽宁大学学报（哲学社会科学版），2009（9）.

［94］刘军，徐康宁. 产业聚集、经济增长与地区差距——基于中国省级面板数据的实证研究［J］. 中国软科学，2010（7）.

［95］孙明辉，张朋美. 交易成本概念研究［J］. 中国商贸，2009（9）.

［96］金玉国. 中国交易费用水平的地区差异及其形成机制［J］. 当代财经，2005（6）.

［97］卢现祥，李小平. 制度转型、经济增长和交易费用——来自中国各省市的经验分析［J］. 经济学家，2008（3）.

［98］高杲，李海鹏. 鼓励引导产业有序转移促进区域经济协调发展［J］. 宏观经济管理，2007（8）.

［99］黄弘，陈爱娟，熊伟等. 我国建筑陶瓷产业战略转移因素分析［J］. 中国陶瓷，2008（3）.

［100］尹虹. 论佛山陶瓷产业转移［J］. 中国陶瓷，2007（10）.

［101］张新芝，陈斐，徐华. 江西陶瓷产业重点基地发展与促进研究——基于承接产业转移的视角［J］. 中国陶瓷，2009（7）.

[102] 张坚,余莉娅. 陶瓷产业变局: 江西的机会与挑战 [J]. 大江周刊 (城市生活), 2008 (5).

[103] 张新芝,陈斐. 基于系统基模的企业迁移机理分析 [J]. 华东经济管理, 2010 (11).

[104] 陈蕊. 区域产业梯度转移调控研究 [D]. 合肥工业大学博士论文, 2007.

[105] 俞国琴. 我国地区产业转移的系统优化分析 [D]. 上海社会科学院博士论文, 2005.

[106] 廖文龙. 江苏省区域产业转移问题研究 [D]. 南京航空航天大学博士论文, 2006.

[107] 郑鑫. 我国产业的梯度转移与区域经济协调问题研究 [D]. 郑州大学博士论文, 2005.

[108] 张新芝,张苏,康松. 工业园区发展与工业化、城市化进程关系实证研究——以江西省为例 [J]. 生产力研究, 2010 (8).

[109] 张新芝,王建帆,陈斐. 定位专业特色招商,承接区域产业转移——以吉安市吉州区为例 [J]. 商业时代, 2011 (8).

[110] 翟相如. 地区产业转移承接能力评价研究 [D]. 哈尔滨工业大学博士论文. 2008.

[111] 程云川,陈利君. 区域合作中的产业转移问题——以泛珠三角为例 [J]. 云南民族大学学报, 2009 (3).

[112] 胡艳. 东部与中部产业对接的前提、障碍与政策建议 [J]. 改革, 2007 (2).

[113] 国务院关于中西部地区承接产业转移的指导意见. 国发〔2010〕28号 [OL]. http: //www. gov. cn/zwgk/2010 - 09/06/content_ 1696516. htm.

[114] 皖江城市带承接产业转移示范区. 百度百科. [OL]. http://baike. baidu. com/view/ 2276506. htm.

[115] 李晓颖. 欠发达地区承接产业转移的障碍与对策 [J]. 特区经济, 2009 (2).

[116] 崔海潮. 产业转移——世界制造中心变迁与中国制造业发展研究 [D]. 西北大学博士论文, 2009.

[117] 昝国江,王涛,安树伟. 国际国内产业转移与西部地区特色优势产业发展 [J]. 兰州商学院学报, 2010 (2).

[118] 约翰·冯·杜能. 孤立国同农业和国民经济的关系 [M]. 北京: 商务印书馆, 1997.

[119] 奥古斯特·廖什. 经济空间秩序 [M]. 北京：商务印书馆，1995.

[120] 藤田昌久，保罗·克鲁格曼，维纳布尔斯. 空间经济学 [M]. 梁琦主译. 北京：中国人民大学出版社，2005.

[121] 刘世锦. 产业集聚及其对经济发展的意义 [J]. 改革，2003（3）.

[122] 王先庆. 产业扩张 [M]. 广州：广东经济出版社，1998.

[123] 余娟，吴玉鸣. 广西人口、资源环境与经济系统协调发展评估与分析 [J]. 改革与战略，2007（4）.

[124] 王金叶，程道品，胡新添等. 广西生态环境评价指标体系及模糊评价 [J]. 西北林学院学报，2006，21（4）.

后　　记

2008年的下半年，正值全球金融危机开始失控和蔓延，导致数家大型的金融机构倒闭或被政府接管。与此同时，国内随着东部地区在土地、劳动力和能源的供求矛盾及资源环境压力的增加，加上出口贸易的受阻，国内东部发达区域向中西部区域的产业转移步伐开始加快。此时，也正是我入校开始读博确定博士论文方向和选题的时候，尽管产业转移的研究当时已经炙手可热了，但我依然选择了该选题进行研究，并将围绕这一选题做后续课题研究。因为我相信中国在未来的20年内，不管是国际产业转移还是国内区域间的产业转移，必将成为中国经济发展和调整中的一种必要且不可缺少的手段。这也是解决目前我国区域经济发展不均衡的重要手段，而国内区域间关于产业转移的研究还有待进一步深入和探索。

本书是在我的博士论文《区域产业转移的发生机制与调控研究》基础上修改而成的。在攻读博士之前，我读的是企业管理的硕士，教学也主要是管理学方面的课程。师从陈斐教授后，在陈老师的指导下，选择了"区域产业转移"这一主题，自此开始了区域经济方面的学习和研究。在论文的选题、定题、撰写以及每个阶段的课题调研过程中，陈老师都给予了极大的帮助，使得论文得以顺利完成。陈老师敏捷的思维、开阔的视野和渊博的学识是我一生学习的楷模。同时还要感谢师母康松老师，给予了很多学习和生活上的帮助。值此书稿出版之际，衷心地向导师和师母表示感谢！

我要特别感谢我读硕士时的导师尹继东教授，即使在攻读博士学位和撰写书稿期间，还经常得到尹老师无私的帮助与关怀。此外，还要特别感谢彭迪云、姚成胜、何宜庆、涂国平、邓群钊、徐新华、魏博通老师，在本书撰写过程中，得到了他们的关心和大力帮助。在此，向老师表示由衷的敬意与感谢！感谢南昌大学中国中部经济发展研究中心为我读博期间提供了良好的学习环境，使我能够通过这一交流平台，了解更多的知识。

同时，我也要感谢冯良清、杨建仁、罗序斌三位博士同学，感谢师兄张文博士、王玉帅博士、黄小勇博士、胡凯博士，师姐王秀芝博士，本书能够顺利完成离不开这些博士同学和师兄、师姐的帮助，每当我就一些技术性的问题向各位博士请教时，他们都热情地尽可能地帮助我，并提出了一些很有建设性的建议。

时光荏苒，到江西师范大学工作已经两年多了，忙碌的教学和科研工作让我无暇再完全沉下心思更好的学习，让我时常怀念读书期间的单纯和执着，尤其在学业上没有更深入的进展，内心不免惶恐。感谢江西师范大学财政金融学院的领导和同事们，他们在我工作和书稿撰写期间给予了我很大的关怀和帮助。特别感谢院长陈运平教授对我的各种帮助和大力支持，感谢他对本书提出的宝贵意见和指导。感谢财政金融学院出版基金的资助。

感谢丈夫刘凯、我的父母和公公婆婆多年来一如既往的支持，在我求学的道路上没有一点怨言，给予了我无尽的关心和支持。感谢我的女儿刘懿欣，是她让我学习辛苦之余还能享受亲子之乐！

我将在未来的学习和工作过程中加倍努力，争取以更好的成绩来答谢曾经关心、帮助和支持过我的所有老师、同学、朋友和家人。

由于时间关系，没来得及在文中的实证部分加入最新年度的数据进行验证，范围也未能以全国层面数据做计量分析，且未能深挖数据背后的更多机理和规律，这也将是我未来课题研究的方向。由于本人学术根基尚浅，书中难免有错漏之处，恳请学界前辈和同仁不吝赐教指正。

张新芝

2014 年 3 月 28 日